결혼을 앞둔 그대에게

결혼을 앞둔 그대에게

초판 1쇄 발행 | 2019년 8월 10일
초판 2쇄 발행 | 2019년 11월 20일

지 은 이 | 김종원·성민경
펴 낸 이 | 이한민
펴 낸 곳 | 아르카

등록번호 | 제307-2017-18호
등록일자 | 2017년 3월 22일
주　　소 | 서울 성북구 숭인로2길 61 길음동부센트레빌 106-1805
전　　화 | 010-9510-7383
이 메 일 | arca_pub@naver.com

홈페이지 | www.arca.kr
블 로 그 | arca_pub.blog.me
페이스북 | fb.me/ARCApulishing

책　　값 | 뒤표지에 있습니다
I S B N | 979-11-89393-08-3 03230

아르카ARCA는 기독출판사이며 방주ARK의 라틴어입니다(창 6:15).
네가 만들 방주는 이러하니 … 새가 그 종류대로, 가축이 그 종류대로,
땅에 기는 모든 것이 그 종류대로 각기 둘씩 네게로 나아오리니 그 생명을 보존하게 하라 _창 6:15,20

BEFORE
MARRIAGE

첫날부터 잘살고 계속해서 행복해지는 결혼생활 가이드 ♡ 김종원 + 성민경 지음

결혼을
앞둔
그대에게

아르카

"목사님이랑 사모님도 싸우세요?"

결혼예비학교를 시작하는 예비부부가 우리 부부에게 가장 많이 던지는 질문이다. '목사님 부부'라면 뭔가 특별하지 않겠느냐는 기대가 커플의 반짝이는 눈빛에서 느껴진다. '절대'는 아니겠지만, 그들의 눈빛은 "우리는 거의 싸우지 않습니다"라는 답을 기대하는 듯하다. 그러나 우리 부부의 대답은 간결하다.

"우리도 당연히 싸우죠!"

의외라는 표정을 읽을 수 있다. 우리도 싸웠다. 그것도 치열하게 싸웠다.

특히 사역자들이 쉬는 월요일이면 전쟁하듯 다투었다. 사실, 우리는 못 배워서 싸웠고 어려서 싸웠던 것 같다.

결혼할 때, 우리는 뭘 몰라도 한참을 모르는 28살, 24살의 청춘이었다. 우리는 결혼과 동시에 사역자 가정이 되었는데, 특히 아내는 순식간에 교회 자매에서 전도사의 아내가 되어버렸다. 그래서 사람들 앞에 서는 '화 수 목 금 토 주일'에는 싸워도 안 싸운 척, 힘들어도 행복한 척 해야 했다. 반면 우리끼리만 있는 우리만의 시간 월요일엔 어설프게 민낯을 드러내며 싸웠다. 위선적인 삶을 사는 것 같아 괴롭기가 이만저만이 아니었다.

아내인 나는 2019년에 결혼 22년차를 맞이했고, 결혼예비학교 담당으로는 어언 9년차가 됐다.

한 때 나에게는 가정 사역에 대한 비전이 있었다. 책도 읽고 공부도 했다. 그러나 현실에서는 너무 싸워서, 남의 가정을 신경 쓰기보다 내 가정부터 돌보자는 마음이 들었다. 그래서 내 가정을 잘 세우기 위해 최선을 다했고, 어느 덧 20년 넘는 세월이 훌쩍 가버렸다. 다양한 상황을 경험했고, 나름대로 치열하게 살면서 가정을 세워가는 노하우를 터득한 것 같다. 하나님이 기뻐하시는 가정을 만들어 가려고 노력한 결과일 것이다.

가정 안의 여러 역할과 관계 중에 우리는 부부관계에 가장 집중하며 서로를 돕는 배필이 되려고 애썼다. 싸우면 싸운 대로, 감정을 덮어 버리지 않고 풀어내는 훈련을 했다. 이제는 웬만한 일에는 크게 동요되지 않는데, 서로에 대한 신뢰가 그만큼 커졌기 때문일 것이다. 우리 가정의 주인이시며 동행하시는 분이 주님이시므로 가능해진 일 같다. 한창 부부싸움을 하는 도중에도 '그렇게 화 낼 일은 아니잖아'라는 생각이 먼저 떠오르는 건 주님의 은혜다.

우리는 좌충우돌하면서 수도 없이 시행착오를 겪었다. 그렇게 굽이굽이 돌고 돌아 하나님의 은혜로 지금은 비교적 행복한 가정생활을 누리고 있다. 부부생활의 후배인 모든 믿음의 새 가정들이 할 수만 있다면 우리처럼 치열하고 소모적인 갈등을 피하면 좋겠고, 행복하게 하나님의 가정을 이루어가면 좋겠다. 인격의 성숙을 위해 반드시 필요한 갈등이라면 부득불 겪어야 하겠지만, 힘들고 어려운 상황보다 즐겁고 기쁜 상황이 더 많으면 좋겠다. 그러자면 교회 안에 결혼을 준비할 수 있는 체계적인 교육 프로그램과, 앞서 결혼한 선배가 후배를 챙기는 멘토링 조직이 갖추어져, 교회 전체가 크고 아름다운 가정 공동체가 되기를 소망한다. 살다가 힘들면 교회에 와서 힘들다고 얘기할 수 있으면 좋겠고, 그럴 때 선배나 동연배가 옆에 있어서 "모두 겪는 일이니 조금만 힘을 내, 지금도 잘 하고 있어" 하고 격려해주면 좋겠다. 그런 공동체가 경산중앙교회이기를 소망한다. 결혼예비학교가 그런 가정 공동체의 일원이 되어가는 입문이기를 바란다.

약 10년가량 결혼예배학교를 인도하다 보니 교회 안팎에서 경산중앙교회의 결혼예비학교에 대해 좋은 소문이 난 모양이다. 이제는 우리 교회의 20대 청년부인 '갈릴리'와 30대 청년부인 '샬롬'의 청년들이 결혼 날짜를 잡은 후 기대감을 가지고 이 과정에 참석한다고 한다. 때로는 다른 교회 다니는 커플도 이 교육을 받게 해달라는 요청을 하기도 한다. 하지만 우리 교회 내부에서만 진행해온 프로그램이고, 가급적 단 한 커플에게 3주의 시간을 할애해야 하므로 다양한 요청에 응하지 못하는 형편이 그저 미안하기만 했다. 이런 요청들이 이 책을 쓰게 한 동기이기도 하지만, 10년가량 진행해온 결혼예비학교의 강의 내용을 정리하고 더 실제적인 내용으로 교재를 업그레이드할 필요가 사실 더 우선이었다.

원래 결혼예비학교에서 사용해온 교재는 이 책의 각 장 마지막에 문답형식으로 추가한 내용이다. 일반적인 성경공부 교재 형식인데, 경산중앙교회에서 결혼예비학교의 초석을 놓았던 한 전도사님이 담임목사님의 지도 아래 기본 내용을 구성한 것이었다. 그 교재를 중심으로 내용을 보안해가며 결혼예비학교를 진행해왔는데, 시간이 쌓이면서 좀 더 실제적이고 잘 읽히도록 '이야기를 담은 교재'를 만들고 싶었다. 딱딱한 문답 형식뿐이던 교재에 말랑한 이야기를 담고 싶었던 것이다. 그래서 지난 10여 년간 수업 중에 예화로 꺼냈던 내 가정의 이야기보따리부터 잔뜩 풀어놓았다. 각 주제에 맞게 남편(김종원 목사)의 설교도 포함했다. 그리고 우리 교회 성도들의 가정 이야기를 말미에 더해 현실적이고 적용 가능한 내용이 되도록 했다. 이런 다양한 내용들을 통해, 가정의 주인이신 하나님의 말씀이 가정의 내비게이션이 되시고, 그 말씀이 모든 가정을 쉴만한 물가로 인도하시기를 소망한다. 그리하여 하나님이 최초로 세우신 공동체인 가정이 건강해지기를 꿈꾼다.

남편 김종원의 주례

경산중앙교회에서는 교인이 결혼예배 때 담임목사의 주례를 받으려면 반드시 결혼예비학교를 수료해야 한다. 크리스천 가정의 중요한 출발 예식이 결혼예배인데, 불과 30분 내외의 화려한 결혼식 중에서 대부분이 듣는 둥 마는 둥 하는 결혼 주례사로는 결혼에 대해 가르치기가 거의 불가능하기 때문이다. 그래서 우리 교회에 담임으로 부임한 후 결혼예비학교를 개설하였다.

담임목사에게 주례를 신청한 커플은 결혼식 날짜가 잡히면 최소 3회 이상 결혼 준비 멘토와 함께, 이 책에 수록된 교재를 가지고 결혼 준비에 관한 성경적이고 실제적인 교육을 받아야 한다. 이 책의 상당 부분을 쓴 내 아내는 2011년부터 9년간 경산중앙교회 결혼예비학교의 멘토로 섬기면서, 수십 명의 예비부부에게 이 과정을 일대일로 강의해왔다. 이 책은 그동안 강의와 토론을 통해 보완하고 발전시킨 내용을 토대로 정리한 것이다.

요즘 젊은이들에게 결혼식이라는 특별한 행사를 앞두고 무려 3주 동안이나 시간을 내서 결혼에 대한 강의를 듣게 한다는 것은 결코 쉬운 일이 아니다. 그래서인지 담임목사의 주례 조건으로 결혼예비학교를 시작하던 초기에는 커플과 멘토간에 약간의 불편이 느껴지곤 했다. 하지만 결혼예비학교의 목적은 오직 결혼하는 두 사람이 조금 더 잘 살도록 도와주려는 데 있으므로, 시간이 지나면서 그런 불편한 점들은 점차 편안해지고 개선되었다.

또한 강의 내용과 진행 방식도 발전돼왔다. 말이 학교이지, 결혼예비학교는 교실에서 여러 커플이 모여 진행하는 강의 방식이 아니다. 물론 멘토가 결혼의 목적, 재정 관리와 부부관계 같은 실제적 주제에 대해 강의도 하지만, 대부분의 시간은 커플과 멘토 단 세 명이 마주 앉아 해당 주제를 놓고 토론하고 상담하는 방식으로 진행된다. 그러면 처음에는 어색했던 교실이 금세 따뜻한 공간으로 바뀌는 경험을 하게 된다.

가정은 인간의 행복을 위해 하나님이 만드셨기에 사탄이 최종적으로 파괴하려는 공동체이다. 22년 동안 결혼생활을 통해 하나님이 주신 행복을 경험한 우리 부부는 이제 새 가정에 발을 딛는 후배들에게 도움을 주고자 이 책을 썼다. 나와 내 아내가 겪었던 시행착오는 줄이고 우리가 경험하고 있는 행복을 더 많이 누리기를 소망한다. 더불어 각 가정이 견고히 세워짐으로 교회 공동체 역시 더 행복한 곳이 되기를 소망한다.

결혼생활에 실제로 도움 되기를

이 책의 목적은 결혼을 준비하는 커플이 결혼생활을 실제적으로 잘 준비해서 아름다운 가정을 이루도록 돕는 것이다.

1장은 결혼의 목적과 성경적 결혼 원리를 다룬다. 하나님이 만드신 최초의 공동체인 가정이 무엇인지 살펴보고, 결혼의 목적인 '연합'과 '헌신'의 의미에 대해 배운다. 그리하여 서로 돕는 배필로서 어떻게 연합하고 헌신할지, 각자 구체적인 영역과 방법을 찾아 실천하기로 결단한다.

2장은 DISC로 요약되는 행동유형검사 방법을 통해 커플이 서로를 이해하게한다. 본인의 기질과 행동 특성을 파악하고, 두 사람 사이의 갈등을 옳고 그름이 아닌 다름의 관점에서 접근할 수 있다. 또한 결혼으로 새롭게 맺는 관계를 DISC의 관점으로 해석해본다.

3장은 가정 경제 문제를 다룬다. 돈에 대한 서로의 관점을 확인하고 지출에 대한 우선순위를 토론하게 한다. 소비와 지출에 대한 의견과 원칙을 나눔으로써 건강한 가정 경제를 계획하고 예비할 수 있다.

　　　　　　　　　　　　　　　　　　　결혼을 앞둔 그대에게

4장은 부부의 성 문제를 다룬다. 남성과 여성의 성적(性的) 차이를 솔직하게 살피고, 하나님께서 성을 선물로 주신 이유에 대해 의논하면서 성관계에 대한 성경적 원리를 배운다.

5장은 부부대화와 갈등해소의 문제를 다룬다. 우선순위가 다르기에 발생할 수 있는 갈등의 내용을 미리 파악하고, 원활한 의사소통을 위한 원칙을 배운다. 앞서 결혼한 선배들의 다양한 사례를 통해 의사소통 영역에서 서로의 연약함과 개선할 점을 구체적으로 발견할 수 있다.

6장은 결혼예배의 순서와 주례사를 담았다. 7장은 경산중앙교회를 섬기는 부부들의 부부생활 간증을 모은 것이다. "행복한 사람이 행복한 세상을 만든다"는 우리 교회 모토를 따라 행복한 가정을 만들어가려 힘쓴 선배 부부들의 솔직한 경험담이 신혼 부부에게 도움이 될 것이다.

이 책이 나오기까지 도움을 준 많은 분들께 감사를 드리고 싶다. 부족하지만 담임목사의 권위를 인정하여 주례를 요청하고, 번거롭기 그지없는 3주간의 결혼예비학교를 수료한 경산중앙교회의 수많은 신혼 커플들이 먼저 고맙다. 이 책은 아내가 그들과 씨름하며 이야기로 남긴 결과물이기에, 그들이 없었다면 이 책은 세상에 나올 수 없었을 것이다.

또한 이 책의 많은 부분을 집필한 사랑하는 아내와 우리 가정의 소중한 보물 혜강이와 우림이에게 감사를 전하고 싶다. 사역에 빠지면 앞만 보고 달려가는 남편과 아빠를 기다려주고 이해해 주는 사랑하는 가족에게 사랑을 담아 감사한다. 이 책의 마지막 장을 집필해 준 나의 신실한 동역자들과 경산중앙교회의 성도들, 아르카의 이한민 대표에게도 감사하고 싶다. 다 언급하지 못했지만 우리 부부를 담임목사 가정으로 사랑해주고 인정해주고 함께 하나님나라를 꿈꾸는 소중한 분들에게 감사한다.

추천사

새로남교회 오정호 목사, 조성희 사모

초행길을 가는 이들에게 내비게이션 장착은 지혜로운 출발입니다. 결혼 역시 마찬가지입니다. 건강한 가정 세우기를 꿈꾸는 신랑신부는 물론 기성 부부들에게도 실제적 도움을 주는 내비게이션이 필수적입니다. 성경적인 가정세우기를 온몸을 던져 치열하게 힘써왔던 김종원 목사님과 성민경 사모님께서 성경적인 지혜와 실제적 성찰이 가득 담겨 있는 소중한 책자를 우리의 손에 들려 주셨습니다. 이 소중한 선물이 복된 결혼생활을 소망하는 모든 이들에게 삶의 격려와 솔루션이 되어줄 것을 확신하며 기쁜 마음으로 추천합니다.

충현교회 한규삼 목사, 김미경 사모

《결혼을 앞둔 그대에게》는 우리가 기다리던 그 책입니다. 오랫동안 미국 이민 교회를 섬겨온 저희 부부는 미국 교회가 얼마나 철저하게 결혼을 앞둔 부부들을 훈련시키는지 잘 알고 있습니다. 결혼생활은 체계적으로 배우지 않고, 어깨 너머로 알게 된 간접 지식만으로는 순적하게 살아낼 수 없는 것입니다. 반면 결혼을 허무는 문제들을 드러내고 다루기도 쉽지 않습니다. 이 책의 내용은 결혼생활에서 공통적으로 발생하는 어려움에 대해, 그러나 그 누구도 자세하게 가르쳐주지 않은 바로 그 내용을 다루고 있습니다. 결혼을 앞둔 미래 부부들에게 일독을 권하며, 결혼예비학교를 진행하고 있는 교회들이 교재로 사용하면 유익할 것입니다.

부전교회 박성규 목사, 김혜옥 사모

이 책을 미리 읽었다면 우리 부부의 결혼생활이 더 성경적인 행복을 경험했을 것입니다. 그만큼 성경적 결혼관과 배우자 이해, 그리고 결혼생활에 꼭 필요한 주제를 다 담고 있습니다. 이 책은 결혼생활에 관한 지침서이지만 매뉴얼의 딱딱함을 뛰어넘었습니다. 김종원 목사님과 성민경 사모님의 결혼생활 이야기를 솔직하게 나누었기 때문입니다. 또한 독자들이 각 장을 읽으면서 받은 감동을 자신의 결혼생활에 구체적으로 적용할 수 있는 질문이 각 장의 마지막에 나와 있습니다. 그 질문의 넓이와 깊이가 결혼생활의 변화를 촉진시키기에 충분합니다. 결혼을 앞둔 청년들과 신혼의 부부들에게는 물론, 모든 부부들에게 매우 유익한 필독 매뉴얼로 적극 추천합니다.

코스타국제본부 유임근 목사, 박진 사모

오대양 육대주에서 열리는 KOSTA청년캠프에서, 선택 세미나 시간에 수강 인원이 가장 많이 몰려드는 곳은 언제나 '결혼'을 주제로 한 강의입니다. 그만큼 청년들에게 흥미로운 강의일 뿐 아니라, 결혼을 앞두고 있거나 혼기가 가까운 청년들은 실상 결혼생활에 준비가 되어 있지 않은 자신을 보면서 불안한 마음이 가득하기 때문이기도 합니다. KOSTA집회에서 열정적으로 말씀을 전해주시던 김종원 목사님과 성민경 사모님께서 공동으로 집필한《결혼을 앞둔 그대에게》는 청년들에게 술술 읽혀지는 재미있는 내용들과 묵직한 말씀으로 균형을 잡으며, 청년들에게 결혼에 대한 성경적이고도 실제적인 기둥을 든든히 세워줄 것입니다.

contents

PART 1

결혼은 왜 하려고 하나요?

1

왜 그 사람과 결혼하려는 거죠?

결혼, 왜 하지요?

가정은 하나님의 형상을 따라 지음 받은 남녀가 이루는 인류 최초의 공동체이다. 남녀가 만나는 동기는 다양하지만, 성경은 결혼이 하나님이 짝을 지어주심으로 이루어지는 것이라고 분명히 선언한다.

> 그러므로 하나님이 짝지어 주신 것을 사람이 나누지 못할지니라 하시더라 _막 10:9

그렇다면 하나님은 결혼을 왜 만드셨을까? 이 질문은 '결혼의 목적이 무엇인가?' 또는 '왜 결혼하는가?'라는 질문이기도 하다. 최소 20년에서 30년 이상 각자 살아온 사람끼리, 요즘은 늦게 결

결혼을 앞둔 그대에게

혼하는 경우도 많으니 많게는 40년 이상이나 다른 환경에서 살던 두 사람이 하나가 되는 일이 결혼이라면, 그 목적이 분명해야 하지 않겠는가?

결혼의 첫째 목적은 '연합'이다. 연합은 하나를 이루어가는 과정을 뜻한다. 그러나 막상 결혼해 살아보면 연합이 결코 만만치 않은 일이라는 것 또한 금세 알 것이다.

결혼의 둘째 목적은 '헌신'이다. 결혼은 나를 위한 것이 아니라 서로를 위한 것이다. 남편은 아내를 위하고, 아내는 남편을 위해 사는 것이 부부에게 헌신이라는 말의 의미다.

결혼의 목적이 상대에 대한 헌신이라니, 이 말이 몹시 어색할 것이다. 자신에게 모자란 점을 보충하며, 사는 데 도움을 받기 위해 결혼한다고 생각하는 대다수 사람들의 기대와 정반대 개념 같기 때문이다. 하지만 서로에 대한 진정한 헌신이야말로 결국 각자를 위해 가장 진정한 도움이 되며, 그것이 결국 결혼의 참된 목적인 것을 이 책을 통해 알게 될 것이다.

또한 연합과 헌신은 동전의 양면 같아서 따로 다룰 일도 아니다. 하나님은 연합을 이루어가는 가정을 위해, 그리고 서로를 섬기는 헌신을 위해 결혼을 만드셨다.

1장의 목적은 세 가지다.

첫째, 하나님이 만드신 최초의 공동체로서 가정이 무엇인지 배운다.

결혼은 왜 하려고 하나요?

둘째, 결혼의 목적인 연합과 헌신에 대해 배운다.

셋째, 서로 돕는 배필로서 헌신할 영역을 구체적으로 발견하고 헌신하기로 결단한다.

그럼, 이 사람을 왜 배우자로 선택했지요?

결혼예비학교를 시작하는 첫 날, 어색한 분위기를 깨기 위해 두 가지의 아이스 브레이크 질문을 던진다.

첫째 질문은 '나는 왜 결혼하기로 결정하였는가?'이다.

둘째 질문은 '그런 결혼을 군이 왜 ○○○와(과) 하는가?'이다.

이 두 질문을 던지면 서너 커플 중 적어도 한 커플은 눈이 동그래지며 질문하는 내 얼굴을 쳐다본다. 그런 이상한 질문을 왜 하느냐는 것일 테다. 결혼식 날짜는 이미 정했고, 결혼식을 위해, 그리고 아름다운 가정을 이루는 데 도움이 된다고 해서 결혼예비학교에 들어왔지만, 결혼이 무엇인지, 왜 결혼하는지에 대한 고민까지 군이 해야 하느냐는 표정이다.

결혼예비학교는 결혼식과 신혼집을 준비하느라 분주한 가운데 진행된다. 하지만 정작 그때까지 결혼하는 이유에 대해 생각해보지 않은 커플이 의외로 많았다. 결혼을 왜 하느냐는 질문에 당황하는 건 기본이고, 심지어 깊은 한숨을 내쉬는 경우도 종종 보기 때문이다.

첫째 질문인 "결혼을 왜 하는가?"에 대한 답은 다양하다.

결혼을 앞둔 그대에게

이 질문에서 가장 많이 나온 답은 '나이'(age)다. 요즘은 결혼하지 않은 상태, 이른바 싱글로 살아가는 비혼(非婚) 시기가 길어지고 있다. 30대 후반의 결혼은 보통이고 40대를 넘어 결혼하는 만혼(晩婚)이 사회적 현상으로 굳어져 버렸다. 결혼 적령기가 20대에서 30대로 훌쩍 넘어간 지는 이미 오래인 거다. 이제 나이는 결혼 당사자들에게 더 이상 의미 없어 보이기까지 한다. 나이가 결혼의 이유와 상관없어진 셈이다.

그러나 부모님 입장에서 자녀의 나이는 여전히 결혼의 주된 이유이다. 자녀가 나이가 들면 무언(無言)이든 유언(有言)이든 부모님의 압박에 따라, 더 버티지 못하고 결혼할 때가 되었다고 느끼기 마련이다.

결혼의 목적으로 성경적인 가정을 이루려는 꿈을 품는 커플이 제법 있다. 적어도 자기들만큼은 성경적으로 바른 가정을 이루고 싶다는 것이다. 하지만 부모님의 결혼 생활을 보고 '나도 저렇게 살아야지'라고 꿈꾸는 커플은 솔직히 많지 않다. 우리 부부 역시, 자녀들이 우리를 보면서 모범적인 가정의 모델이라고 말해줄지 자신이 없긴 마찬가지다.

부모의 이혼이나 불화로 받은 상처를 치유 받고 싶어서 결혼하려는 사람도 있다. 그런 상황에도 불구하고 아름다운 가정을 이루려는 마음이 귀하게 보였다. 동시에 구체적인 방법에 대해서는 고민이 깊어지기도 한다.

아버지가 지나치게 억압적이던 자매는 집에서 탈출할 수 있는

결혼은 왜 하려고 하나요?

유일한 길이므로 결혼하기로 결정했다고 솔직히 말하기도 했다. 자신과 어머니가 겪어온 고통이 크지만, 해결할 방법이 없기에 결혼으로 그 상황을 피하고 싶었던 것이다.

형제들은 자매들에 비해 자기만의 가정을 갖고 싶은 욕구가 더 큰 편이다. 내 가정, 내 아내, 내 자녀를 갖고 싶고, 자신이 만든 가정 안에서 안정감을 누리고 싶어 한다.

둘째 질문인 '그러면 그 결혼을 왜 OOO와(과) 하는가?'는 사실 배우자 선택에 대한 이유를 묻는 것이다.

이 질문에 보통 처음엔 쉽게 답을 낸다. 어디가 예뻐서, 어떤 성격이 좋아서, 나한테 잘해줘서, 믿음직스러워서 등등, 칭찬의 말이 쏟아진다. 본인은 키가 작은데 상대는 키가 크다는 외모 때문에, 말이 잘 통하고 배려심이 많다는 성격 때문에, 마음씨가 따뜻하다는 성품 때문에 결혼하기로 했다는 것이다.

형제라면 자매가 형제의 부모님에게 잘해서, 자매라면 형제가 친정 부모님에게 잘하기 때문이라는 부모에 대한 효성(孝誠)도 이유가 된다. '신앙이 흔들리지 않을 것 같아서, 믿음의 가정에서 자란 사람이라서' 같은 신앙적 이유도 있다. 자매의 경우 시부모님이 자기를 딸처럼 예뻐해 주신다는 점도 결혼을 결심하는 이유 중 하나가 된다.

배우자가 되려고 옆에 앉아 있는 사람을 선택한 이유에 대해 틀린 답은 없다. 사실 배우자 선정의 이유에 하나뿐인 정답은 없다. 사람들은 대개 본인에게 없는 장점을 가진 사람에게 호감을 느끼고 결혼을 결심하기 때문이다. 다만 이러한 답들에 문제가 있다면, 배우자 선택의 이유가 주로 본인 관점과 입장에 따른 것이라는 점이다.

이 첫 장을 마칠 즈음이 되면 토론 문제 항목에서 같은 질문을 다시 받을 것인데, 그때는 다른 관점으로 답해야 할 것이라 혼란을 느낄 수도 있을 것이다.

실제로 결혼예비학교를 거쳤던 예비부부들은 결혼하는 목적에 대한 첫째 질문보다 '왜 이 사람과 결혼하려고 하느냐?'는 둘째 질문에 더 당황하곤 했다. 이 책을 읽는 독자들도 이 장을 읽기 전과 후에 같은 질문에 어떻게 다르게 대답하게 되는지 스스로 비교해보기 바란다.

하나님이 가정을 창조하신 이유, 아세요?

"왜 결혼하는가?"

이 질문을 기독교 방식으로 바꾸면 이런 질문이 된다.

"하나님이 왜 가정을 만드셨는가?"

하나님이 만드신 최초의 가정 이야기는 구약성경 창세기에 나온다. 창세기에 나오는 세상의 창조 이야기에 바로 이어 나오는 것이 가정을 만드신 이야기다. 사람을 만드신 내용을 설명한 창세기 1장 26절부터 살펴보자.

²⁶하나님이 이르시되 우리의 형상을 따라 우리의 모양대로 우리가 사람을 만들고 그들로 바다의 물고기와 하늘의 새와 가축과 온 땅과 땅에 기는 모든 것을 다스리게 하자 하시고 ²⁷하나님이 자기 형상 곧 하나님의 형상대로 사람을 창조하시되 남자와 여자를 창조하시고 ²⁸하나님이 그들에게 복을 주시며 하나님이 그들에게 이르시되 생육하고 번성하여 땅에 충만하라, 땅을 정복하라, 바다의 물고기와 하늘의 새와 땅에 움직이는 모든 생물을 다스리라 하시니라 _창 1:26-28

2장 18절부터 사람이 아내를 얻어 가정을 이루게 하신 이야기가 나온다.

¹⁸여호와 하나님이 이르시되 사람이 혼자 사는 것이 좋지 아니하니 내가 그를 위하여 돕는 배필을 지으리라 하시니라 ¹⁹여호와 하나님이 흙으로 각종 들짐승과 공중의 각종 새를 지으시고 아담이 무엇이라고 부르나 보시려고 그것들을 그에게로 이끌어 가시니 아담이 각 생물을 부르는 것이 곧 그 이름이 되었더라 ²⁰아담이 모든 가축과 공중의 새와 들의 모든 짐승에게 이름을 주니라 아담이 돕는 배필이 없으므로 ²¹여호와 하나님이 아담을 깊이 잠들게 하시니 잠들매 그가 그 갈빗대 하나를 취하고 살로 대신 채우시고 ²²여호와 하나님이 아담에게서 취하신 그 갈빗대로 여자를 만드시고 그를 아담에게로 이끌어 오시니 ²³아담이 이르되 이는 내 뼈 중의 뼈요 살 중의 살이라 이것을 남자에게서 취하였은즉 여자라 부르리라 하니라 ²⁴이러므로 남자가 부모를 떠

나 그의 아내와 합하여 둘이 한 몸을 이룰지로다 ²⁵아담과 그의 아내
두 사람이 벌거벗었으나 부끄러워하지 아니하니라 _창 2:18-25

말씀으로 온 세상을 창조하신 하나님이 사람만은 독특하고 다
르게 만드셨다. 하나님은 인간을 "하나님의 형상을 따라 모양대
로"만들었다고 선언하신다.

사람이 하나님의 형상을 따라 그분의 모양대로 창조되었다는
것은 사람이 하나님과 닮았다는 뜻이다. 그런데 창조주 하나님
은 육이 아닌 영으로 존재하신다. 따라서 하나님께 우리 눈에 보
이는 형상은 없다. 하나님은 특수한 상황에서 사람 눈에 보이는
모습으로 나타나기도 하시지만 일반적인 일은 아니다. 그렇다면
그의 형상이나 모양은 무엇을 의미하는 것일까?

우리가 일상적으로 형상이나 모양을 네모, 세모, 동그라미 등
의 형태로 말하는데, 영이신 하나님은 어떤 형상을 가졌다는 말
인가? 우리가 그의 형상을 따라 지음 받았다면, 우리에게 그의
형상이 어떻게 나타난다는 말일까?

이런 질문부터 하면 대부분의 커플은 매우 당황해 한다. 그래
서 이 질문을 하기 전에 안심시키려는 질문이 따로 있다. 믿는 부
모에게서 태어난 모태 신앙인지, 신앙의 연수는 몇 년인지부터
물어보는 것이다.

결혼예비학교 참여자들 중에 모태신앙인이면 신앙 연수가 보
통 30년 이상이다. 짧으면 6개월 미만의 새신자부터 10년 이상

교회를 다닌 경우까지 신앙 연수는 다양하다. 모태신앙인이면 이런 질문에 답을 더 잘할까? 내 경험으로는 그렇지 않았다. 교회를 다닌 기간과, 집중적 연구나 오랜 묵상을 통해 말씀을 깊이 아는 것은 엄연히 다르다. 신앙 연수와 성경적 질문에 대해 답할 수 있는 능력은 그 배경과 상관없을 수 있다는 것을 전제로 생각해보자고 말한다.

이 질문에 단번에 대답하는 커플은 열에 한 커플 정도다. 대답하기 어려워하면 다음 질문으로 이어간다.

"자매(형제)는 형제(자매)의 모습 속에서 하나님을 보나요?"

앞의 질문을 들을 때보다 더 황당한 표정을 짓는다. '웬 불경스런 질문을 하시나?'라는 표정을 짓기도 하고, 바로 "아니오"라고 답하기도 한다. '어떻게 근엄하신 하나님이 내 배우자의 모습 속에 있을 수 있느냐?'는 듯한 반응이다. 그러면 이런 질문으로 바로 넘어간다.

"자매(형제)에게 하나님은 어떤 분인가요?"

이 질문은 다소 쉽다고 여기는지 답도 쉽게 한다.

"사랑의 하나님이요."

"오래 기다려주시는 하나님이요."

대답은 다양해도 모두 맞는 답들이다. 하나님은 영이시기에 눈에 보이는 형상은 없으나, 그분의 자녀들인 우리가 그 성품을 닮게 하신다. 그 성품을 우리에게 먼저 보여주시고 경험하게 하셔서, 자녀들이 하나님과 동일한 성품을 사모하고 갖게 하신다.

결혼을 앞둔 그대에게

하나님의 형상과 모양이란 사실 그분의 성품을 말한다. 사랑, 인내, 자비, 온유, 인자 같은 것이다. 하지만 하나님의 성품을 어떻게 간단히 이런 몇 단어로 말할 수 있겠는가? 우리 이해의 한계를 넘어선 전능하신 하나님의 성품을 이야기하려면 몇 달이 걸려도 모자랄 것이다. 그 많고 다양한 하나님의 성품 중에서 우리에게 조금씩 보여주시고, 그 성품의 일부를 경험한 우리가 그저 그 성품을 사모하고 나타내며 살아가는 것뿐이다. 사람을 알아가는 데에도 즐거움이 있듯이, 전능하신 하나님을 알면 알수록 더 많은 성품을 깊이 경험하게 된다.

따라서 이상한 말처럼 들릴 수 있지만, 하나님의 형상을 따라 그분의 모양대로 지음 받은 우리는 그의 성품을 소유한 것이다. 결혼을 통해 내 안에 있는 하나님의 성품을 배우자에게 드러내고, 배우자 안에 있는 하나님의 성품을 발견해가는 것이 얼마나 큰 기쁨인지 모른다. 결혼의 목적은 이렇게 서로를 통해 하나님을 알아가는 것이어야 한다.

하나님의 형상을 따라 그 모양대로 지음 받은 창조의 원리를 부부관계에 어떻게 적용할 수 있을까? 하나님의 형상을 따라 그 모양대로 지음 받았기에 우리는 보배롭고 존귀한 자이다(사 43:4). 이것은 부부가 서로 사랑할 때나 갈등이 있을 때나 동일한 시선으로 서로를 바라볼 근거가 된다.

우리 부부도 그랬지만, 누구나 결혼해도 싸울 수 있다. 때로는 심한 갈등이 있을 수 있다. 하지만 배우자가 밉고 보기 싫은 순간에도 그를 하나님의 형상을 따라 지음 받은 보배롭고 존귀한 자로 대한다면 어떤 갈등이나 싸움도 쉽게 넘어갈 수 있을 것이다. 하나님의 형상이라는 점에서 존중과 배려가 전제되기 때문이다. 그럴 때 아름다운 가정이 시작될 수 있다.

최초의 공동체는 결혼으로 창조됐어요

결혼은 하나님께서 만드신 최초 공동체인 가정의 출발이다. 결혼은 저절로 생겨난 인간의 관습이나 풍습이 아니라 하나님께서 특별한 목적을 가지고 만드신 것이다. 6일간 매일 창조하기를 마치시고 "보시기에 좋았더라"고 말씀하시던 하나님이 사람에 대해서는 처음으로 좋지 않다고 말씀하셨다. 놀랍지 않은가?

　"좋지 않게 보셨다"는 말의 뜻은, 하나님께서 "사람이 혼자 있는 것이 좋지 않으니 내가 그에게 알맞은 돕는 사람을 만들어주겠다"(창 2:18)라고 말씀하신 것에서 알 수 있다. 하나님의 형상을 따라 직접 만드셨으나, 혼자 있는 것이 보기 좋지 않다고 하신 것이다. 그래서 여자를 창조하심으로 아담과 결혼을 시키셨다. 그리하여 최초의 공동체인 가정이 탄생하였다.

　하나님께서는 7일 만에 세상의 창조를 완성하셨고, 인류의 첫 공동체인 가정을 하나님께서 만드셨다. 세상은 결혼으로 이루어진 가정을 통하여 탄생되는 생명으로 유지되고 있다. 남편과 아내는 참된 사랑을 바탕으로 한 진실한 인간관계를 통하여 행복감을 느끼고 안식을 누릴 수 있다.

기독교인 가정은 그리스도의 몸의 한 표현으로서 하나님의 창조질서에 따라 창조된 작은 교회 공동체이다. 그러므로 우리 눈에 보이는 만남의 동기를 넘어서 하나님이 짝 지어주심에 대해 영적인 눈으로 보아야 한다.

하나님이 만드신 최초의 공동체이기에 사탄은 가정을 최후로 쓰러뜨려려 할 상대로 보고 무차별적으로 공격한다. 가정이 무너지면 모든 것이 무너질 것을 잘 알기 때문이다.

실제로 결혼예비학교를 하다보면 깨진 가정에서 자란 아픔이 남아 있어 결혼생활에 대한 두려움을 가진 참여자들을 만난다. 겉으로 보기엔 참 착하고 예쁜 커플이지만, 마음속으로는 가정을 이루는 것을 두려워하고 있다. 참으로 안타까운 일이다. 아름답고 건강한 가정을 시작하기 위해 먼저 부모로부터 받은 상처를 치유해야 하는 과제가 그들에게 있는 것이다. 그런 이들에게 건강한 가정에 대한 욕구가 누구보다 크지만, 쉽지 않은 일인 것도 사실이다. 그런 커플일수록 "하나님이 짝 지어 주신 것을 사람이 나누지 못할지니라"(막 10:9)는 말씀을 지키려고 애쓸 것을 다짐한다.

결혼예비학교를 통해 만나는 많은 커플을 위해 늘 기도하지만, 그 중에서도 특히 가정에 대한 상처를 가진 커플을 위해서는 더 많이 기도하게 된다.

결혼의 첫 번째 목적 : 연합

하나님의 천지창조와 더불어 창조된 가정은 두 가지 목적을 가진다. 연합과 헌신이다. 가정은 연합과 헌신을 통해 건강하게 성장하고 유지될 수 있다.

연합은 남자가 자기 아버지와 어머니를 떠나 그 아내와 결합해 한 몸을 이루게 됨(창 2:24)으로써 시작한다. 연합의 교훈은 부부가 삶의 모든 영역에서 하나가 되어야 한다는 사실을 가르친다. 그렇다면 결혼의 목적인 연합, 곧 하나됨의 진정한 의미는 무엇일까? 구체적으로 말해 부부가 연합해야 할 영역에는 무엇과 무엇이 있을까?

결혼하여 부부가 됨으로써, 그저 단순히 한 집에서 같이 한 이불 덮고 자는 것으로 연합을 다 설명할 수는 없다. 연합은 매우 구체적인 삶의 습관과 다양한 영역에서 다루어야 할 문제다.

연합은 우선 서로 다르다는 것을 전제로 한다. 다르기에 연합해야 하는 것이다. 오랜 세월 서로 다른 환경에서 살아왔기에 다를 수밖에 없는 두 사람이 서로 사랑한다는 이유만으로 하나를 이룬다는 것은 사실 쉽지 않다. 시간이 필요하고 에너지도 많이 필요하다. 무엇보다 연합해야 할 영역이 매우 다양하다. 어쩌면 연합의 영역 가운데 육체적인 연합, 즉 성(性)은 연합하기가 가장 쉽고 간단할 수 있다.

다만 반드시 기억해야 할 것은, 연합이란 어느 한 쪽의 희생으로 이루어지는 것이 아니라는 사실이다. 지속적으로 소통하고 맞춰가는 과정이기 때문이다. 그것이 바로 결혼생활이다.

인생의 장기적인 계획은 당연히 서로 다르고, 일상생활에서 식습관과 입맛과 잠자리에 들고 일어나는 시간 같은 모든 생활습관은 물론 사소한 행동방식까지 모두 다르다. 맞추어가며 하나를 이루어야 할 영역은 매우 다양하다.

우선 인생의 장기 목적과 단기 목표가 연합해야 하며, 소비패턴, 생활습관, 신앙생활 방식의 연합을 의논해야 한다. 가정 경제의 연합, 육체적 연합(성생활), 의사소통의 연합이라는 중요한 3대 사안에 대한 논의는 결혼생활의 실제를 다루는 3,4,5장으로 잠시 미루고, 커플들이 종종 놓치는 연합의 몇 가지 영역을 1장에서 우선 간략히 다루어보려고 한다.

첫째, 감정이 연합돼야

결혼예비학교에서 연합에 대해 다룰 때, 나는 감정의 연합을 반드시 먼저 다룬다. 감정의 연합을 쉽게 표현하면 '공감하는 것'이다. 결혼하면 자연스럽게 감정적으로 연합될 거라고 많이 착각한다. 배우자가 기뻐할 때 기뻐하고 슬퍼할 때 같이 슬퍼할 것 같지만, 실제로 살아보면 그게 결코 쉬운 일이 아니다. 내 기준에 따라 상대의 입장을 동의하지 못할 수 있고, 상황에 따라 건성으로 반응해서 공감하지 못하기도 한다. 부부가 되어 살다보면 대부분의 부부싸움이 공감하지 못할 때, 바로 감정이 연합되지 못할 때 일어나는 일인 걸 금세 알게 된다.

나에게는 가끔 위경련이 찾아온다. 배가 뒤틀리듯 아프면 하루 종일 꼼짝 못하고 침대에 누워 있어야 한다. 간헐적으로 위경련이 일어나니 우리집 식구들은 이제 내가 아프면 그저 또 아픈가 보다 한다.

오래 전 아이들이 어렸을 때 일이다. 그날도 위경련으로 배가 너무 아파 누워 있었는데 아이들이 내 침대로 올라왔다.

"엄마, 배 아파요?"

"응, 좀 아프네."

"그래요? 내가 기도해줄게요. 하나님! 우리 엄마가 아파요. 즉시 낫게 해주세요!"

"고마워."

아이들이 쪼르르 달려와 치유 기도를 한 후 휘리릭 사라져 버렸다. 몸은 여전히 아팠지만 아이들 덕분에 마음이 따뜻해졌다.

저녁이 되어 남편이 돌아왔다. 남편은 옷을 갈아입으며 무심하게 물었다. 요즘 하는 말로 '영혼 없는' 질문이었다.

"아프나?"

내 남편은 전형적인 경상도 남자다. 남편이 평소 수다스러운 사람은 아니니 큰 기대는 하지 않았지만, 아팠던 나로서는 위로의 한 마디가 절실하기는 했다.

"응."

"병원 안 가고 뭐 했노?"

헐… 이건 뭐지? 나는 하루 종일 아파서 끙끙거렸는데, 왜 날 비난하지? 전화 한 통 없이 하루가 지나갔는데…. 섭섭한 마음이 밀물처럼 밀려왔다.

그러면 내가 남편에게 원했던 답은 무엇이었을까? 아마도 이런 것이었겠다.

"하루 종일 고생했겠네. 힘들어서 우야면 좋노? 많이 아프제?"

남편은 언제나 '본론만 간단히 하자'주의다. 섭섭한 마음을 토로하면 남편은 이렇게 말한다.

"그걸 꼭 말로 해야 아나?"

그렇다. 나는 언제나 말로 해줘야 안다. 논리적으로는 말을 안 해도 알 수 있지만, 감정적으로는 꼭 말로 표현해야 알 수 있다. 결혼하고 20년쯤 지나면 말을 안 해도 알 수 있기도 한다. 그렇지만 대부분의 경우는 '그걸 꼭 말해야' 안다. 보다 정확하게 말하면 '그걸 꼭 듣고' 싶다. 그런데 아내가 듣고 싶은 말을 남편은 속으로 한다. 그것도 아주 빨리 한다. 입 밖으로 해주기를 바라는 말은 속에 담아놓고, '꼭 해주었으면' 하는 말은 아주 간결하다.

기쁠 때 같이 기뻐하고 아플 때 같이 아파하는 것이 공감이다. 사랑하면 자동으로 또는 쉽게 공감하게 될 것 같고 그렇게 할 거라고 다짐도 한다. 그런데 현실은 그렇지 않다. 사랑하는 사람이 기뻐해도 내 상황이 여의치 않으면 마음껏 기뻐하지 못한다. 그가 슬퍼해도 내가 괜찮으면 괜찮다고, 혹은 괜찮을 거라고 위로 아닌 위로를 한다.

　　　　　　　　　　　　　　　결혼은 왜 하려고 하나요?

공감하지 못하는 것, 즉 마음이 연합하지 못하는 것은 어쩌면 마음의 문제라기보다 표현력의 문제일 수 있다. 그러나 근본적으로는 마음이 하나가 되고자 하는 노력의 문제다. 결혼하면 둘이 한 몸이 된다고 하는데, 온전한 한 몸을 이루어가는 과정에서 마음이 연합하는 공감은 반드시 필요하며, 무엇보다 무척 많은 노력이 필요하다.

둘째, 식성이 연합해야

내가 중요하게 생각하는 또 다른 연합의 영역은 식성(食性)의 연합이다. 식성이 달라도 다행히 금세 접점을 찾는 부부가 있지만, 음식 문제 때문에 지속적으로 갈등하는 부부가 의외로 많다.

식성이라는 것은 짧은 기간에 형성되는 것이 아니기 때문에 쉽게 바뀌지 않는다. 게다가 결혼하기 전인 연애 시절에는 대부분 매식(買食)을 하기 때문에, 메뉴 중에서 서로 다른 선택을 하는 것이 문제이지 식성 때문에 갈등하는 일은 적다. 결혼한 후에야 식성의 차이가 드러나는 경우가 대부분이다.

나와 남편도 결혼 전부터 식성이 많이 달랐다. 달라도 많이 달랐다. 그런데 연애를 할 때는 이걸 잘 몰랐다. 주로 식당에서 밥을 사먹었기 때문이다. 둘 다 크게 가리는 것 없이 잘 먹어서 정작 상대가 무엇을 좋아하는지는 그다지 신경 쓰지 않았다. 각자 먹고 싶은 걸 존중하면 그만이었기 때문이었을 거다.

이처럼 연애할 때는 서로의 식성을 알기 어렵다. 하지만 결혼하면 집에서 음식을 해먹는 일이 반드시 생긴다. 아니, 거의 그래야 한다. 그러면 서로 다른 식성이 바로 들통나고 만다. 우리 부부도 결혼하고 나니 식성이 달라도 너무 다른 것을 바로 알게 됐다. 결혼하기 전에는 식성이 이렇게 다른 걸 왜 몰랐을까, 의아할 정도였다.

나는 혼자 밥을 먹을 때도 격식을 다 갖추어 먹기를 좋아한다. 한 끼라도 대충 먹는 건 싫다. 나를 스스로 대접해야 한다고 생각하기 때문인 것 같다. 냉장고에 있는 반찬을 다 꺼내 한 상 거하게 차린다. 고기나 생선 같은 중요한 반찬이 반드시 하나는 있어야 한다. 반찬이 마땅치 않으면 계란 프라이라도 해먹는다. 배불리 먹으면 육과 영이 만족을 얻는 느낌이 들기 때문이다.

반면 남편은 간단히 먹는 것을 좋아한다. 뭔가 집중하는 일이 있을 때는 밥 먹는 시간을 아까워하기도 한다. 설교 준비를 하다 보면 어느 정도 끝낸 후라야 식탁에 앉는다. 밥을 먹을 때도 거한 반찬보다 나물 위주의 간단한 반찬을 좋아한다. 게다가 냉장고에 들어갔다 나온 반찬은 선호하지 않는다. 단 한 가지 반찬이라도 새로 만든 것을 좋아한다.

내 친정식구들은 고기를 무척 좋아한다. 특히 생고기보다 양념한 고기를 좋아한다. 쌈 채소는 있으면 좋지만 없어도 그만이다. 고기 자체를 좋아하기 때문이다. 고기를 충분히 먹은 후에는 된장국과 밥이 아니라 냉면으로 입가심(?)을 한다. '모닝고기'(아침부터 고기 먹기)에도 아무런 부담이 없다. 오히려 아침에 고기를 먹고 나면 속이 든든해서 하루 종일 기분 좋게 보낸다.

반면 시댁 식구들은 고기를 먹긴 하지만 특별한 날 저녁에나 먹는다. 양념고기보다 생고기를 좋아한다. 싱싱한 쌈 채소는 필수로 차려야 한다. 식당에 고기를 먹으러 가면 밥과 된장찌개를 처음부터 주문한다.

고기를 좋아하는 나는 거의 모든 음식에 고기를 넣는다. 김치찌개에도 넣고 된장국에도 넣는다. 그런 내가 결혼 후 첫 명절에 시댁에서 먹은 떡국은 놀라웠다. 양지머리와 사태로 우려낸 육수가 아닌 멸치 육수에 떡을 끓이는 것을 보고 정말 많이 놀랐다. 문화 충격이 아닐 수 없었다.

신혼 초에 남편을 위해 정성껏 음식을 만들어 차렸다. 어느 날은 국거리가 마땅치 않았다. 그래서 내키지 않았지만 멸치로 육수를 내고 김치를 썰어 넣어 김칫국을 만들었다. 나로서는 맛도 감동도 별로 없는 국이었다. 하지만 내게 중요한 재료, 즉 고기가 없었기에 어쩔 수 없이 만든 음식이었다. 그런데 그 김칫국을 한 술 뜬 남편의 반응이 놀라웠다.

"여태까지 당신이 해준 음식 중에 오늘 이 국이 제일 맛있다!"

뜨아…! 예상했던 결과는 이게 아닌데….

식성이 이렇게 다르니 음식 만들기에도 시행착오가 많았다. 그렇지만 이 또한 서로 맞추어가니 어느 정도 극복할 만해졌다.

이제 나는 야채를 좀 더 먹고 남편은 고기를 좀 더 먹는다. 결혼한 지 20여년이 지난 요즘, 남편은 가끔 이렇게 말한다.

"우리 오늘은 삼겹살 듬뿍 넣고 김치찌개 끓여먹자!"

셋째, 속도가 연합해야

남편은 나보다 키가 15센티미터 가량이나 크다. 나와 비교하면 당연히 팔다리도 매우 길다. 걸을 때도 성큼성큼 걷는다. 상대적으로 다리가 짧은 나는 남편이 빨리 걸을 때 종종거리며 뛰어야 한다. 그래서 신혼 초에는 주로 남편이 앞서 가고 나는 뒤에서 가곤 했다. 시간이 조금 지나자 이렇게 다니는 것이 거슬리기 시작했다. 하루는 남편 바지의 벨트걸이를 뒤에서 잡아당기며 말했다.

"나랑 같이 좀 가자!"

그날 우리는 손을 잡고 걸었다. 남편은 더 이상 내가 오는지 안 오는지 확인하느라 뒤를 돌아보지 않았다. 나 역시 쫓아가느라 헐떡거리지 않아도 되었다.

걸음 속도도 이처럼 다른데 삶의 속도는 어떨까? 두 사람이 같이 걸으면 속도 차이는 무조건 발생한다. 두 사람의 성격이 모두 빠르다 해도 해도 둘 중 한 사람은 반드시 더 빠르기 마련이다. 반대로 두 사람 모두 성격이 느려도 둘 중 한 사람은 더 느리다.

나는 성격이 매우 급하다. 그런데 내 남편은 더 급하다. 그래서 두 사람이 같이 어디든 나갈 일이 있을 때마다 남편이 나를 기다려야 한다. 그런 날이면 남편이 자주 하는 말이 있다.

"출발 15분 전!"

일어난 지 얼마 되었든, 내 몰골이 어떻든 남편은 15분 후면 출발하려고 벌써 현관 앞에 서 있다. 희한하게도 우리집 식구들은 이 시간을 어떻게든 맞춘다. 나는 그 짧은 시간 동안 샤워도 하고 화장도 하고 옷도 다 입는다. 15분 후에는 진짜 출발한다.

우리집에서 가장 느린 사람은 아들 혜강이다. 언제나 16분쯤 지나 신발은 반쯤 꺾어 신고 나온다. 그래서 가장 많은 잔소리를 듣는다. 왜 시간을 못 맞추느냐, 어째서 제대로 하지 못 하냐, 좀 똑 부러지게 해라….

혜강이가 기숙학교를 다니기 시작할 때 우리 부부는 그의 속도와 시간 엄수에 대해 염려를 했다. 혹시 시간을 잘 못 지켜 학교생활을 힘들어하지 않을까 걱정한 것이다.

그러나 학교 탐방을 가보니 혜강이는 항상 모든 학생 중에 제일 앞에 서 있었다. 그가 속한 그룹은 어떤 준비든 가장 먼저 마치곤 했다. 우리집에서는 한없이 느린 혜강이지만, 평균적으로는 무척 빠른 아이라는 사실을 그때 알았다. 오히려 혜강이가 다른 친구들을 재촉하고 있었다.

가정생활에는 여러 가지 연합의 영역이 있다. 나는 속도가 특히 중요한 영역 중의 하나라고 생각한다. 사람에게 속도 차이는 발생할 수 있다. 아니, 반드시 발생할 수밖에 없다. 빠르고 느린 것은 절대적 가치가 아니라 다른 것이다. 그래서 적절한 접점을 찾아야 한다. 어느 한 쪽의 희생으로 인한 연합이어선 안 된다. 서로 조금씩 서두르고 조금씩 느긋해지기도 해야 한다. 일반적으로는 중간 지점에서 만날 때 속도의 연합을 이룰 수 있다.

감정의 연합, 식성의 연합, 속도의 연합을 연합의 일반적 예로 들었다. 이외에도 연합해야 할 영역은 커플의 조합이 다양한 만큼 매우 많을 것이다. 그것들은 이 장을 마치고 나오는 결혼예비학교 문답 코너에서 독자와 더불어 다시 생각해보자.

결혼의 두 번째 목적 : 헌신

결혼의 두 번째 목적은 헌신이다. 결혼하는 가장 중요한 이유는 사랑이다. 사랑해서 결혼하는 것이다. 그러면 그 사랑은 어떤 사랑인가?

만나는 커플에게 종종 묻는다. 손을 잡으면 마음에 설렘이 느껴지느냐고.

사랑하는 사이라면 결혼하려는 부부가 서로 느끼는 육체적 설렘은 당연한 것이다. 그런데 아직 결혼하기 전이라도 어느 순간부터 손을 잡고도 설레지 않는다고 답하는 경우가 있다. 손잡기가 그새 익숙해진 것이다. 그렇다면, 포옹하면 설렘이 느껴지느냐고 물어본다. 어쩌면 시간이 지난 어느 훗날엔 포옹조차 설렘을 유발하지 않을지도 모른다. 심지어 둘만의 침실에서조차….

만약 설렘이 사랑의 전부라면 그 사랑의 유효기간은 불과 며칠에 지나지 않을 수도 있다.

육체적인 관계가 지금 당장은 설렐지 모르겠지만, 그것이 영원히 지속되지 않을 것이라는 것은 굳이 설명하지 않아도, 결혼 생활을 오래 해본 사람이라면 누구나 알 수 있다. 물론 육체적 사랑도 분명히 사랑이다. 그러나 부부간의 사랑은 육체적 사랑을 넘어선 헌신과 섬김에서 출발해야 한다.

성경은 그리스도께서 교회를 사랑하신 것 같이(엡 5:25) 부부가 서로를 사랑하고 섬겨야 한다고 명령한다. 그렇다면 예수 그리스도께서 그를 구주요 왕으로 모신 교회(성도)를 어떻게 사랑하셨지를 알아야 한다.

그리스도 사랑의 정점은 십자가 사건을 통해 드러난다. 예수님은 나의 죄 문제를 해결하시기 위해 십자가에서 죽으심으로 그의 사랑을 표현하셨다. 이 부분에서 나는 결혼예비학교 참여자들에게서 구원의 확신을 이런 질문으로 점검한다.

"형제(자매)를 예수님이 사랑하셨나요?"

"어떻게, 어떤 방법으로 형제(자매)를 사랑하셨나요?"

이 질문에 당황하는 사람들을 많이 본 것 같다. 하나님이 지속적으로 본인을 사랑하신다고 대답하기도 하고, 잘 느껴지지는 않지만 사랑하시는 것 같다는 대답을 하기도 한다. 모태신앙이거나 신앙 연수가 길다 할지라도 구원의 확신이나 감격을 누리지 못하고 사는 커플도 보게 된다. 그리스도인의 결혼이란 커플이 하나님과 동행하는 일인데, 구원의 감격이 없다면 결혼에 대한 지식이나 정보가 무슨 소용이 있을까!

십자가를 언급하면 그제야 "아" 하고 반응하며 학습된 지식을

결혼을 앞둔 그대에게

나열한다. 나는 허물과 죄로 죽었던 죄인이었는데(엡 2:1), 하나님의 아들이신 그리스도께서 십자가에 달려 돌아가셨다. 그것을 믿음으로 받아 그리스도를 나의 왕, 나의 구주로 영접할 때, 나는 하나님의 아들로서 새 생명을 얻게 된다. 그러므로 우리는 세상을 살아가지만 택하신 족속이요, 왕 같은 제사장이요, 거룩한 나라요, 소유된 하나님의 백성으로서 구별된 삶을 살아갈 수 있고 또한 그렇게 살아가야 한다(벧전 2:9).

결혼할 부부는 이 사실을 같이 알고 믿으며 경험하며 살아가고 있는가? 이 복음이라는 보물을 잠시 잊고 살아가는 커플이라면 반드시 다시 복음을 듣고 기억하고 살아갈 것을 권면한다.

새신자와 하는 결혼일 경우 예수 그리스도의 대속(代贖) 교리에 대해 가능한 자세히 알려주어야 한다. 영적 소속이 다른 두 사람이 연합을 이루기는 어쩌면 불가능한 일이기 때문이다. 어쨌든 예수 그리스도를 통한 구원은 부부 사이의 헌신을 이야기하기 위해 반드시 점검해야 할 부분이다.

다시 헌신의 주제로 돌아가자. 헌신의 모델은 예수 그리스도이다. 예수 그리스도께서 나를 사랑하신 것처럼 배우자를 사랑할 것을 명령하신 것이다. 그렇다면 그리스도처럼 죽어야 하지 않겠는가? 헌신은 몸을 드리는 것을 뜻하는데, 그것은 생명을 바치는 일이다.

헌신이란 또한 배우자의 유익과 발전을 위해, 그를 섬기기 위해 어떻게 희생할 것인지 생각하고 행동하는 것을 의미한다. 그러므로 성경이 가르치는 사랑은 감정뿐 아니라 의지와 결단을 동반한 태도와 행위를 포함한다.

성경이 가르치는 행복한 결혼은 배우자의 장점이 자신의 행복을 위한 결혼의 조건이 되는 것이 아니라, 그의 단점을 보완하고 장점을 더욱 발전시킬 수 있도록 돕는 헌신을 통해 이룰 수 있는 것이다. 행복한 결혼을 위해 남편은 아내에 대한 의무를 다하고, 아내도 그 남편에게 그렇게 해야 한다(고전 7:3). 당신은 배우자를 위해 자신의 어떤 부분을 포기할 것인가?

사실 헌신은 연합에 비해 다룰 세부 내용이 그다지 많지 않다. 그래서 결혼예비학교를 할 때 헌신은 상대적으로 적은 시간을 할애한다. 헌신의 주제와 관련해 곁가지를 논하기보다, 헌신의 개념을 재정립하는 데 초점을 맞추는 것이다.

누구를 위해 결혼합니까?

"결혼은 누구를 위한 것일까?"

이것은 "결혼관이 무엇이어야 하느냐?"라는 질문이기도 하다. 나 중심의 결혼관에서 배우자 중심의 결혼관으로 전환해야 하며, 나아가 결혼을 만드신 하나님을 우선으로 삼는 것이 성경적인 결혼의 과제이다. 쉽게 말해 배우자에게 헌신하는 것이고 하나님께 헌신하는 것이 결혼의 목적이라는 말이다. 그래서 헌신이 결혼의 목적이라는 말에 저항심이 느껴지기도 하는 것이다.

심한 경우, 그럴 거면 결혼을 왜 하느냐는 태도를 보이기도 한다.

그러나 기억해야 한다. 결혼을 만드신 분이 누구인가? 하나님이시다. 그러면 하나님이 결혼을 왜 만드셨는가?

결혼의 디자이너이신 하나님의 의도를 정확하게 기억하고 실행하는 것이 중요하다. 믿지 않는 사람들도 연합은 쉽게 받아들인다. 그러나 헌신은 대개 받아들이기 어려워한다. 그리스도를 구주로 고백하고 왕으로 모시며 살아가는 그리스도인이라야 그나마 그 희생과 섬김의 사랑이 가정 안에서 실현되어야 한다는 교훈에 동의할 수 있다.

1장을 정리하면서, 시작하는 문단에서 했던 질문을 다시 하고 싶다. 헌신과 섬김의 원리에 근거해서 OOO과(와) 결혼하는 이유를 다시 써보는 것이다. 초반에는 자신의 입장에서 상대방의 장점을 기록하기 때문에 비교적 쉽게 적었다면, 이제는 같은 질문이지만 답을 쓰기가 쉽지만은 않을 것이다. 정확하게 말하면, 1장을 읽는 동안 독자에게 패러다임의 전환이 일어났을 것이므로 적응이 필요해진 것이다.

섬김의 원리에 근거해 결혼의 이유를 기록하는 커플들은 여러 가지 모습을 보여주었다. 당황하기도 하고, 뭐라고 써야 할지 몰라 한동안 멍하게 앉아 있기도 했다. 어쩌면 우리는 섬기기보다 섬김 받으려는 데 익숙하기 때문에, 헌신이 결혼의 목적이라는 명제 앞에서 혼란이 생길 수 있다.

성경은 배우자를 '돕는 배필'(창 2:18)이라고 부른다. 도움을 주는 사람이라는 뜻이다. 그러므로 'OOO과(와) 결혼하는 이유'는 다시 말하면 'OOO를(을) 어떻게 도울까' 하는 이슈가 된다.

"나에게는 이러한 장점이 있기에 새롭게 이루는 가정에서 이렇게 기여할 수 있다. 내 미래의 배우자에게는 이런 약점이 있기에 나는 이렇게 돕겠다"라고 생각하고 결단해보는 것이다.

이 부분의 이해를 돕기 위해 짓궂은 질문을 하기도 한다. 자매가 예쁜 것이 이유가 된다면 결혼 후에 안 예쁘게 보이면 어떻게 하겠는가? 아내가 임신과 출산을 경험하며 예쁘지 않은 모습으로 변한다면 결혼의 이유가 사라질 것이다. 예쁘다는 것이 주관적이기도 하지만, 세월을 비껴갈 사람이 어디 있겠는가?

배려심이 많은 형제가 좋아보여서 결혼했는데, 알고 보니 지극히 이기적인 사람이라는 것을 알게 되면 어떻게 하겠는가? 물론 사람이 결혼한 후에 180도로 바뀌는 일은 드물지만, 결혼의 이유가 좋은 성품 때문이라면, 상황이 어려워져 배려하지 못하는 모습을 보일 때 결혼의 이유는 사라지는 것일까?

내 부모에게 잘하는 것 같았으나, 결혼 후에 바쁘게 살다보니 그렇게 하지 못하면 어떻게 해야 할까? 내가 사람을 잘못 본 것인가? 아니면 나와 결혼하기 위해 그런 척을 한 것일까? 이렇게 생각하면 배신감 같은 감정적 혼란을 경험할 뿐만 아니라 신뢰의 문제도 생길 수 있다.

'신앙이 좋아서'라는 이유는 어떠한가? 신앙생활을 모범적으로 잘하는 것이 결혼생활의 이유였는데, 혹시 그렇지 않은 모습을 발견한다면? 아쉬움은 있을 수 있으나 결혼 자체를 후회해야 되겠는가? 결코 그렇지 않다.

이처럼 결혼의 이유가 나 중심적이라면 결혼 후에 자기연민이나 배신감에 마음이 어려워질 수 있다. 갈등의 원인이 될 수도 있다. 또한 결혼을 만드신 하나님의 의중을 헤아리지 못하는 우(愚)에 빠질 수도 있다. 가정은 나를 사랑하사 목숨을 아끼지 않고 나를 사랑하신 그리스도의 사랑을 적용하고 발전시키는 장(場)이라는 사실을 잊지 말아야 한다.

다시 묻는다.

"헌신과 섬김의 원리에 근거해 당신은 OOO과(와) 왜 결혼하기 원하는가?"

이 마지막 질문은 가장 어렵고, 답하기에 시간이 오래 걸릴 것이다. 그러나 오래 기다려서라도 꼭 답을 해보기를 바란다. 그럴 가치가 충분히 있기 때문이다.

나의 유익과 만족을 찾기 위함이 아니라 그리스도가 나를 위해 목숨을 내어놓기까지 사랑한 것 같이, 나도 내 배우자를 섬기고 세우기 위해 결혼한다는 사실이 비록 낯설더라도, 이것이 바로 하나님이 최초의 공동체인 가정을 만드신 중요한 목적이라는 사실을 잊지 말자.

결혼은 왜 하려고 하나요?

결혼의 황금률

마가복음 10:1-12

당신은 부부를 어떻게 정의하십니까? 어떤 목사님은 부부란 섭리적으로 만난 사이라고 했습니다. 사람이 세상을 살면서 수많은 사람을 만나지만, 결혼하는 것, 즉 부부가 된다는 것은 세상 말로 숙명적 만남인 것입니다. 섭리적 만남이란 인생을 완전히 바꾸어놓는 단 한 사람과의 만남이라는 것이죠..

저도 제 아내를 처음 만났을 때 마음이 동해 서로 눈길을 주고받고 가슴이 설레 결혼한 다음, 막상 이십년을 넘게 살면서 돌이켜보니 "야, 그렇게 아내를 만난 것이 내 인생을 이렇게 바꾸어놓았구나!"라는 생각이 들어 감격하고, 그 사실이 너무 놀라워 가슴이 철렁 내려앉기도 합니다. 그런 게 결혼생활이고 부부가 아닙니까?

사실 부부가 섭리적 만남이라는 말은 부부생활이 숙명적이라는 세상적 의미보다, 그 속에 뭔가 하나님의 계획이 있다는 신앙적 고백입니다. 단순히 청춘 남녀가 오가다 만나 눈이 맞아 살게 된 것이 아니라, 뭔가 하나님의 뜻하신 바가 있었다는 말입니다.

마가복음 10장은 한 남자와 한 여자가 만나 부부를 이루어 살아가는 결혼생활에 하나님의 선명한 섭리적 계획이 있음을 가르쳐주고 있습니다. 저는 그것을 '결혼의 황금률'이라고 부릅니다. 황금률이라는 것은 너무나 소중해서 반드시 따르고 지켜야하는 삶의 가치를 말합니다.

성경이 가르치는 '결혼의 황금률'이 무엇인지, 이 황금률을 위협하는 것들은 무엇인지, 어떻게 하면 이것을 잘 지켜갈 수 있는지 살피려 합니다. 그리하여 먼 훗날 길을 가다가 아내는 "영감! 나 좀 업어줘" 할 수 있고, 남편은 "할멈, 나 너무 힘든데 좀 끌어줘!"라고 말하며 아름다운 한 장의 그림을 그려낼 수 있을 것입니다.

첫 번째 황금률

예수님이 가르치시는 결혼의 첫 번째 황금률은 "하나님이 짝지어 주셨다"는 것입니다.

> 그러므로 하나님이 짝지어 주신 것을 사람이 나누지 못할지니라
>
> _막 10:9

이 구절은 마태복음 19장에도 나오는데, 예수님께서 직접 결혼에 대해 가르쳐주신 대원칙입니다.

우리는 배우자를 자기가 선택했다고 생각합니다. 내 판단력으로 잴 것은 재고, 내 의지로 결정해서 여기까지 이르렀다는 것입니다. 물론 그렇습니다. 그러나 그런 우리의 선택 배후에는 하나님의 손길이 분명히 있었다는 것을 인정하셔야 합니다.

아담이 혼자 있는 것이 좋지 못하여 하와를 아담에게 이끌어가신 분이 누구이십니까? 하나님이십니다. 그런 것처럼, 우리가 누군가를 마음에 두기도 전에 하나님은 벌써 오래전부터 나와 누군가를 만나게 해야겠다고, 그래서 짝을 지어주어야겠다는 계획을 갖고 계셨습니다. 그 계획대로 하나님께서 우리 걸음을 인도하셨습니다. 이 사실을 믿으십니까?

수없이 많은 사람들 중에 어떤 한 남자와 한 여자가 만난다는 것은 사람이 마음먹는다고 되는 일이 아닙니다. 부부의 연을 맺고 살고 있는 지금의 배우자와 만날 확률은 사실 대단히 적었습니다. 세계인구의 남녀비율을 계산한 결과 이렇게 재미있게 표현한 글을 보았습니다.

"결혼 배우자를 만나는 일은 마치 천년에 한 번씩 바다 밖으로 고개를 내미는 거북이가 천년 만에 고개를 내미는 순간, 마침 바다 위를 떠가던 판자의 구멍에 목이 낄 확률과 같다."

그렇게 기적처럼 만났다고 다 결혼할 수 있게 됩니까? 남이 보기에는 아무것도 아니어도 자기 눈에는 뭔가 씌어야 합니다. 객

결혼을 앞둔 그대에게

관적으로는 불가능해 보일지라도 눈에 뭐가 씌었으니까 나도 모르게 마음이 끌리고 사랑하게 돼서 부부가 된 것입니다.

세상 말로 인연이 되려면 얼마나 많은 조건이 서로 다 맞아야 하는지 모릅니다. 그 모든 것 뒤에 하나님이 짝 지워주시려고 각본을 다 짜놓으셨기 때문입니다. 저는 그렇게 믿습니다.

이처럼 우리 만남은 노사연의 노래처럼 단순히 우연이 아닌 정도가 아닙니다. 하나님이 짝 지워주신 것입니다. 이것이 꼭 기억해야 할 결혼의 첫 번째 황금률입니다.

두 번째 황금률

예수님이 가르쳐주시는 결혼의 황금률 두 번째는 "사람이 나눌 수 없다"입니다. 마가복음 10장 9절을 다시 읽어 봅시다.

그러므로 하나님이 짝지어 주신 것을 사람이 나누지 못할지니라

부부의 첫 단추가 하나님이 짝지어주신 것이라면, 마지막 단추이자 매듭은 "사람이 나누지 못할지니라"입니다. 이것이 두 번째 황금률입니다. 만나게 하시고 부부가 되게 하신 이가 하나님이시기 때문에, 하나님의 허락 없이는 절대로 헤어질 수 없다는 것이 하나님의 준엄한 명령입니다. 여러분은 이 '결혼의 두 번째 황금률'을 잘 지키고 있나요?

미국에서도 집을 팔 때 부동산 업자에게 집을 내놓습니다. 그러면 그 집 앞에 "이 집은 팔려고 내놓은 집입니다"라는 의미의 광고판을 써 붙입니다. 영어로는 'House for sale'이지요. 그런데 어디선가 'Home for sale'이라고 잘못 쓴 것을 보았습니다. 글자 그대로면 '가정을 팝니다'가 됩니다. 우리가 한글맞춤법을 제대로 몰라 잘못 쓰듯, 미국인도 틀린 영어를 쓰는 경우가 있는 것 같습니다. 그러니 진짜 가정을 판다는 의미로 그 광고를 쓴 것은 아니겠지만, 제가 그걸 보면서 마치 이 땅에서 가정이 곳곳에서 무너지고 있다는 사실을 광고라도 하는 것처럼 느꼈습니다.

최근 통계에 의하면 세 가정이 새로 탄생하면 무려 한 가정이 이혼하고 있습니다. 굳이 통계를 밝히지 않아도 이제 이혼은 우리 주변에서 흔히 보는 일이 됐습니다.

제가 거의 매주말마다 결혼 주례를 하게 되는데, 지난 토요일에도 주례를 부탁받고 예식장에 다녀왔습니다. 참 많은 사람들이 모여 있기에 어수선한 분위기 속에서도 주례를 하며, 새 가정을 이룬 신랑과 신부에게 잘살 것을 권면하고 축하했습니다. 정말 마음을 다해 축복했음에도 불구하고, 세 가정 중에 한 가정이 이혼한다는 통계가 어제 가본 결혼식장에서 산술적으로 적용된다면 결과가 어떻게 될까 하는 생각을 방정맞게 했습니다.

그 큰 결혼식장의 여러 웨딩홀들에서 같은 시간에 결혼식을 올리는 신혼부부들이 통계를 따른다면(?) 장차 이렇게 될 것 같아 마음이 아팠습니다. 웨딩 1호실은 안 깨지고, 웨딩 2호실은 안

결혼을 앞둔 그대에게

깨지고, 웨딩 3호실은 깨지고…. 그런 걸 생각하면 예식장에 다녀올 때마다 마냥 기분이 좋기만 한 것이 아닙니다. 실제로 이혼에 이르지는 않더라도 아이들 때문이거나 사회적 시선 같은 여러 이유 때문에 그냥 같이 살기만 하는 '무늬만 부부'인 경우도 놀라울 만큼 많습니다. 사실상 깨진 가정이 된 것이지요.

요즈음 깨진 가정 문제가 매우 심각하지만, 예수님 당시에도 가정 문제는 심각했던 것 같습니다. 하나님의 법에 정통하고 하나님의 법대로 산다고 자타가 인정했던 바리새인들이 이혼을 가볍게 생각했습니다. 그들이 예수님께 와서 대뜸 묻는 질문이 이런 수준이었습니다.

"모세는 이혼증서를 써주면 이혼이 가능하다고 했는데 당신 입장은 무엇입니까?"

이혼이 무슨 자랑이라고 증서까지 있을 게 뭡니까?

모세의 이혼증서를 이해하려면 신명기 24장 1절로 거슬러 올라가야 합니다. 하나님이 모세에게 명하신 내용입니다.

사람이 아내를 맞이하여 데려온 후에 그에게 수치되는 일이 있음을 발견하고 그를 기뻐하지 아니하면 이혼 증서를 써서 그의 손에 주고 그를 자기 집에서 내보낼 것이요 _신 24:1

남자가 아내를 맞이했는데 수치스러운 일, 즉 정절(貞節)을 지키지 못한 것이 발견되어 그 아내를 원치 않게 되면, 구박하며 괴

롭힐 게 아니라 차라리 이혼증서를 써주고 내보내라는 것입니다. 이상하지 않습니까? 분명히 "하나님이 짝지어 주신 것을 사람이 나누지 못할지니라"고 이혼 금지를 말씀해놓고, 하나님 스스로 예외조항을 두어 황금률을 깨고 계시네요. 하나님이 원래 이런 분이십니까? 아닙니다. 하나님은 식언치 않는 분이십니다. 그러면 왜 예외조항을 두어 이혼의 가능성을 열어놓으신 걸까요? 마가복음 10장 5절에서 예수님이 답을 미리 해주셨습니다.

> 예수께서 그들에게 이르시되 너희 마음이 완악함으로 말미암아 이 명령을 기록하였거니와 _막 10:5

인간의 연약함과 완악함을 불쌍히 여기신 하나님의 배려인 것입니다. 그런데 못된 인간들이 이걸 이용해 먹었습니다. 유대인들이 아전인수로 해석해서, 자기들 마음대로 이혼증서만 써주면 언제든지 이혼해도 된다는 식으로 해석해버린 것입니다.

기록을 보면 음식을 짜게 만들었다고 내쫓고, 남 앞에서 남편 흉을 보았다고 쫓아내고, 심지어 어떤 랍비는 데리고 살던 아내보다 더 마음에 드는 여자가 생기면 아내를 갈아치워도 된다고 가르쳤습니다.

하나님이 모세에게 이혼증서 제도를 주실 때, 이혼을 합법화하신 것일까요? 아닙니다. 그 제도는 당시에 천대받고 상대적으로 억압받던 여성들을 보호하기 위한 하나님의 특별조치였습니

결혼을 앞둔 그대에게

다. 이혼증서도 없이 쫓겨나면 노예로 팔려가거나 거리의 창녀가 되거나, 둘 중 하나가 되기 십상이었기 때문입니다. 그나마 이혼증서라도 있으면 홀몸이라는 신분이 증명되어 재혼도 가능했습니다. 이런 근본 취지를 오해하고 마음대로 이혼한 것이 잘못입니다. 더구나 함부로 이혼하는 자는 자기만 죄를 범하는 것이 아닙니다. 마가복음 10장 11-12절은 이혼이 배우자에게도 죄를 짓는 일이라고 합니다. 심지어 말라기에서 이렇게 말씀하십니다.

이스라엘의 하나님 여호와가 이르노니 나는 이혼하는 것과 옷으로 학대를 가리는 자를 미워하노라 만군의 여호와의 말이니라 그러므로 너희 심령을 삼가 지켜 거짓을 행하지 말지니라 _말 2:16

이혼하신 분들이 함부로 이혼하진 않았을 것입니다. 얼마나 힘드셨겠습니까. 이혼이 주는 정신적이고 육체적인 폐해가 얼마나 큰지 우리는 모릅니다.

횃불트리니티대학의 김용태 교수는 사람의 스트레스 지수에 대해 이렇게 설명합니다. 사랑하는 사람이 죽을 때 느끼는 스트레스가 100이라면, 이혼은 그런 일에 거의 준하는 80이랍니다. 참고로 여성들의 임신과 출산과 관련한 스트레스는 40입니다. 이혼의 스트레스가 출산 스트레스의 두 배인 셈입니다. 이처럼 큰 스트레스를 받으니 이혼하고 나면 담배를 피우지 않더라도 매일 한 갑 이상 담배를 피우는 사람만큼이나 암, 고혈압, 뇌졸중 같은 성인병 발병률이 높아진다고 합니다. 뿐만이 아닙니다. 통계청 자료에 의하면 이혼자의 자살률은 배우자가 있는 사람보다 무려 4배 이상 높다고 합니다.

하나님의 정하신 결혼의 황금률을 깨고 이혼을 고려해보시겠습니까? 하나님이 이혼을 허락하신 것이 아닙니다. 여성을 놀잇감으로만 여겼던 고대시대에 약자인 여성을 보호하기 위한 하나님의 특별조치였던 것입니다.

결혼의 두 번째 황금률을 다시 말씀드립니다.

"하나님이 짝지어 주신 것을 사람이 나누지 못할지니라!"

죽음 외에는 부부를 나눌 수 없습니다.

결혼생활의 적신호 리스트

당신의 결혼생활에 청신호가 켜져 있는지 적신호가 들어와 있는지 수시로 점검해보아야 합니다. 결혼생활의 적신호 리스트를 소개해드리겠습니다. 점검해 보십시오.

□ 부부가 더 이상 함께 웃지 않습니다.
□ 배우자에게 속마음을 털어놓기보다 친구를 찾습니다.
□ 부부 '관계'에 활기를 잃어버렸습니다.
□ 배우자의 말을 듣기 싫어 일찍 귀가하기를 싫어합니다.

결혼을 앞둔 그대에게

□ 의견 충돌이 생길 때마다 반드시 부부 싸움으로 번집니다.

□ 배우자에게 잘 보이기 위한 몸치장을 포기했습니다.

□ 자신의 관심사나 사교 생활에 배우자를 끌어들이지 않습니다. 혼자 놉니다.

□ 배우자에 관해 알아야 할 것은 다 알고 있다고 생각합니다. 더 이상 관심이 없습니다.

□ 남은 인생을 함께 살아가야 한다는 생각만 하면 기분이 우울해집니다.

당신은 몇 가지가 체크됩니까? 그러면 어떻게 하면 결혼의 황금률을 잘 지켜갈 수 있을까요? 둘이 한 몸이 되면 지킬 수 있습니다. 마가복음 10장 8-9절을 유심히 읽어 보기 바랍니다.

8그 둘이 한 몸이 될지니라 이러한즉 이제 둘이 아니요 한 몸이니 **9**그러므로 하나님이 짝지어 주신 것을 사람이 나누지 못할지니라 하시더라 _막 10:8-9

결혼의 황금률에는 중요한 전제가 있습니다. 둘이 한 몸이 되었으니 떨어지면 안 된다는 사실입니다. 그런데 우리는 둘이 한 몸이 된다는 말씀을 성경에서 읽으면 주로 신혼 첫날밤을 먼저 상상합니다. 남녀가 몸을 섞는 순간만 생각하는 것이지요. 물론 그것도 한 몸이 되는 중요한 과정이긴 합니다. 그러나 더 중요한 것은, 둘이 한 몸이 된다는 것이 산수로 1 더하기 1이 2가 아니고 1이라는 사실입니다. 어떻게 해서 둘이 합쳤는데 1이 될 수 있나요? 답은 간단합니다. 나의 반쪽을 버리고 상대방의 반쪽으로 빈자리를 채우면 됩니다. 그러면 한 몸이 됩니다.

위기를 당한 가정을 상담해보면, 대부분의 경우가 극복할 수 없는 문제라서 파국으로 치닫는 것이 아닙니다. 문제를 책임지기 싫고 극복하기 싫어서일까요? 그런 이유도 있지만, 대부분의 경우 사실을 솔직히 말하면 자기가 지기 싫기 때문입니다.

부부 사이에도 버리지 못한 못된 이기심이 있습니다. 결혼하고서도 여전히 고집을 버리지 못하고 있다면, 성질을 버리지 못하고 싱글 시절의 꿈을 버리지 못한다면, 그 상태로는 결혼의 황금률을 이뤄내기가 참 힘듭니다. 먼저 자기 고집부터 버려야 합니다. 결혼의 목적은 나의 욕구를 이루는 이기적인 것이 아닙니다. 오해하지 마십시오. 성경은 부부를 '돕는 배필'로 세웠다고 말씀합니다. 결혼의 목적은 나의 반쪽을 버려서라도 남편과 아내를 서로 섬기기 위한 것입니다.

배우자를 섬기는 것이 결혼의 목적이라는 점을 꼭 기억하기 바랍니다. 그렇다면 신랑과 신부 감을 찾을 때부터 이 원칙을 따라야 합니다. 나의 욕심을 이루고 욕구를 채워줄 조건을 갖춘 사람이 아니라, 내가 채워줄 것이 있는 배우자를 찾아야 합니다.

아직 미혼인 분들은 100점짜리 신랑과 신부를 찾습니다. 부모라면 그런 며느리와 사윗감을 찾습니다. 요즘 너무 완벽한 것을 찾으려는 경향이 있습니다. 신랑감으로 예수님이 와도 안 되는 조건을 이야기합니다. 그런 신랑이나 신부는 이 땅에 없습니다. 그래도 만에 하나 100점짜리 신랑이나 신부가 있다면, 둘이 만나 하나가 되려면 어떻게 해야 됩니까? 배우자가 100점이니 내가 몽땅 비워서 하나가 되면 그만입니다.

나를 비우기 싫으면 상대방이 버려야 할 것이 많아지니 오히려 고통이 됩니다. 예를 들어 배우자가 80점이기를 고집한다면 나는 어떤 마음으로 결혼생활을 해야 할까요? 내가 20점을 보태 100점을 만들면 됩니다. 만일 배우자가 50점이면 내가 50점을 보태 100점을 만들어야 합니다.

당신이 버린 것은 무엇입니까?

성경에서 부부관계의 헌장이라고 할 수 있는 에베소서 5장을 보십시오. 22절에 아내의 도리가 나옵니다.

아내들이여 자기 남편에게 복종하기를 주께 하듯 하라

25절에는 남편들의 도리가 나옵니다.

남편들아 아내 사랑하기를 그리스도께서 교회를 사랑하시고 그 교회를 위하여 자신을 주심 같이 하라

서로 이해하고 용납하고 맞춰갈 수 있는 기준이 보이십니까? 모든 것이 '주 안에서'입니다. 그러므로 무엇보다 시급하고 중요한 것은 부부가 믿음 안에서 하나가 되는 것입니다. 가정의 복음화가 가정 회복의 지름길인 것입니다. 복음화가 되었다면, 즉 부부가 모두 예수를 믿는다면 부부가 각자 주님을 닮아가야 합니다. 그럴 때 행복한 부부가 될 수 있습니다.

결혼의 황금률을 지키고 살려면 한 몸이 되어야 합니다. 나의 절반을 버리고 배우자의 절반으로 나를 채워 제대로 한 몸을 이룰 수 있기를 바랍니다.

성경에서 한 몸이 된다는 말은 아교풀로 붙였다는 의미입니다. 아교풀로 붙일 때 다시 뗄 것을 염두에 두고 붙이나요? 아닙니다. 억지로 다시 떼려면 살점이 뚝뚝 떨어져 나갈 겁니다. 엄청난 상처가 생깁니다. 아교풀로 붙어 있는 한 몸이 나뉘어 살점이 떨어지기 전에, 부부로 살아갈 때 자신을 비울 수 있기를 바랍니다. 부부는 결코 포스트잇이 아닙니다. 붙였다 뗐다 하는 메모지처럼 편리하게 쓸 수 있는 관계가 아닙니다.

내게 남은 부분을 배우자로 채우면 성경이 가르치는 결혼의 황금률을 지켜갈 수 있습니다. 이처럼 분명한 성경적 결혼관이 우리 자녀들에게, 결혼을 앞둔 젊은이들과 신앙 공동체 가운데 건강하게 흐를 수 있도록 더불어 애쓰고 노력하면 좋겠습니다.

결혼을 앞둔 그대에게

아이스 브레이크

1 내가 결혼을 결심한 이유 3가지를 기록해보세요.

-

-

-

2 그 결혼을 OOO과(와) 하기로 결심한 이유 3가지를 기록해보세요.

-

-

-

인간의 창조와 결혼

3 창세기 1장 26–28절과 창세기 2장 18–25절 말씀을 읽어보십시오.

4 하나님께서는 이 세상을 말씀으로 창조하셨습니다. 그런데 사람을 창조하실 때는 다른 피조물들과 다른 독특한 방법으로 창조하셨습니다. 그것이 무엇입니까?(창 1:26–27)

5 하나님께서 아담을 창조하신 후에 하와를 창조하셨습니다. 그 이유가 무엇입니까?(창 2:18)

결혼의 첫째 목적 : 연합

6 하나님께서 하와를 만드시고 아담과 하와 두 사람을 만나게 하신 목적이 무엇입니까?(창 2:24)

7 결혼의 첫째 목적인 하나됨은 두 사람이 원래 하나가 아니라는 것이 전제됩니다. 두 사람이 하나됨을 이루어야 할 연합의 영역에 대해 나누어봅시다.

결혼의 둘째 목적 : 헌신

8 에베소서 5장 25절은 남편에게 아내를 사랑할 것을 당부합니다. 또한 디도서 2장 3절과 4절은 젊은 여자들에게 남편을 사랑할 것을 당부합니다. 성경은 사랑해서 결혼한 부부에게 결혼한 후에도 사랑하라고 명령합니다. 그 이유는 무엇일까요? 에베소서 5장 25절에 나오는 교회에 대한 예수 그리스도의 사랑과 고린도전서 13장 4절에서 8절에 묘사된 사랑을 기준으로 생각해보십시오.

9 섬김의 원리에 근거해서 당신이 OOO과(와) 결혼을 하는 이유 3가지를 다시 적어 보십시오.
-
-
-

결혼을 앞둔 그대에게

PART 2

서로 다른 게 불편하지요?

2

커플의 성격 차이를 이해하는 마음 공식

결혼을 준비하는 커플들은 서로 공통점이 많다고 착각한다. 생각도 비슷하고 취미도 비슷하다고 생각한다. 처음에는 그렇게 많이 닮은 줄 알았는데, 막상 결혼생활을 해보면 서로 다른 것을 많이 발견한다. 다름이 불편을 넘어 갈등으로 발전되기도 한다. 이것은 옳고 그름의 문제가 아닌 다름의 문제이다. 다름은 고칠 것이 아니다. 인정하고 이해하며 접점을 찾아가야 하는 문제다.

2장은 서로 어떻게 비슷하고 다른지 알아보는 방법을 다룬다. 경산중앙교회의 결혼예비학교에서는 2장의 내용을 다루는 두 번째 시간에 'DISC'라고 불리는 행동유형검사를 실시하여 본인의 유형을 파악한다.

DISC 행동유형검사란 미국 콜롬비아대학교의 심리학 교수 윌리엄 마스톤 박사(Dr. William Moulton Marston)가 제안한 심리검사도구로서, 자아인식과 경험과 관계 등을 기반으로 사람의 감정과 행동 유형을 설명한다. DISC 행동유형검사는 사람의 행동 유형을 주도형(Dominance), 사교형(Influence), 안정형(Steadiness), 신중형(Conscientiousness) 등 4가지 형태로 분류하는데, 각 유형의 머리글자를 조합하여 DISC라고 부르는 것이다.

성격 검사의 한 방법인 MBTI에 검사지가 있듯, 우리 교회의 결혼예비학교에서는 DISC를 검사하는 방법 중에서 한국교육컨설팅연구소에서 발행하는 '성경인물 프로파일 시스템'(Biblical Personal Profile System, BPPS)을 사용한다. 교회의 결혼준비학교에서 DISC 유형을 검사할 때 BPPS를 사용하는 이유는 다음과 같다.

첫째, BPPS가 결혼예비학교의 한 주 과정에 주어진 75분의 시간 동안 DISC 성격 유형에 대한 진단과 해석을 완료하기에 가장 적절한 도구이기 때문이다. 물론 심층적 이해와 분석과 적용을 위해선 대략 6시간 정도의 시간이 더 필요하지만, 본인과 배우자의 유형이 어떻게 다른지 정도는 이 정도 시간에 개념적으로는 이해할 수 있다.

둘째, DISC 행동유형검사 중 하나인 성경인물 프로파일 시스템(BPPS)은 유형별 사례로서 성경의 인물을 소개하여, 본인과 타인의 유형을 그 성경인물에 비추어 객관적으로 분석할 수 있도록 돕는다. 크리스천에게 익숙한 성경인물이 어떤 본문과 어떤 환경에서 어떤 사건을 만나고 해결하는지를 보고 나누는 이야기를 통해, 본인과 배우자의 유형에 대해 이해할 수 있다.

셋째, 결혼예비학교에서는 이 검사를 통해 본인과 배우자의 기질에 대해 이해하게 하며, 필요한 추가 자료를 제공한다. 우리는 인터넷으로 간략하게 '간이검사'를 해볼 수도 있다. 다만 간이검사는 문항수가 적어 신뢰도와 타당도가 낮을 수 있다. 그래서 결혼예비학교에서는 비교적 정확한 DISC 검사를 위해 일정한 검사 비용을 지불한다. 그러면 시간이 모자라 미처 다루지 못한 많은 자료를 참여자가 가져갈 수 있어, 나중에 커플끼리 추가로 대화하는 소재로 삼을 수도 있다.

DISC 검사가 2장의 주요 자료이지만, 이 책에서는 아쉽지만 저작권 때문에 DISC 검사 내용 자체를 공개할 수는 없다. 이 점에 대해 양해를 구하고 싶다. 이런 검사는 유료로 검사지를 구입하고 검사 자격을 갖춘 전문가의 도움을 받아 진행해야 정확한 진단과 해석이 가능하다. 그래야 그에 대한 적용을 하는 데에도 어려움이 없다.

반드시 DISC가 아니어도 MBTI나 U&I 같은 성격유형검사를 받아보라고 추천한다. 배우자 서로가 막연히 다르다고 느끼는 부분이 어떻게 왜 다른지 분석함으로써, 다른 문제에 접근하는 시각(視覺)과 시간(時間)이 달라지기 때문이다.

나는 이 검사가 중요하다고 물론 생각하지만 맹신하지는 않는다. 자가진단이 만들어낼 수 있는 오류 가능성 때문이다. 그래서 검사를 실시하더라도 그 결과를 바로 받아들이기보다 유형별 특징과 장단점을 살펴보고, 자신의 진짜 유형을 찾아가는 과정을

결혼을 앞둔 그대에게

거치기 바란다.

본인의 유형에 대해 이해하게 되면 장점은 개발하고 단점은 보완해야 한다. 반드시 좋은 유형은 없다. 단지 다른 유형이 있을 뿐이다. 부부 관계는 서로 다른 유형과 유형의 만남이므로 일어날 수 있는 부정적 갈등이나 긍정적 시너지는 사람마다 다르다.

두 사람의 관계뿐 아니라 결혼으로 발생하게 되는 다른 관계에도 DISC 유형은 활용될 수 있다. 우선 자신의 부모님이 어떤 유형인지 유추해보자. 이해되지 않았던 부모와의 갈등이 해석될 수 있다. 또한 배우자의 도움을 받아 새로운 부모님과의 관계를 어떻게 맺어야 할지 고민해볼 수 있다. 결혼 후에 자녀가 생길 경우, 부모로서 어떤 장점과 단점을 보여주게 될지도 예상할 수 있다. 일상생활 가운데 서로 다른 가치관에 따른 우선순위 선정과 시간관리, 그리고 애착관계 형성 등의 문제에서 서로 협력해야 할 영역을 발견할 수도 있다.

2장의 목적은 세 가지다.

첫째, DISC 행동유형검사를 실시하고 본인의 기질과 행동적 특성을 파악한다.

둘째, 두 사람 사이의 갈등을 옳고 그름이 아닌 다름의 관점에서 접근한다.

셋째, 결혼으로 새롭게 맺는 관계들을 DISC의 관점으로 해석한다.

평소 배우자가 잘 이해되지 않았던 이유

1장에서 결혼의 목적을 정리한 후 2주차에 심리검사인 DISC를 공부하기 위해 참여하는 커플들의 표정은 한결 밝아진다. 1장을 공부한 다음 한 주간 동안 서로 어떻게 사랑할 것인지에 대해 구체적으로 나누었기에 한층 편안한 모습으로 수업에 참여하는 것 같다.

2장은 1장에서 결혼하는 이유와 사랑을 깊이 확인한 두 사람이 얼마나 비슷한지, 아니면 서로 얼마나 다른지 점검하게 해줄 것이다. 이를 위한 대화의 문을 여는 아이스 브레이크 질문은 다음과 같다.

"평소에 잘 이해되는 않는 OOO의 모습은 무엇인가?"

'평소에 잘 이해되지 않는 모습'이라는 말이 무슨 의미일까?

이 질문의 답은 두 가지를 생각해보면 알 수 있게 된다.

첫째, 사랑해서 결혼하기는 하는데, 이것만은 꼭 고쳤으면 하는 부분이 있다면 무엇인가?

둘째, 평소에는 잘 안 싸우더라도 어쩌다 꼭 싸우게 되는 문제가 무엇인지 생각해보면 쉽게 답할 수 있다.

'OOO의 모습' 부분도 조금 더 설명이 필요한 것 같다. 외모를 뜻하는 질문은 단연코 아니다. 행동이나 성격, 습관을 생각해보면 답할 부분이 떠오를 것이다.

그렇다면 참여자들이 평소에 잘 이해되지 않는 OOO(배우자)

의 모습에는 어떤 것들이 있을까? 예를 들어 이해되지 않는 성격이나 시간 사용의 차이, 의사소통 방법 등에 대해 이야기를 나누도록 한다.

첫째, 이해되지 않는 성격이다. 한 가지에 꽂히면 다른 일에 신경 쓰지 않는 성격, 상의하지 않고 잘 듣지 않으며, 급하고 일방적으로 결정하는 성격, 장난스럽게 반응하는 성격, 싫증을 잘 내는 성격, 싫다고 거절하지 못하는 성격, 결정적인 순간에 우물쭈물하거나 미루는 성격, 항상 심각한 성격 등이다.

둘째, 이해되지 않는 시간사용 방식이다. 약속시간에 언제나 늦는 것, 반대로 20분 이상 일찍 도착해 기다리는 것, 충동적이고 계획이 없는 것, 지나치게 시간을 오래 끄는 것 등이다.

셋째, 이해되지 않는 의사소통 방식이다. 화가 나면 입을 다물어 버리는 것, 갑자기 불같이 화를 내는 것, 뭐든지 괜찮다고 하는 것 등이다.

이런 질문들에 대해 DISC의 관점에서 어떻게 해석할지 이 장의 마지막 부분에서 다룰 것이므로, 우선 DISC에 대해 구체적으로 알아보자.

서로 다른 게 불편하지요?

DISC의 개념과 유형별 특징 이해하기

DISC의 각 유형별 특징을 먼저 살펴보자.

첫째, 주도형(D형)

주도형(Dominance)은 강한 자의식이 있어서 상황을 주도하려든다. 결과를 성취하기 위해 장애를 극복함으로써 스스로 자기에게 맞는 환경을 조성한다. 일반적으로 지시적이고 결단력이 있으며, 자기주장이나 요구가 많고 통제하기 좋아한다. 어떠한 저항이나 장애물은 목표를 달성하는 데 오히려 동기부여 역할을 한다. 지배적이고 추진력이 있으며, 강한 요구와 결단력이 있는 실행가 경향을 보인다. 반면 통제력을 잃는 것에 대한 두려움이 있고, 몰인정하다는 평가와 남의 말을 잘 듣지 않는 약점이 있다. 따라서 D형이 일으키는 갈등은 지나치게 주도적이거나 타인의 말을 듣지 않는 완고함 때문에 발생한다.

둘째, 사교형(I형)

사교형(Influence)은 다른 사람을 설득하거나 영향을 미침으로써 스스로 환경을 조성한다. 자기가 원하는 방식대로 일이 진행되길 원하지만, D형과 다르게 지시적 행동이 아니라 자기 생각대로 따르도록 다른 사람을 설득한다. 성격이 따뜻하며 다른 사람들과 어울리는 것을 즐긴다. 열정적이며 낙천적이고 긍정적이다.

타인과의 관계를 유지하는 데 목표를 두고 사회적으로 인정받을 때 동기가 부여된다. 재미와 흥미를 추구하고 상호작용을 중시한다. 반면 비체계적이어서 공동체의 일원으로서 조화를 이루는 데 어려움을 겪으며, 자신이 거부당하는 것에 대한 두려움이 있다. 따라서 I형이 일으키는 갈등은 시간약속을 지키지 않거나 정리가 되지 않는 비체계적인 상황, 또는 재미를 추구하기 때문에 진지하지 못하다고 비춰지는 모습 때문에 발생한다.

셋째, 안정형(S형)

안정형(Steadiness)은 맡은 일을 수행할 때 주로 조력자의 역할을 맡는다. 사람들과 잘 협력하며 우호적이고 지원하는 상황에서 가장 편안함을 느낀다. 일관성이 큰 장점이며 타인과의 조화와 평화를 이루기 위해 노력한다. 타인을 지지하고 배려하며, 안정과 현상유지를 추구하고 순종적인 유형이다. 반면 양보가 지나치고 변화에 대한 두려움을 가지고 있다. 따라서 S형은 다른 유형에 비해 갈등 발생 가능성은 적으나, 지나친 양보로 인해 주위에서 답답해 할 수 있다.

넷째, 신중형(C형)

신중형(Conscientiousness)은 업무의 질과 정확성을 높이기 위해 기존 환경 속에서 신중하게 일한다. 모든 일이 자신의 관점에서 옳거나 정확하게 진행되는 것을 좋아하며 분석적이다. 격식을 중시하지만 내성적이다. 일을 체계적으로 조직하고 수행한다. 사물이나 환경에 대한 분석력이 뛰어나고 주어진 과업을 완벽하게 성취하는 장점이 있으며, 원칙을 중요시하기 때문에 유능하고 주의 깊다는 평가를 받는다. 반면 자신은 비판적이면서도 타인의 비판에 대한 두려움을 가지고 있다. 따라서 신중형의 갈등은 비판적인 성향과 원칙을 지나치게 고수하는 성향 때문에 발생한다.

네 유형의 특징을 보면 장점과 단점이 각각 있다. 장점과 단점을 얼마만큼 계발하고 보완하느냐에 따라 성숙 또는 미숙해지는 특징이 나타난다.

성숙한 주도형은 사람들에게 현실적인 리더십을 발휘하고 신속하게 일을 처리하는 반면, 미숙한 주도형은 자기중심적이고 경솔하게 의사결정을 한 후 타인에게 강요하고 책임을 전가하기도 한다.

성숙한 사교형은 낙관적이고 부드럽고 뛰어난 언변으로 친화력을 발휘하는 반면, 미숙한 사교형은 충동적이고 자기도취적으로 변덕을 부릴 수 있다.

성숙한 안정형은 온화하고 충실하게 자신의 일을 감당하지만, 미숙한 안정형은 소극적이고 잘 표현하지 않아 예측불가일 수 있다.

성숙한 신중형은 깊은 생각으로 정확하고 분석적으로 일을 수행하는 반면, 미숙한 신중형은 오만하고 냉소적이고 비판적인 독불장군으로 보일 수 있다.

따라서 본인의 유형을 파악하는 것 이상으로 중요한 것은 자신의 장점을 계발하고 단점을 보완하여 성숙해지는 것이다.

DISC 검사의 활용

DISC 유형에 따른 속도와 우선순위 설정이 중요하다. DISC 모델이 속도와 우선순위의 축을 결합하여 네 가지의 다른 행동 유형을 형성하기 때문이다. 다음 그림으로 유형별 속도와 우선순위를 표현할 수 있다.

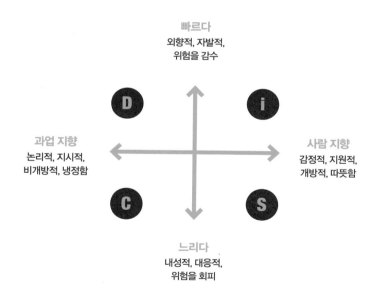

빠르다
외향적, 자발적,
위험을 감수

과업 지향
논리적, 지시적,
비개방적, 냉정함

사람 지향
감정적, 지원적,
개방적, 따뜻함

D · i · C · S

느리다
내성적, 대응적,
위험을 회피

속도는 속전속결형과 심사숙고형으로 나뉘고, 우선순위는 일 중심형과 사람 중심형으로 나뉜다. 속도가 빠르고 일 중심적인 사람은 주도적이고 단호한 행동 유형(주도형)으로 분류된다. 속도가 빠르고 사람 중심적인 사람은 사교적이고 설득력 있는 행동유형(사교형)으로 분류된다. 반면 속도가 느리고 사람 중심적인 사람들은 지원적이고 인정 많은 유형(안정형)이다. 그들은 느긋하고 의존적이며 일상적으로 반복되는 일들을 좋아하고, 대체로 리드하기보다는 주변 환경에 순응한다. 반면 속도가 느리고 일 중심적인 사람들은 엄격하고 신중한 유형(신중형)이다.

그렇다면 주도형과 사교형은 항상 빠르고, 신중형과 안정형은 항상 느릴까? 항상 그렇지는 않다. 주도형과 사교형은 문제에 잘 반응하여 일이 신속하게 진행되게 하는 것이 중요하기 때문에 일반적으로 빠르다. 그러나 사안의 중대성에 따라 의사결정이 느릴 수도 있다.

반대로 신중형과 안정형도 사소하고 익숙한 일에 대해서는 의사소통을 빨리 하기도 한다. 이들에게 중요한 것은 나중에 후회하지 않도록 가능한 급하지 않게 경우의 수를 감안하는 신중함이다.

DISC 유형과 의사소통

소통의 방식에도 유형별로 차이가 있다. 주도형과 사교형은 주로 말을 하고 안정형과 신중형은 주로 듣는다. 또한 말을 할 때 유형마다 초점이 다르다.

주도형은 대개 무엇(what)에 초점을 맞춘다. 주도형은 목적 지향적이고 계획했던 결과를 성취하는 것이 매우 중요하다. 따라서 해야 할 일을 하는 것, 즉 일정을 잘 짜는 것이 중요하다.

사교형은 누구(who)에 초점을 맞춘다. 사교형에게는 어떤 사람과 어떤 관계를 유지하는지가 중요하다. 더 구체적으로 말하면, 자기가 편안한 사람과 함께 하며 인정을 받아 자신의 존재감을 느끼는 것이 중요하다.

안정형은 어떻게(how)에 초점을 맞춘다. 안정형에게는 사람들과 조화롭고 평화롭게 지내면서 큰 변화 없이 유지하는 것이 중요하다. 시끄럽지 않게 일상을 유지하는 것을 소중히 여긴다.

신중형은 왜(why)에 초점을 맞춘다. 신중형의 사람들은 과업의 완벽성을 추구하고 원칙을 지키는 것이 중요하다. 무엇을 할 때 왜 하는지가 정확해야 일을 수행하는 데 어려움이 없다.

그렇다면, 예를 들어 여행을 갈 때 DISC 행동유형에 따라 사람들은 어떻게 반응할까?

주도형은 여행을 가서 무엇을 할지 물을 것이다. 어디로 가는지, 가서 무엇을 할지 같은 일정에 관심이 있다. 따라서 주도형에게는 유익하고 의미 있는 사전 계획이 중요하다.

사교형은 누구와 여행을 가는지가 중요할 것이다. 자신에게 의미가 있는 사람과 의미 있는 관계를 맺는 것을 중시하기 때문이다. 따라서 사교형에게는 친밀한 사람과의 동행이 중요하다.

신중형은 그 여행을 왜 가는지 물을 것이다. 여행의 이유가 중요하기에, 반드시 가야 하는 이유가 있을 때 의미 있는 여행이 될 것이기 때문이다. 따라서 신중형에게는 여행의 이유와 당위성이 중요하다.

안정형은 뭘 어떻게 해야 할지 물을 것이다. 자신에게 영향을 미치는 사람이 여행을 가자고 하면, 자기 의사보다 상대방의 의사를 존중하기에 여행을 가고 안 가고는 크게 중요하지 않을 수 있다. 그보다 자신이 그 여행을 위해 무엇을 어떻게 해야 하는지에 관심이 더 있어서, 여행이라는 새로운 변수에 어떻게 적응할지 고민할 수 있다. 따라서 안정형에게는 충분한 안내와 예측가능하고 익숙한 환경이 중요하다.

DISC 행동유형은 다양한 인간관계에서 활용할 수 있지만, 부부관계에서 특히 유용하다. 어떤 결정을 할 때 유형마다 집중하는 초점이 다르기에 그것을 인지하는 것만으로도 부부 갈등을 줄이고 효과적인 의사결정을 할 수 있다. 때로는 배우자를 설득하는 도구로 사용할 수 있다.

사람은 자신의 방식으로, 다시 말해 자신의 유형대로만 말하는데, 오히려 상대방의 방식과 유형을 고려하여 그들의 관점에서 접근해 말하면 훨씬 효과적인 의사소통을 이룰 수 있기 때문이다.

결혼을 앞둔 그대에게

사교형 자매와 신중형 형제의 갈등

형제는 신중형이고 자매는 사교형이다. 형제는 자매가 시간 약속을 잘 지키지 않는 것을 이해하지 못했다. 만나기로 하면 10분 늦기는 기본이었고, 때로는 아예 약속을 잊어버려 어기는 일도 있었다. 이에 대해 자매는 그럴 수 있지 않느냐는 반응이었고, 이런 반응은 형제를 더 힘들게 했다.

반면 자매는 형제가 가끔 답답하다고 했다. 정해진 규칙은 반드시 지켜야 하는 형제가 이해되지 않는다고 했다. 대충 해도 될 일을 너무 꼼꼼히 챙기는 것이 힘들다고 했다. 이에 대해 형제는 직업상 세밀한 성격이 요구되어서이기도 하지만, 사실 본인의 성격이 원래 그렇다고 말했다.

하루는 이 커플과 수업을 하는데, 두 사람의 표정이 심상치 않았다. 수업에 오기 직전에 둘이 싸운 걸 내게 숨기는 것 같았다. DISC 수업을 하면서 싸운 이유에 대해 물어볼 수 있었다. 다툰 이유는 손톱깎이 때문이었다.

형제가 자매와 교회에 같이 오기 위해 차를 가지고 자매 집으로 갔다. 차에 탄 자매가 스타킹이 필요하다고 말했고, 형제는 편의점 앞에 차를 세웠다. 자매는 차에서 내렸고 형제는 차에서 기다렸다.

그런데 5분이 지나고 10분이 지났는데 자매가 돌아오지 않았다. 얼른 교회를 가야 하니 시간이 넉넉하지 않아 형제는 조바심이 났다. 기다리다 못한 형제가 편의점에 들어갔다. 자매는 손톱깎이를 고르고 있었다. 보다 못한 형제가 버럭 소리를 질렀다.

"스타킹을 사러 가서 왜 손톱깎이를 사?"

자매는 일말의 미안한 기색이 없이 대답했다.

"손톱깎이가 필요한 게 지금 생각이 나서 그러지."

형제가 다시 물었다.

"스타킹 산다며?"

자매가 대답했다.

"응, 스타킹 사러 왔는데 손톱깎이도 필요하니까."

이쯤 되자 형제는 말없이 편의점을 나왔다. 형제는 화가 났는데, 자매는 형제가 왜 화를 내는지 이해하지 못했다. 형제는 자매가 스타킹을 사러 갔으면 스타킹만 얼른 사고 나오면 되는데 왜 다른 것에 눈을 돌리는지 이해하지 못했고, 자매는 스타킹이 필요해서 들어갔지만, 이왕 간 김에 필요했던 손톱깎이도 사는 것이 왜 화낼 일인지 이해하지 못했다.

"그러면 누가 옳은 것일까?"

이 질문은 어찌 보면 어리석다. 형제와 자매 모두 자신의 입장에서는 옳기 때문이다. 형제는 일 중심적이고 우선순위를 정확히 지키는 것이 중요한 사람인 반면, 자매는 좋은 게 좋은 거라고 생각하고, 미리 계획하기보다 즉흥적인 사람이기 때문이다.

나는 형제에게 조언했다. 다음부터 자매가 편의점이나 백화점에 가게 되면 자매를 따라 들어가라고, 대신 바짝 따라다니며 잔소리를 하기보다 한 발자국 뒤에서 지켜보기만 하라고. 목적지에 가는 도중에 어쩌다 다른 곳에 들를 경우엔 애초에 자신이 예상한 시간보다 최대 5분에서 10분까지 더 여유를 가지라고도 했다. 생각의 흐름이 자유로워 꼬리에 꼬리를 무는 자매를 자제시키고, 정해진 일정대로 이동할 수 있는 방법이기 때문이다.

자매에게는 이렇게 조언했다. 스타킹을 사러 가면 스타킹만 사는 연습을 하라고. 중간에 사야 할 것이 떠올라서 온 김에 사야겠다는 생각이 들 때면 다음에 사는 것도 괜찮다고 생각하라고 말해주었다. 아니면, 그런 생각이 들면 적어도 형제에게 물어보라고 권면했다. 계획적인 소비와 시간에 민감한 형제를 배려하는 방법이기 때문이다.

안정형인데 사교형처럼 보이는 형제

사실 내가 첫째 날 수업을 해보면 커플의 유형을 앞당겨 유추할 수 있다.

내가 보기에 그 형제는 안정형이고 자매는 사교형이었다. 그런데 둘째 날 진단검사를 한 결과 두 사람 모두 사교형이었다. 자매는 언뜻 보기에도 사교형이 맞았지만 형제는 아무리 봐도 아닌 것 같았다. 말 꺼내기를 조심스러워하고 어떤 제안에도 '괜찮다'라는 말을 많이 했다. 여러 사람 속에서 존재감이 드러내는 파티형의 그녀와 그는 달라 보였다. 파티에 간다면 형제는 혼자 조

용히 앉아 있을 것 같은 성향을 보였기 때문이다. 그래서 조심스
레 물었다.

"본인이 생각하기에 자신이 사교형인 것 같나요? 사교형의 특
징들이 자신을 묘사하는 것 같나요?"

"저…"

주저하는 그와 이야기를 더 나누었다. 그의 성향은 사실 안정
형에 더 가까웠다. 그런데 사랑하는 그녀가 사교형이다. 즐겁고
유쾌하고 낙천적인 그녀를 사랑하며 사귀다 보니 그녀에게 맞춰
주고 싶은 마음이 커졌다. 그래야 그녀가 행복해 보였기 때문이
다. 어차피 자신이 원하는 것을 주장하기보다 그녀가 하고 싶은
것을 들어주는 것이 더 마음이 편한 사람이었다. 게다가 그녀는
그에게 뭘 원하는지 잘 묻지 않았다. 자매가 형제에게 질문한 후
에도 답을 건성으로 듣는 것을 보면 알 수 있었다.

자매는 그저 자신이 원하는 것을 더 많이 이야기했다. 말을 많
이 하는 사교형과 많이 들어주는 안정형의 관계에서 사교형의
목소리는 더 커졌고 안정형의 목소리는 점점 작아졌다. 그래서
그는 사교형인 척 했던 것이다. 사교형처럼 보이기 위해 노력했
기에 언뜻 사교형처럼 보이기도 했다. 어차피 그녀와 함께 있을
땐 그녀가 하자는 대로 하면 큰 문제가 없었기 때문이었다.

그런데 문득 드는 생각이 있었다. 자신의 의견이 전혀 전달되
지 않는 관계가 조금은 불편했다. 그렇지만 내색하지는 않았다.
그런 대로 교제했고 결혼준비를 하는 중이었다.

형제는 결혼예비학교에서 이런 속마음을 처음 털어놓았고, 사교형의 자매는 매우 당황했다. 사교형인 자신은 감정에 솔직하고 그 감정을 표현하는 것이 당연하다고 생각했기 때문이다. 오히려 그렇게 하지 않는 것이 이상하다고 했다. 거꾸로 자신의 감정을 표현하지 않고 감춘 그에 대해 불편한 마음을 드러내기까지 했다. 그러나 이 모든 것이 안정형인 형제가 사랑하는 자매를 배려하고 존중하려는 모습이었음을 알려주자 자매는 수긍하기 시작했다. 말하지 않아도 그는 좋았고, 즐거워하는 그녀를 보는 것이 행복했기 때문이다.

결론적으로 자매는 가능한 덜 말하고 더 듣기를, 형제는 덜 듣고 더 말하기를 다짐했다. 먼저 말하는 자매는 잠시 멈추고 조금 속도를 늦추기를, 항상 기다리는 형제는 먼저 얘기하고 조금 속도를 내라고 조언했다.

부모와 자녀 관계에서 DISC 활용하기

DISC 행동유형검사는 다양하게 활용할 수 있다. 이 도구는 결혼하는 두 사람의 관계뿐만 아니라 장차 낳을 자녀와 서로 섬겨야 할 부모와의 관계에도 유용하게 사용될 수 있다. 부모님들과 기존의 관계에서도 도움이 된다. 다른 환경과 다른 생각을 가진 서로의 부모님에 대해 이해하는 데에 이 도구가 유용하게 사용될 수 있는 것이다. 부모님은 변화시킬 존재가 아니라 이해하고 맞춰가야 할 존재이기 때문이다.

부모의 유형 중 자녀의 지혜로운 대처가 가장 필요한 경우는 부모가 주도형인 경우다. 주도형의 부모님과 갈등을 겪는 자녀들을 자주 보았기 때문이다. 주도형은 생각과 행동이 빠르고 결과 지향적이기 때문에, 자녀가 어떤 유형일지라도 갈등의 요소가 존재한다.

부모가 주도형이고 자녀 또한 주도형인 경우는 각자 직설적 대화방식으로 다툼이 일어나고, 심한 경우 관계의 단절이 일어날 수 있다. 듣기보다는 각자 자신의 의견을 주장하기 때문이다.

자녀가 사교형인 경우는 부모의 직설적 화법이나 행동을 자녀가 유머와 유쾌한 말로 무마시키는 경우가 많다. 사교형의 자녀는 말을 하지 않는 침묵이나 대립하는 갈등 상황을 힘들어 하기 때문에, 부모와 의견이 대립될 경우 부모의 요구를 따른다.

신중형의 자녀는 부모에게 말하기보다 듣기를 선택한다. 말보다 편지 같은 글을 사용해 논리적으로 설명하고 설득하기도 한다. 설득이 되지 않을 것 같은 상황이 생기면 아예 포기하고 부모의 의견을 수용하기도 한다. 사건이 생기면 그 현장에서는 가만히 있지만, 나중에 시간이 지난 후 비판적인 말을 해서 오히려 부모에게 상처를 줄 수도 있다.

자녀가 안정형인 경우는 자녀가 부모로 인해 가장 힘들 수 있는 유형인 것 같다. 부모의 지시나 결정이 강압적이고 일방적이라고 느끼지만 반론하려는 시도 자체를 하지 않기 때문이다. 부모와 대립되는 상황 자체를 불편해하기 때문이다. 주도형인 부모는 의견을 잘 듣지 않고, 물어본 후에도 잘 반영하는 편이 아니다. 결국 자신이 하고자 하는 것을 설득하는 모양새가 되기 싫다. 주도형의 부모 입장에서 안정형의 자녀는 순종적이고 순한 자녀이다. 반면 안정형의 자녀는 불만이나 상처를 풀지 못하고 마음에 쌓아 놓아 스트레스를 받는 경우를 적지 않게 보게 된다.

행동유형은 선천적인 영향과 후천적인 영향을 모두 받기 때문에, 부모의 유형이 모두 주도형에 가까운 경우 자녀가 안정형일 경우는 적은 편이다. 그렇지만 부모 중 한쪽이 주도형이고 다른 쪽이 안정형인 경우, 자녀 중에 안정형이 나타날 가능성이 높다. 주도형 부모에게 불만이 있지만, 그것을 표현하지 않고 자신보다 더 억압받는다고 생각하는 안정형 부모에 대해 측은하다는 느낌을 받는 탓이다. 그래서 자신은 주도적이지 않은 배우자를 찾으려고 애쓴다.

나의 부모나 배우자의 부모 가운데 주도형이 있다면 어떻게 해야 할까? 결론적으로 말하면 주도권을 많이 드려야 한다. 결정의 주체가 될 수 있도록 많이 배려해야 하는 것이다. 다만 경우의 수를 줄여 보자는 제안을 하고 싶다.

주도형인 시어머니에게 며느리가 명절 계획을 상의하는 경우를 상상해보자.

"어머니, 이번 명절에는 어떻게 할까요?"

"네가 알아서 하렴."

서로 다른 게 불편하지요?

배려하고 멋진 시어머니가 되고 싶은 마음에 어머니께서 그렇게 말씀하신다. 이럴 때면 며느리는 어떻게 답해야 할까? 그 즉시 "네! 어머니. 그럼 그렇게 할게요!"라고 말하면 안 된다. 왜냐하면 알아서 하라는 말이 시어머니의 진심이 아닐 수 있기 때문이다. 정말 며느리가 알아서 하면 시어머니는 하신 말씀이 있으니 뭐라 하지는 않으시겠지만, 아마도 명절기간 내내 심기가 불편하실 것이다. 비합리적으로 보이지만 실제로 그렇다.

본인이 생각한 명절 계획을 묻지도 않고 바로 알아서 시행하는 며느리는 일을 잘하는 며느리는 될 수 있어도 마음을 얻는 며느리는 아닐 것이다. 그러면 뭐라고 해야 할까?

"어머니, 알겠어요. 제가 다시 연락드릴게요."

우선 그렇게 말한 다음 시간이 좀 지난 뒤 다시 연락을 드려보면 어떨까.

"어머니, 제가 알아보니 A계획과 B계획, 그리고 C계획도 좋을 것 같아요. 어머니께서 살펴보시고 그 중에서 정해주시면 좋을 것 같아요."

물론 A, B, C는 모두 며느리가 수용할 수 있는 계획이다. 어머니께서 그 중 어느 것을 정하셔도 기꺼이 따를 수 있다. 하지만 세 가지 대안을 드렸으니 어머니가 Z계획을 말씀하지는 않으실 것이다. 며느리도 기쁘게 수용할 수 있는 대안이 되고, 어머니도 본인의 결정권을 잃지 않으니 일석이조의 대처방법이 아닐까?

결혼을 앞둔 그대에게

DISC 유형과 자녀양육

DISC를 활용할 수 있는 또 다른 영역은 자녀양육이다. 결혼예비학교는 두 사람에 초점을 맞추지만, 부부갈등의 많은 부분이 자녀양육 때문에 발생한다는 것을 감안하면, 자기 유형의 장점과 단점을 파악하여 자녀를 균형있게 키우는 데 도움을 받을 수 있다.

주도형인 부모는 자기신념이 강하고 경청에 약하다. 자녀에게 무엇을 지시하면 대답이나 변명보다 즉각적인 순종을 원한다. 자녀가 잘못할 경우 강하게 비판하고 감정적으로 비난할 수 있다. 따라서 경청과 타협의 기술은 물론 칭찬과 공감 기술을 계발해야 한다. 화가 나더라도 부드럽게 표현하는 연습이 필요하다. 또한 일 중심적일지라도 자녀와의 관계에서 사람을 존중하는 태도를 중시해야 한다.

사교형은 유쾌하고 인정적인 부모이다. 많이 칭찬해주고 함께 놀아주는 친구 같다. 자녀가 잘못하더라도 기준을 갖고 일관성 있게 대하기보다 부모의 기분에 따라 달라질 수 있다. 그러나 기억해야 할 것은 부모가 친구는 아니라는 사실이다. 때로는 친구 같지만 부모의 자리를 잘 지켜야 자녀도 헷갈리지 않는다. 버릇없는 자녀로 키우지 않도록 훈육에서도 필요한 원칙과 기준을 정하고 일관성 있게 지켜야 한다. 우선순위를 지키고 시간관리에도 집중해야 한다.

안정형은 이해심이 있는 부드러운 부모다. 쉽게 말해 안정감을 주는 편안한 부모다. 그러나 문제가 생겼을 때는 주도성을 발휘하기보다 소극적인 태도를 취할 수 있다. 따라서 부모로서 주도성을 발휘하고 솔직하게 반응하는 연습을 통해 자신감을 표현해야 한다.

신중형은 엄격하고 교훈적인 부모이다. 매사에 원리원칙이 중요하기 때문에 자녀의 잘못에 비판적일 수 있다. 칭찬이나 공감에 인색하여 관계에 어려움을 경험할 수도 있다. 따라서 연약함이나 실수를 관용해주고, 감정표현을 연습하여 관계에 집중해야 한다.

주도형 엄마의 고군분투

내 큰 아이가 세 살쯤 되었을 때 일인 것 같다. 오후 6시쯤 어둑해지기 시작할 때 남편이 교회에서 일을 마치고 돌아왔다. 나는 아이 방 한 구석에서 울고 있었다. 실망감과 자괴감에 울다 지쳐 남편을 맞이하던 기억이 난다. 집에 돌아온 남편이 깜짝 놀라 물었다.

"왜 울어? 무슨 일 있었어?"

"응. 혜강이가 날 무시해….."

"뭐라고?"

남편의 입장에서 내 대답이 어이없었을 것이다. 아이는 세 살이었고 엄마는 서른 두 살이었는데, 말도 잘 못하는 아이가 엄마를 무시한다고?

사연은 이랬다. 어린 아이가 있는 집에서 흔히 볼 수 있는 6단 서랍이 우리집에도 있었다. 단이 여섯 개이니 높이가 꽤 되었던 것 같다. 서랍에는 둥근 손잡이가 있었다. 어른 손에 잘 잡히는 사이즈였으니 아기들이 발을 딛기에도 적당한 사이즈였다.

호기심과 탐험심이 많은 혜강이는 이 서랍장의 손잡이를 디디고 오르기를 좋아했다. 6층까지 올라가 서 보면 어른처럼 컸다는 성취감이 들었을 것이다. 말을 할 줄 몰랐으니 물어봐도 소용없는 일이었지만, 그곳까지 올라가는 것을 좋아하는 것 같았다. 올라간 후에는 항상 엄마를 불렀다.

"엄마!"

내려달라는 주문이다. 태어나서 4.4킬로그램, 돌이 될 때 13킬로그램이었던 혜강이의 세 살 당시 몸무게는 정확하게 기억나지 않지만 굉장히 무거웠던 것은 확실했다. 설거지를 하다가 불려와 아이를 바닥에 내려놓았다. 다음엔 빨래를 개다가 또 호출을 받고 뛰어가서 아이를 바닥에 내려놓았다. 화장실에서 볼 일을 보다가도 6층 서랍장 위에서 만세를 부르는 아이를 발견했다.

내려놓을 때마다 혜강이에게 이야기했다.

"혜강아! 여긴 높아서 위험하니까 올라가면 안 돼. 알았지?"

"네!"

대답은 잘 하지만 다시 올라갔다. 들락날락거리며 아이를 바닥에 내려놓기를 하루 종일 하다가 결국 진이 빠졌던 것이다. 손목도 아프고 허리도 아팠다. 그렇게 몸이 아픈 와중에 스쳐지나

서로 다른 게 불편하지요?

가는 생각이 있었다.

'도대체 혜강이가 왜 이러지?'

'내가 엄마인데 왜 하지 말라는 것을 자꾸 하지?'

'내가 뭘 잘못하고 있나?'

자괴감이 들고 슬픈 마음까지 들었다. 드디어 결론이 났다.

'내 아들이지만, 혜강이는 나를 무시하는 거다! 무시하는 게 아니면 나한테 이럴 수 없다! 이러면 안 된다!'

이 이야기를 곧이 믿을 사람은 거의 없을 것이다. 그런데 나는 그렇게 믿었다. 육아의 터널을 지나고 있을 시기라 몸도 마음도 힘들어서 그랬을 수도 있다. 엄마가 왜 이렇게 속이 좁은지 되물을 수도 있다. 그런데 만약 내가 나에 대해 조금만 더 알았더라면 내 생각이 조금은 다르지 않았을까 생각해본다.

나는 주도형이다. 주도형에게 중요한 것은 자녀의 순종이다. 본인의 원칙을 고수하고 자녀에게 그 원칙을 요구한다. 자녀의 말대답이나 변명을 싫어한다. 만약 자녀가 뭔가 잘못하면 강하게 비판하고 즉시 고칠 것을 요구한다. 그래서 주도형 부모는 독재자형이 되기 쉽다.

혜강이가 아기일 때 나는 주도형 부모의 행동경향성을 알지 못했다. 그래서 자녀는 부모의 말에 순종해야 한다고 굳게 믿었다. 내가 아이들에게 자주 사용했던 말은 "엄마가 뭘 하라고 하면 '왜'냐고 묻지 말고 '네'라고 먼저 대답해라"였다. 나에게 '왜'라는 말은 이유를 묻는 질문이 아닌 '아니요'라는 불순종으로 들렸

결혼을 앞둔 그대에게

던 것 같다. 나는 '왜'를 묻기 전에 '네'를 들어야 마음이 편안했던 것 같다. 지금 생각해보면 참 무자비하고 무식한 엄마였다. 부끄럽기도 하고 미안하기도 하다. 그렇지만 그 당시에는 그렇게 하는 것이 옳다고 생각했기에 그렇게 행동했다.

주도형인 나는 엄마로서 이제 더 많이 듣고 공감하려고 노력한다. 그렇지 않으면 아이들의 의사와 상관없이 그들을 좌지우지하는 몰인정한 엄마가 될 가능성이 있기 때문이다. 세 살이었던 혜강이는 이제 열일곱 살이 되었다. 더 이상 서랍장에 올라가지는 않는다. 그렇지만 자신이 고집하는 또 다른 일에선 나와 충돌한다. 그때마다 나는 나만 '예스'하지 않고 함께 '예스'할 수 있는 답을 찾기 위해, 말하자면 아들과 소통하기 위해 노력한다.

신중형 아빠의 고군분투

딸이 5학년쯤 되었을 때의 일이다. 주일에 예배를 마치고 목양실에 들어온 아이가 아빠에게 말을 걸었다.

"아빠, 아빠! 내 친구 A랑 B가 싸웠어요!"

아빠에게 그렇게 말한 다음, 아빠의 반응에 언제라도 반응할 준비가 되어 있다는 듯 아이의 눈이 빛났다. 그런 분위기를 읽지 못한데다, 주일이라 계속되는 사역에 아이와 눈을 맞추지도 않은 채 컴퓨터를 응시하던 남편이 대답했다.

"친구들끼리 싸우면 안 되지!"

예상치 못한 아빠의 답에 딸은 실망스런 표정을 지었다. 어쩌

서로 다른 게 불편하지요?

면 여태까지 경험한 아빠와의 답답한 소통 패턴을 고려하면 이런 대답을 이미 예상했을지도 모른다. 크게 동요되지 않은 딸이 별 의미를 두지 않고 대답을 이어갔다.

"예…"

신중형 아빠와 사교형 딸의 대화는 이렇게 종료되었다.

신중형인 남편은 아이의 말을 사실(fact)로 들었다. 그 이야기를 정보(information)로 접수했고 그에 대한 '평가 후 피드백'을 했다. 신중형은 행간을 이해하는 컨텍스트(context)보다 내용 그 자체, 즉 텍스트(text)에 집중한다. 상대방의 의도를 해석하거나 감정을 읽어내는 센스보다 들리는 대로 이해하기를 중요하게 생각한다. 맞는데 아닌 것처럼 돌려서 얘기하기보다, 하고자 하는 말을 직설적 돌직구로 표현한다.

신중형은 누구든 과하게 감정을 표현하는 것을 불편해하고 스스로의 감정 표현에도 인색하다. 자연히 비언어적 소통도 제한적이다. 표정이나 몸짓도 크지 않다. 소통에서 전달보다 내용을 중요시하기 때문이다. 표현하지 않아도 상황과 맥락을 고려해 어떻게 반응해야 할지 논리적으로 유추할 수 있다. 남편이라면, 또 아빠라면 사랑하는 건 당연한데, 그걸 굳이 왜 과하게 자주 표현해야 하는지 잘 이해하지 못한다. 신중형에게 사랑은 표현하지 않아도 당연한 것이다. 우리 남편 이야기다.

그러나 사교형은 매우 다르다. 감정을 표현하고 공유하기 원하고 다른 사람을 공감하는 것을 즐긴다. 감정이 통하지 않는 것

결혼을 앞둔 그대에게

을 불편해한다. 가능하다면 모든 사람이 나를 좋아하면 좋겠고, 필요하다면 그렇게 되도록 노력할 준비가 되어 있다. 자연히 남의 시선이나 평가에 민감하다. 나에게 호감을 표시하지 않는 사람이 있다면 불편해서 되도록 그 자리를 피하고 싶어 한다. 그렇지만 동일한 그 사람이 조금이라도 마음을 열고 친근함을 표시하면 금방 마음이 풀어져 '절친'처럼 지낼 수도 있다. 사교형에게 마음을 나누는 것은 무엇보다도 중요하기 때문이다.

사교형에게 표현되지 않은 사랑은 사랑이 아니다. 그래서 다른 사람에게 자신의 감정을 끊임없이 표현하고 자신이 사랑받고 있음을 끊임없이 확인하고 싶어 한다.

우림이가 아빠에게 친구 이야기를 한 것은 정보 전달이 목적이 아니었다. 그 상황을 빌려 자신의 마음을 표현하고 싶었던 것이다. 친구들이 싸웠기 때문에 자신이 그 사이에서 불편했던 마음을 나누고 싶었고, 그 사건을 들려주면서 아빠와 이야기를 나누고 싶었던 것이다. 그래서 교훈적인 아빠의 반응에 시무룩해졌다.

그렇다면 우림이의 이야기, 다시 말해 사교형인 자녀가 하는 말에는 어떻게 반응해야 할까? 먼저 눈을 맞추며 부모의 관심을 표현해야 한다.

"진짜? 대박!"

"어떻게 그런 일이 있었데?"

이런 식으로 좀 격하게 반응해주어야 한다. 과한 제스처와 추임새를 넣어 다양한 질문을 해야 소통이 이루어지고 사교형 자녀에게 만족감을 줄 수 있다. 아빠는 그때 친구의 다툼에 대해 어떤 질문을 해야 했을까?

"언제 어디서 싸웠니?"

"둘이 왜 싸웠니? 원래 걔들은 사이가 안 좋았니?"

"너는 걔들이 싸울 때 뭐했니?"

"네가 보기에는 누가 잘못한 것 같니?

"네가 그 상황이었으면 어떻게 했을 것 같니?"

"친구 사이에서는 뭐가 중요할까?"

사교형에게는 어떠한 질문도 쓸데없지 않다. 질문 하나를 가지고도 한참을 이야기할 수 있을 뿐만 아니라 꼬리에 꼬리를 무는 이야기로 시간을 보낼 수 있기 때문이다.

최근엔 남편이 우림이를 대하는 태도와 반응이 많이 바뀌었다. 아빠와의 소통에서 별 재미를 못 느낀 아이가 아빠와 대화하기를 '패스'하는 걸 느꼈기 때문인 것 같다. 엄마와 딸의 긴 대화가 쓸데없는 수다라고 생각했던 것도 바뀐 것 같다. 청소년기에 접어든 아이와 의미 있고 교훈적인 대화를 하고 싶은 욕구를 느낀 것 같기도 하다. 엄마와 딸이 오래 얘기하는 것이 모델링이 되어 아빠에게 학습이 된 것인지도 모르겠다. 이제 남편은 아이에게 우스꽝스런 표정을 지어 보이기도 하고, 썰렁한 아재개그를 해서라도 아이와 접촉점을 찾아간다.

반면, 우림이도 아빠를 이해하기 시작했다. 아빠가 일을 하고 있을 때는 기다리며 적절한 타이밍을 찾는다. 아빠가 자신의 마음을 읽지 못해도 오래 삐치지는 않는다. 아빠가 자신이 원하는 반응을 하지 않고 아빠 방식으로 평가하고 해석하면 그게 아니라고 정정해주기도 한다. 남편과 우림이는 기질적으로 참 많이 다르지만, 각자 자신을 알아가고 서로를 이해하며 관계를 만들어가고 있다.

의사소통이 이해되지 않는 이유

이제 2장을 시작할 때 했던 아이스 브레이크 질문을 다시 살펴보자. 대부분 각 유형의 약점에서 드러나는 모습임을 알 수 있다.

첫째, 이해되지 않는 성격을 살펴보자. 한 가지에 꽂히면 다른 일에 신경 쓰지 않는 것은 주도형이나 신중형에서 주로 나타날 수 있다. 상의하거나 잘 듣지 않고 급하고 일방적으로 결정하는 것이 주도형의 특징이다. 장난스러운 반응이나 싫증을 잘 내는 모습은 사교형에서 나타난다. 싫다고 거절하지 못하거나 결정해야 할 순간에 우물쭈물하고 미루는 것은 안정형의 특징이다. 항상 심각한 것은 신중형의 특징이다.

둘째, 이해되지 않는 시간 사용을 이해해보자. 약속시간에 20분씩 일찍 도착하는 것은 DISC 외적인 요인을 살펴보는 것이 좋을 것 같다. 사교형 외의 유형에서 모두 나타날 수 있기 때문이다. 반면 약속시간에 언제나 늦는 것이나 충동적이고 계획이 없는 것은 사교형에서 나타날 수 있다. 지나치게 시간을 오래 끄는 것은 신중형이나 안정형에서 나타날 수 있다.

셋째, 이해되지 않는 의사소통 방식을 살펴보자. 화가 나면 입을 다물어 버리는 것은 DISC 유형이 아닌 외적 요소를 고려해봐야 하지만 신중형이나 안정형을 예측해볼 수 있다. 반면, 갑자기 불같이 화를 내는 모습은 주도형에서 나타난다. 뭐든지 괜찮다고 하는 것은 지나친 양보가 약점인 안정형의 특징이다.

성격유형이나 행동유형, 즉 기질에는 선천적인 부분과 후천적인 부분이 있다. 나는 개인적으로 기질은 하나님이 주시는 것이라고 믿는 편이다.

아들 혜강이는 신중형이다. 아빠를 닮은 것 같다. 반면 딸 우림이는 사교형이다. 나를 조금 더 닮았다. 연년생인 혜강이와 우림이가 서너 살쯤 되었을 때 일이다. 우림이가 손에 들고 있던 컵을 놓쳐 물을 쏟았다. 그때 혜강이의 반응이 이랬다.

"생각 없이 행동하니까 물을 쏟지!"

그래놓고 동생을 야단쳤다. 두 아이들을 보며 어이가 없었지만, 우리 부부가 이 모습을 보며 웃은 이유는 따로 있었다. '생각 없이'라는 말 때문이었다. 신중형인 남편은 의미 없는 말, 생각 없이 뱉는 말, 고민 없는 행동을 좋아하지 않는다. 그래서 혜강이가 무척 어렸음에도 "생각 없이 행동하지 마라"는 말을 무척 자주 했다.

기질은 하나님이 주신 것이기도 하지만 환경의 영향을 많이

결혼을 앞둔 그대에게

받는다. 신중형인 혜강이에게 신중형 아빠의 '생각 없는 행동 금지'는 매우 중요한 가치였을 것 같다. 본인의 기질에 편안한 가치였기 때문일지도 모른다. 따라서 즐겁고 유쾌하지만, 실수가 많은 동생 우림이를 이해하기보다 비판의 눈으로 바라보았을 것이다. 그래서 혜강이는 스스로 실수를 안 하려고 애쓸 뿐 아니라 타인의 실수에 대해서도 예민하게 반응한 것이다.

각각의 기질에는 장점과 단점이 있고 어떤 기질도 다른 기질보다 낫거나 못하지 않다. 다만 각 기질마다 나와 더 잘 맞는 기질이 있고 맞지 않는 기질이 있기도 하다.

그런 면에서 신중형과 사교형은 갈등의 여지가 많다. 신중형이 보기에 사교형은 쓸데없이 말이 많은 실속 없는 사람이다. 넘치는 에너지와 지나친 활동이 부담스럽다. 소란스럽고 부산스러워 집중하는 데 방해가 된다. 꼼꼼하지 않고 즉흥적이어서 실수가 많아 동역하기 꺼려지는 유형이다. 일을 거창하게 시작하지만 깊이 있게 집중하기보다 개괄적 수준의 아이디어만 제시하기때문이다. 충동적이고 싫증을 잘 내서 끝맺는 데 어려움도 많다. 일보다는 사람들과의 친교에 더 집중하여 일의 성과나 결과보다 재미나 유쾌함을 더 중요시하는 것 같아 불편하다. 감정기복이 심해서 기분에 따라 결정을 번복할 수 있다.

반면 사교형이 보기에 신중형은 답답하고 꽉 막힌 사람이다. 오만하고 냉정하며 냉소적이어서 분위기를 망치고 사람들 사이를 어색하게 한다. 일만 중요해서 사람에 대한 배려가 없고 인색해 보인다. 일은 잘할지 몰라도 협력이나 소통의 측면에서는 낮은 점수를 주고 싶은 유형이다. 완벽을 추구하기 때문에 집요하다고 느낄 수 있다.

또 다른 갈등의 여지가 많은 두 가지 유형은 주도형과 안정형이다. 사실 주도형은 편안해 해도 안정형이 불편을 참고 가는 경우가 많다. 주도형이 보기에 안정형은 답답한 부분이 있지만 함께 하기에 괜찮은 사람이다. 하자는 대로 따르는 경우가 많기 때문이다. 추진력은 강하지만 실수가 잦은 주도형의 부족을 안정형이 비판 없이 채워주는 경우가 많다. 그래서 주도형은 안정형을 참모로 선호하고, 안정형도 자신을 좋아할 거라고 생각할 것이다.

그런데 안정형의 입장은 조금 다르다. 갈등을 피하고 싶어서 주도형의 주장을 수용했을 가능성이 높다. 사실 주도형은 안정형에게 의사를 묻지만 잘 듣지 않고, 결국 자신이 하고 싶은 대로 하는 경우가 많기도 하다. 갈등이 생긴 경우 주도형은 자신의 의사를 관철시키려는 성향 때문에 시끄럽거나 행동이 과할 수 있는데, 그것이 안정형이 피하고 싶은 상황이나 모습이다. 결국 안정형이 자신의 의사를 표현하지 않으면 일방적인 관계가 될 위험성이 있다. 반면 안정형이 불편하게 느끼는 것을 알게 될 경우 주도형은 "진즉에 얘기하지 않고 속내를 감추었다"고 오해하고 불쾌해할 수 있다.

결국 중요한 것은 성숙이다

　결론적으로 기질이 선천적이냐 후천적이냐를 논하기보다 중요한 것은 자신이 어떤 기질인지를 알고, 그 기질의 장점을 강화하고 단점을 보완하여 성숙을 이루는 것이다.

　성숙한 주도형은 현실적이고 지도력이 있고 결단력이 있으며 결정이 빠르다. 반면 미성숙한 주도형은 독재적이고 자기중심적이고 공격적이고 화를 잘 낸다.

　성숙한 사교형은 매력적이고 재미있고 감성이 풍부하고 친화력이 있다. 반면 미성숙한 사교형은 싫증을 잘 내고 자기도취적이고 충동적이고 지나치게 활동적이다.

　성숙한 신중형은 객관적이고 창의적이고 분석적이며 치밀하다. 반면 미성숙한 신중형은 오만하고 냉소적이고 부정적이며 인색하다.

　성숙한 안정형은 충실하고 온화하고 분별력 있고 헌신적이다. 반면 미성숙한 안정형은 의심하고 예측불허이며 소극적이고 표현하지 않는다.

　이처럼 각각의 기질은 얼마만큼 성숙을 이루어내느냐에 따라 호감형이 될 수 있고 비호감형이 될 수도 있다. 기질을 알아가며 사람들과의 관계를 개선하는 것이 중요하지만, 더욱 중요한 것은 자신의 장점을 강화하고 약점을 보완하는 것이다.

다름을 인정할 때 행복이 찾아온다

고린도전서 12:14~27

부부의 날을 법정 기념일로 제정해야 할 만큼 대한민국의 부부가 위기입니다. 하나님이 손수 세우신 공동체라고 할 수 있는 교회와 더불어 가정이 위기인 것만은 틀림없는 사실 같습니다. 서울가정법원의 발표에 의하면 명절 이후에 이혼율이 급증한다고 합니다. 명절 때 갈등을 겪어 평상시보다 두 배의 이혼 신청자가 생긴다는 것입니다.

고린도전서의 본문은 교회와 그 구성원인 성도와의 관계를 잘 설명해줍니다.

몸은 한 지체뿐만 아니요, 여럿이니… 지체는 많으나 몸은 하나라

우리는 여기서 교회를 뛰어넘어 가정의 주요 구성원인 부부 간에 어떤 관계를 유지해야 하는지 중요한 교훈을 얻을 수 있습

니다. 저는 이혼율이 급증하는 슬픈 현실 앞에서 부부를 향한 성경적 대안을 발견하고자 합니다.

첫째, 다름을 인정해야 합니다

본문은 '몸은 하나인데 지체는 많다'고 말합니다. 각각의 지체가 어떻게 활동하는지, 21절을 보십시오.

> 눈이 손더러 내가 너를 쓸 데가 없다 하거나 또한 머리가 발더러 내가 너를 쓸 데가 없다 하지 못하리라

눈이 손더러 쓸 데 없다, 머리가 발더러 쓸데없다고 말할 수 없다고 합니까? 왜요? 18절이 이유입니다.

> 그러나 이제 하나님이 그 원하시는 대로 지체를 각각 몸에 두셨으니

몸에 각각 두셨다는 말은 원래부터 각 지체가 다르게 지음 받았다는 것입니다. 결혼 생활의 가장 큰 어려움이 바로 이 문제가 아닙니까? 다름을 인정하지 않는 것입니다. 사람은 성격이 다 다릅니다. 부부간에도 당연히 다릅니다.

어떤 남편이 이렇게 말합니다.

"저는 아내와 성격이 정 반대입니다. 나는 주말에는 쉬고 싶은

데, 주말만 되면 일을 도와달라고 난리입니다. 나는 집에선 조용히 있는 것이 좋은데, 쉴 새 없이 수다를 떱니다. 미칠 것 같습니다. 집에 오면 직장일은 생각도 하기 싫은데 자꾸 직장에서 뭐했느냐 묻습니다. 화가 치밀어 오릅니다. 여름휴가 때는 에어컨 밑에서 수박 먹고 TV 보는 게 제일 좋은데 아이들과 수영장에 가자고 합니다. 그럴 땐 도살장에 끌려가는 소 신세 같습니다."

아내의 이야기를 들어 보면 또 다릅니다.

"저는 주말을 손꼽아 기다리고 있습니다. 나 혼자 할 수 없는 일이 많기 때문입니다. 높은 곳에 키가 닿지 않아 못을 박을 수 없고, 남편밖에 할 수 없는 일을 도와달라는 건데 남편은 잠만 자려고 합니다. 남편은 TV만 보고 말도 하지 않습니다. 내가 말을 걸면 항상 화난 표정입니다. 남편은 찬 것을 너무 좋아합니다. 내 생각엔 땀 흘리는 것이 건강에 좋은데…. 나는 분위기 있는 곳에서 식사하는 것을 좋아하는데 남편은 영화 보러가자고 합니다. 극장 가서 잠만 자면서요."

사실 집집마다 조금씩 다르겠지만, 이야기는 비슷하지 않습니까? 아내가 남편과 달라서, 남편이 아내와 너무 달라서 짜증난다고 합니다.

그런데 사실 지금 짜증나는 모습이 전에는 매력이었다는 사실을 기억하십니까? 심각한 건망증에 걸린 것입니다. 결혼 전에 연애할 때는 모든 것이 새롭고 좋았습니다. 서로 다른 부분이 신기하고 설레기도 하고, 심지어 신비감마저 느껴졌습니다. 그래서 그때는 매력이었는데, 지금은 왜 짜증이 되었을까요? 차이는 딱 한가지입니다. 그때는 다름을 인정했고 지금은 인정하지 않기 때문입니다. 다름을 인정할 때는 매력이었는데, 인정하지 않으니 짜증이 된 것입니다.

보완과 충돌은 서로 같은 이야기라는 것을 아십니까? 좋을 때는 마음이 열려 있으니 보완입니다. 나쁠 때는 닫혀 있으니 충돌입니다. 다름을 인정할 때 서로 보완이 이루어집니다. 그러나 다름을 인정하지 않기 시작하면 충돌하게 됩니다. 여러분의 가정에서, 부부 사이와 부모 자식 간에 충돌이 많은 이유가 뭔지 이제 아시겠습니까? 다름을 인정하지 않기 때문입니다.

감자 먹다가 싸운 부부이야기를 들어 보셨습니까? 어느 가정에서 감자를 쪘는데 아내가 감자와 설탕을 내왔습니다. 남편이 보고 기겁을 합니다.

"아니 세상에, 감자에 설탕을 찍어먹는 사람이 어디 있나? 감자에 대한 모독이지. 모름지기 감자는 소금을 찍어 먹어야 제 맛이지!"

버럭 소리를 지릅니다. 그러자 아내가 대꾸합니다.

"우리집은 늘 설탕을 찍어먹었는데…."

거기까지 주장하고 각자 인정한 다음, 소금을 원하면 소금을, 설탕을 원하면 설탕을 찍어 먹으면 되는데, 남편이 비아냥거립니다.

"아이고, 감자에 설탕을 찍어먹는 콩가루 집안하고는…."

서로 다른 게 불편하지요?

어떤 가정은 구운 오징어가 문제입니다. 이걸 마요네즈에 찍어 먹어야 할지 고추장에 찍어 먹어야 할지 취향이 다릅니다. 이런 것조차 아직 해결되지 않은 부부가 있지요?

당신은 '마요네즈 파'입니까? 아니면 '고추장 파'입니까? 저는 마요네즈 파도 고추장 파도 다 아닙니다. 저는 오로지 '피데기 파'입니다. (피데기란 경상도 방언으로 반건조오징어입니다. 저는 피데기만 썰어 먹습니다. 오징어 자체의 맛을 즐기는 편이지요).

고린도전서 12장 29절과 30절에선 뭐라고 합니까?

29다 사도이겠느냐 다 선지자이겠느냐 다 교사이겠느냐 다 능력을 행하는 자이겠느냐 **30**다 병 고치는 은사를 가진 자이겠느냐 다 방언을 말하는 자이겠느냐 다 통역하는 자이겠느냐

무슨 말입니까? 다 같지 않다는 것입니다. 이렇게 생각하면 속 편합니다.

"하나님은 외계인을 배우자로 만나게 하셨다."

사람은 자기를 중심으로 하나의 우주를 형성하며 살고 있습니다. 전혀 다른 사람과 함께 사는 것이기에 배우자가 외계인인 셈입니다. 그러나 ET를 보고 "왜 넌 ET처럼 생겼냐?"고 물으면 자존심 상합니다. 원래 ET니까요. 그건 반대로 "넌 왜 사람처럼 생겼냐?"고 묻는 것과 같습니다.

다름을 인정할 수 있기를 바랍니다. 그러면 짜증이 변하여 매

결혼을 앞둔 그대에게

력이 회복될 것입니다. 충돌이 아니라 보완을 이룰 것입니다.

그러면 왜 다름을 인정해야 합니까? 본문에 몇 가지 이유가 나옵니다. 첫째 이유는 하나님의 뜻이기 때문입니다. 18절입니다.

그러나 이제 하나님이 그 원하시는 대로 지체를 각각 몸에 두셨으니

각각이란 다르게 둔 것을 말합니다. 그냥 임의로 다르게 두신 것이 아니고, 하나님이 원하시는 대로 두셨다는 것입니다.

지금은 그렇게 맞지 않는 남편이고 ET 같은 아내가 연애시절에는 매력적이지 않았습니까? 그러니 그 속에는 하나님의 뜻이 분명히 있습니다.

인간관계를 통해 얻는 행복은 서로 너무 잘 맞는 사람들끼리 만났기 때문에 경험되지 않습니다. 행복은 다른 사람들이 만나 서로 이해하고 용납하는 폭을 넓혀갈 때 경험됩니다. 그러므로 행복은 완벽한 만남에 있지 않습니다. 서로를 이해하는 과정에서 싹트는 것입니다. 그 속에 풍성함이 넘치게 됩니다.

월드컵이 열렸던 남아프리카 공화국은 아프리카 대륙의 남단에 있습니다. 그 대륙에서도 가장 남단에 희망봉이 있습니다. 그곳은 전 세계 바다 중에서 가장 풍요로운 바다로 유명합니다. 해초가 많고 플랑크톤이 풍부해 수시로 고래가 나타날 정도입니다. 그곳이 과거에는 '폭풍의 곳'이라고 불렸습니다. 왜냐? 이곳은 아프리카 대륙 동쪽의 인도양과 서쪽의 대서양이 만나는 곳

서로 다른 게 불편하지요?

입니다. 대서양에서는 한류가 올라오고 인도양에서는 난류가 흘러 이 지역에서 만나기 때문에 폭풍이 자주 일어날 수밖에 없습니다. 한류와 난류가 만나니 바다 위에 풍랑은 일지만, 바다 속에는 해초들이 많이 자라고 찬물과 따뜻한 물이 만나 플랑크톤을 만들어내니 먹잇감이 풍부해져 고기들이 풍성한 어장이 되더라는 것입니다.

여러분의 가정이 한류와 난류가 만난 것 같습니까? 날마다 폭풍이 들이칠 것 같은 불안이 느껴집니까? 그것이 생각지도 못한 풍성함을 주시기 위한 하나님의 뜻임을 믿을 수 있기 바랍니다.

둘째, 사명이 있기 때문입니다

내가 싫어하는 배우자의 모습을 인정해야 하는 이유가 또 있습니다. 나름의 사명이 있기 때문입니다. 22절을 보세요.

그뿐 아니라 더 약하게 보이는 몸의 지체가 도리어 요긴하고

배우자의 어떤 모습이 나는 분명히 약해 보입니다. 좀 심하면 말하면 쓸데없어 보입니다. 그런데 도리어 요긴한 것이라고 합니다. 나름의 사명이 있다는 것입니다.

예를 들면, 과거에는 맹장이 특별한 기능을 하지 않는 대신 충수염이나 복막염 같은 염증을 일으켜 사람의 생명까지 위험하

결혼을 앞둔 그대에게

게 한다고 해서 할 수만 있으면 제거하는 것이 좋다는 입장이었습니다. 그런데 최근 의학계의 입장이 맹장에도 뭔가 기능이 있다는 쪽으로 바뀌고 있다고 합니다. 미국 듀크대학교(Duke University) 의과대학에서 맹장이 대장의 활동에 유익한 박테리아를 만들어내는 박테리아 공장이라는 주장이 나왔습니다. 우리 눈에 보이지 않더라도 모든 지체마다 나름의 사명이 있다는 것입니다. 그러므로 내가 지금 다 이해할 수 없다고 틀렸다고 말하는 것은 잘못입니다.

이 유명한 말을 한번 따라해 볼까요?

"다른 것은 틀린 것이 아니라 다른 것이다."

다른 것이 다른 것에 불과하다고 말할 수 있는 이유는 다 나름의 사명이 있기 때문입니다.

그러면 어떻게 해야 합니까? 다름을 인정하라고 했으니 '각자 생긴 대로 살라는 이야기입니까? 서로 간섭하지 말고 자기 기분 내키는 대로, 하고 싶은 대로 하라는 것입니까? 아닙니다. 성경을 잘 보세요. 20절입니다.

이제 지체는 많으나 몸은 하나라

분명히 하나입니다. 26절도 "만일 한 지체가 고통을 받으면 모든 지체가 함께 고통을 받고 한 지체가 영광을 얻으면 모든 지체가 함께 즐거워하느니라"고 합니다. 부부는 함께 고통받고 함

서로 다른 게 불편하지요?

께 즐거워하는 운명공동체입니다. 절대 따로가 아닙니다. 부부는 조율해야 합니다. 그러면 어떻게 조율하라는 것입니까? 24절과 25절에서 이렇게 말합니다.

> …오직 하나님이 몸을 고르게 하여 부족한 지체에게 귀중함을 더하사 몸 가운데서 분쟁이 없고 오직 여러 지체가 서로 같이 돌보게 하셨느니라

여기서 '고르게 한다'의 원어는 '쉬네케라센'으로 '같이 섞는다'는 말입니다. 이것이 조율해나간다는 말이고 서로 맞춰간다는 것입니다. 그래서 해서 분쟁이 없이 서로 돌보게 하셨다는 말입니다.

그러면 누구를 기준으로 맞추라는 겁니까? 남편에게? 아내에게? 아닙니다. 제3의 기준이 필요합니다. 27절은 "너희는 그리스도의 몸이요 지체의 각 부분이라"라고 말합니다. 우리는 그리스도의 몸이기에 그리스도를 기준으로 맞춰서 살면 가장 정확하게 조율될 수 있습니다.

부부는 삼각형의 꼭짓점과 같습니다. 한쪽에서 남편은 가만히 있고 아내더러 오라고 하면 올 수 있습니까? 반대도 마찬가지입니다. 그러나 남편과 아내가 가정의 머리가 되신 그리스도를 향해 각각 나아가면 부부 사이는 저절로 가까워지게 됩니다.

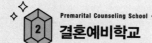

아이스 브레이크

1 평소에 잘 이해되지 않는 OOO의 모습(행동, 성격, 습관) 3가지를 적어보세요.

-
-
-

DISC의 유형별 특징

2 DISC 행동유형검사를 진행하여 본인과 미래 배우자의 진단 유형을 파악해봅시다.

3 DISC의 주요 행동유형에 대해 살펴봅시다.

- 주도형(Dominance)

- 사교형(Influence)

- 안정형(Steadiness)

- 신중형(Conscientiousness)

서로 다른 게 불편하지요?

4 ISC의 유형별 장단점을 점검해봅시다.

	Dominance	Influence	Steadiness	Conscientiousness
특성	강한 자의식	낙천적	일관성	분석적
목표	목표/경과 성취	사람/관계 유지	조화/평화	과업/완벽함
동기 요인	도전/지시	사회적 인정	현상 유지	정확성/원칙
두려움	통제력 상실	사회적 거부감	변화	타인의 비판
약점	몰인정/비경청	비체계적	지나친 양보	비판적
자주 쓰는 말	"할 수 있어" "내가 책임질게" "애같이 굴지 마"	"나 어때?" "너무 재밌지?" "복잡한 거 질색이야"	"내가 도와줄게" "잘 지내보자" "나에게 강요 하지마"	"그게 맞는 말이야?" "생각할 시간을 줘" "원칙을 지켜야지"

5 진단된 본인의 유형(진유형)이 DISC의 유형별 특징과 장단점에 비추어 일치하는
지 생각해보고 '참유형'을 파악해봅시다. '진유형'이란 진단 검사에서 나온 유형
이고, '참유형'이란 자신이 성찰하여 본인의 본 모습이라고 최종으로 판단한 유
형을 뜻합니다.

결혼을 앞둔 그대에게

DISC 검사의 활용

6 DISC 행동유형검사를 통해 발견한 상대방의 다름을 기록해봅시다. 내가 이해하지 못했던 모습이 틀린 모습이 아니라 다른 모습이라는 사실을 확인해봅시다.

7 각자의 부모님들이 어떤 유형인지 유추해보고, 건강한 관계를 맺기 위해 노력할 영역에 대해 나누어봅시다.

8 나의 DISC 유형이 부모가 되었을 때 어떤 장점과 단점이 있을지 생각해보고, 상호 보완해야 할 영역에 대해 기록해봅시다.

서로 다른 게 불편하지요?

PART 3

뭐니 뭐니 해도 머니 이야기

3

돈을 잘 관리해서 가정을 지키는 방법

돈 이야기는 언제부터 시작할까?

1장에서는 하나님이 만드신 결혼의 목적에 대해 살피고, 2장에서는 DISC 행동유형검사를 통해 서로가 어떻게 다르며, 그 다름을 다양한 관계에서 어떻게 적용할 것인지에 대해 논의했다. 3장부터 5장까지는 실제 결혼생활에서 갈등을 경험하게 되는 주요 영역 세 가지를 살펴본다. 3장은 가정 경제, 즉 돈에 대한 이야기이다. 4장은 부부의 성, 5장은 의사소통에 대해 다룬다.

최근 이혼 사유를 살펴보면 1위가 성격 차이, 2위가 경제적 불화, 3위가 외도와 폭력을 포함한 성적(性的) 불화라고 한다. 시대에 따라 순위는 조금씩 달랐지만, 돈, 성, 의사소통(성격 차이)이라는 세 가지 문제가 부부 갈등의 주요 원인이 된다. 그러나 2장에서 살펴보았듯이 부부간에는 비슷한 점도 있고 다른 점도 있다. 다시 말해 모든 부부는 서로 성격이 다르다. 따라서 서로의 다름, 즉 성격 차이는 인정하고 맞추어가야 할 영역이다. 오히려 서로의 다름, 곧 성격 차이가 어떻게 가정을 세워가는 데 유익할지 고민해보면 좋을 것이다.

3장은 이혼 사유로 2위를 차지한 돈에 대한 이야기다. 이혼 사유에서 1위와 3위로 언급된 성격 차이와 성에 대한 논의는 다음 두 장에서 따로 하고자 한다. 돈 문제를 먼저 다루려는 이유는 우리가 세상을 살아가면서 직면하는 가장 큰 현실의 문제이기 때문이다. 성경에서도 전체적으로 돈과 관련된 구절이 2천 개 이상이고, 예수님이 직접 말씀하신 걸 기록한 복음서에는 돈과 관련된 비유가 16번 나온다. 재물이나 돈과 관련된 단어가 들어간 구절은 복음서에 29번이나 등장한다. 그만큼 재물은 세상을 살아가는 그리스도인에게 중요한 문제다. 따라서 결혼생활을 앞둔 예비부부가 재물에 대한 성경적 가치를 미리 배우고, 결혼생활을 하면서 돈을 잘 관리하는 것은 매우 중요하다.

그렇다면 새롭게 가정을 이루는 커플은 가정 경제에 대한 이야기를 언제부터 해야 할까? 나는 결혼하기 전에 미리 돈 이야기를 시작해서 사는 내내 계속 해야 한다고 생각하고, 그렇게 가르친다. 결혼 전의 수입은 얼마인지, 모아놓은 돈은 얼마나 되는지, 저축은 얼마나 하는지 공유해야 한다. 또한 어느 곳에 얼마만큼 지출하는지 지출내역에 대해서도 나누어야 한다. 결혼 전에 학자금 대출 같은 빚이 있는지, 부모님께 용돈이나 생활비를 드렸는지, 정기적으로 지출되는 후원금 또는 친목비가 있는지 서로 알아야 한다. 그렇게 해야 결혼 후에 수입과 지출을 어떻게 관리할지 함께 논의할 수 있다.

결혼예비학교를 마치고 나면 남편이 주례하기 전에 목양의 시간을 통해 커플을 만난다. 짧은 시간이기 때문에 목사로선 커플에게 가장 중요한 것을 물어보아야 한다. 이때 먼저 하는 질문이 바로 돈 관리에 대한 것이다. 둘 중 누가 가정 경제를 관리할지 묻는 것이다. 담임목사와 만나는 자리이기에 신앙생활에 대한 질문을 예상하던 커플은 돈에 대한 질문과 권면을 받고 놀라곤 한다.

사실 살아보면 돈이 부부관계에 금이 가게 하는 가장 큰 이유라는 것을 바로 알게 된다. 돈을 잘 사용하지 않으면 돈은 맘몬신이 돼 악한 영향을 끼치며 많은 관계를 그르친다.

부부관계의 문제들은 언뜻 보면 서로 다른 여러 문제인 것 같은데, 자세히 들여다보면 돈과 관련된 문제로 귀결된다. 돈과 관련된 의사소통의 갈등이고, 돈과 관련된 고부 갈등이고 돈과 관련된 성적(性的) 갈등이다. 이러한 돈과 관련된 문제는 대부분 사전 논의나 계획되지 않은 지출 때문에 발생하기 때문에 부부가 마음을 맞춰 충분히 소통하여 지출계획을 세워야 한다.

따라서 본 장에서는 돈에 대한 인식을 점검해보고, 돈에 대한 서로의 인식 차이를 살펴본다. 결혼 후 재정 관리를 누가 하는지, 지출에서 원칙이 있는지 살펴본다.

첫째, 돈에 대한 서로의 관점을 확인한다.

둘째, 본인의 지출에 대한 우선순위를 나눈다.

셋째, 건강한 가정 경제를 위해, 소비와 지출에 대한 서로의 의견과 원칙을 나눈다.

왜 부부가 돈 때문에 갈등하는가?

돈에 대한 주제를 다룰 때 제일 먼저 묻는 질문은 '부부가 돈 때문에 갈등할까?'이다. 대부분 주저 없이 부부가 돈 때문에 싸울 거라고 답한다.

그러면 당신의 부모님이 돈 때문에 싸우시는 걸 본 적이 있냐고 물어보면 잠시 주저한다. 싸우지는 않으셨는데 갈등은 있었던 것 같다고 답한다. 자녀들 앞에서는 다투지 않으려 애쓰셨지만 갈등은 있었을 것으로 보는 것이다. 그러면 다시 묻는다.

"그러면 본인들은 어떠할 것 같은가?"

의외로 본인들도 갈등이 있을 것 같다고 솔직히 대답한다. 예상되는 갈등의 이유를 물어보면 과소비, 사전에 상의되지 않은 소비, 수입의 부족 등을 언급한다.

그렇다면 부부가 돈 때문에 갈등하는 실제 이유는 무엇일까? 제일 큰 핵심 이유는 수입보다 지출이 많아질 때일 것이다. 맞벌이를 하다가 외벌이 가정이 되면 수입이 감소한다. 자녀를 출산하거나 부모 부양에 대한 부담이 생기면 당연히 수입보다 지출이 많아질 수 있다. 그런데 가정 경제가 일시적 적자가 아니라 매달 적자가 나면 어떻게 될까? 지출 규모를 급히 줄이는 것도 필요하지만, 사실 이렇게 될 가능성을 예상하지 못하는 것이 더 큰 문제다. 그래서 가정의 재정 관리에서 미래를 위한 대비는 중요하다.

그 외, 부부간의 재정 갈등에서 큰 이유는 가치관의 차이인 것 같다. 부부는 재정 결정 문제에 계속해서 직면한다. 그럴 때 소비에 대한 가치관, 즉 지출에 대한 가치관이 다르면 갈등이 생길 수 있다. 소비에서 중요하다고 생각하는 것이 무엇인지, 얼마를 줘도 아깝지 않은 소비처가 있는지, 특정 소비처에 최대로 사용할 수 있는 가용 금액의 기준이 얼마인지는 부부마다, 심지어 부부끼리도 서로 다르다.

이 부분을 진단하기 위해 다음의 질문에 답을 해보자.

"만약 현금 100만 원이 생기면 어떻게 사용할 것인가?"

커플들은 다양한 이야기를 한다. 어떤 자매는 100만 원을 모두 사용할 거라고 했다. 예를 들면 사고 싶었던 옷과 구두를 사겠다는 것이다. 그래서 무엇을 살 것인지 구체적으로 얘기해보라고 했더니, 옷 사는 데 50만 원, 구두 20만 원, 운동화 15만 원, 화장품에 15만 원을 쓰겠다고 했다. 더 많이 생기면 생기는 대로 다 쓸 거라는 말까지 했다. 상상만으로도 기분이 좋아진다며 얼굴이 환해진다.

반대로 어떤 자매는 전혀 사용하지 않고 모두 통장에 넣을 것이라고 했다. 사고 싶은 것이 특별히 있는 것도 아니고, 만약의 경우를 대비하고 싶어 모두 저축하려는 것이라고 했다.

어떤 형제는 아내에게 50만 원을 주고 자신이 50만 원을 쓸 거라고 했다. 평소에 사고 싶었던 가전제품을 사겠다는 것이다. 어떤 형제는 아내에게 100만 원을 모두 줄 거라고 했다. 미래의 배우자가 검소하기 때문에 맡길 수 있는 것이라고 했다.

이런 대화를 하면서 두 가지를 느끼게 되었다.

첫째는 사람들의 대답이 매우 다양하다는 점이다. 100만 원이 그냥 생길 경우 모두 쓰겠다는 답부터 전혀 쓰지 않고 아껴두려는 극과 극의 답까지 들을 수 있다.

둘째는 예비부부이지만 커플끼리는 돈을 지출하려는 성향이 비슷하다는 점이다. 모두 사용하든 모두 저축하든, 흥미롭게도 두 사람의 인식이나 성향이 대부분 비슷하다.

사실 100만 원은 어찌 보면 매우 많은 돈이고, 어찌 보면 생각보다 적은 돈이다. 기대하지 않은 보너스 같은 돈이라는 전제를 했기 때문에, 어떻게 사용할지 상상하는 것만으로도 즐거워하는 건 마찬가지이지만.

일반적으로 돈에 대한 인식을 얘기할 때 지위, 안전, 즐거움, 자립으로서의 돈이 언급된다. 지위로서의 돈이 중요한 사람은 주변 사람들과 비슷한 생활수준을 유지하는 것이나 다른 사람의 시선을 많이 의식한다. 안전으로서 돈이 중요한 사람은 저축 같은 투자방법을 선호하고 미래를 대비하는 것을 중요시한다. 즐거움으로서 돈이 중요한 사람은 돈을 소유하기보다 소비하기를 즐거워한다. 자립으로서 돈이 중요한 사람은 미래의 경제적 자립을 대비한다. 이와 같이 돈에 대한 성향에 대해서는 한 커플에게선 큰 이견을 발견하지 못한 편이다. 돈에 대한 인식이 일반적인 갈등의 요소로 작용하지 않는 것 같다.

소비에 대한 가치관의 차이

돈에 대한 인식 차이에 이어 소비에 대한 가치관을 탐색해보자.

소비에 대한 가치관을 논의하기 위해 텔레비전을 예로 들어 질문을 던져본다. 결혼준비를 하면서 텔레비전을 구입했는지 물어보고, 각 커플에게 적절한 텔레비전 사이즈가 몇 인치짜리인지 물어보는 것이다.

일반적으로 냉장고나 세탁기는 어머니들이 큰 사이즈를 사라고 조언하기에 이견이 적다. 그렇지만 텔레비전은 필수 품목이라기보다 취향 품목이기 때문에 좀 다른 것 같다. 그래서 커플 간에 텔레비전 크기에서 의견이 일치하지 않는 경우를 자주 본다. 당신은 몇 인치의 텔레비전이 적당하다고 생각하는가?

어떤 형제는 65인치쯤 되는 큰 텔레비전이 적절하다고 답했고, 자매는 30인치 정도면 적당한 것 같다고 했다. 어떤 형제는 텔레비전이 필요없다고 했고, 자매는 어떤 사이즈든 상관없다고 답했다. 주목할 것은, 모든 사람들이 제각각 본인이 적절하게 생각하는 것을 말했으나, 그 적절함의 스펙트럼이 매우 넓다는 것이다. 이런 인식의 차이를 확인하기 위한 다른 질문이 있다.

"결혼 후 친구들에게 식사를 대접한다면 얼마짜리가 적절한가?"

몇 명인지 알 수 없으니 인당 평균 액수를 제시해달라고 했다. 평균적으로 3만 원에서 5만 원 정도를 쓰겠다고 답한다. 그런데 어느 커플은 자매와 형제가 각각 1만 원과 10만 원을 제시하였다. 어떤 커플은 2만 원과 20만 원을 제시하기도 했다. 무려 열 배나 차이가 나는 액수이기에 서로 놀라는 시간이 되었다.

중요한 것은 나의 적절함이 상대의 적절함과 차이가 날 수 있다는 점을 인정하는 것이다. 나에게 당연한 것이 상대에겐 부적절하게 여겨질 수 있다. 그럴 가능성을 항상 인정하도록 마음을 열어두어야 한다.

돈의 사용 문제에서 옳고 그름은 분명히 존재하지만, 대부분의 재정 갈등은 옳고 그름보다 서로 다름을 알지 못해 생기는 것 같다. 어떤 것을 선호하는지, 어떤 것에 가치를 높이 두는지에 따라 적절함의 정도는 매우 달라진다. 따라서 부부가 돈과 관련된 갈등을 줄이기 위해서는 충분한 대화가 필요하다.

그렇다면 용돈은 얼마가 적절할까? 용돈도 서로가 생각하는 적절한 액수가 다르다. 내가 생각하는 적절한 금액과 배우자가 생각하는 적절한 금액 사이에 차이가 크면 더 많이 얘기하고 조율해야 할 숙제가 생긴다.

　자매는 형제의 월 용돈을 30만 원으로 생각하는데 형제는 50만 원을 요구하는 경우가 있었다. 반대로 용돈이 필요없다는 형제도 있었다. 내가 만난 커플들이 생각한 적절한 용돈의 최소금액은 월 10만 원이었고, 최대금액은 100만 원이었다. 이처럼 적절함에는 사람마다 차이가 클 수 있다.

　소비에 대한 가치관의 차이를 확인하기 위한 다른 질문은 다음과 같다. 얼마를 줘도 아깝지 않은 물건이나 소비처가 있는가? 여기에서 '얼마를 줘도'는 상대적이다. '몇 달치의 용돈을 모아서'라는 의미이기도 하고 '계획에 없던 여윳돈이 생겼을 때'라는 의미이기도 한다. 한편 '신제품이 나오면 꼭'이라는 의미이기도 하고 '몇 개를 사도 계속'이라는 의미이기도 한다.

　소비처는 유형과 무형을 모두 포함한다. 형제의 경우 자동차, 사진, 여행 등이 있다. 자매의 경우 가방이나 의류, 액세서리 등이 있다. 이런 소비처에 대해 미리 알고 상대방의 취향을 존중해주는 태도가 무척 중요하다. 내가 가치 있게 생각하는 것이 무엇인지 상대방이 알아야 서로 감정이 상하지 않고 소비에 대해 조절할 수 있기 때문이다. 또한 심혈을 기울여 선택한 물건이나 오랜 기간 돈을 모아 산 물건에 대해 "뭐 하러 쓸데없이 그런 것에 돈을 소비하는가?"라는 말을 들으면 감정이 크게 상할 수 있다. 어떤 이에게는 쓸데없는 사용처가 어떤 이에게는 매우 중요한 사용처일 수 있다.

나는 개인적으로 가방을 좋아한다. 왜 가방을 좋아하게 되었는지는 잘 모르겠으나 기억을 거슬러 생각해보면 중학교에 다닐 때 아버지께서 처음으로 백화점에서 아가씨들이 들고 다니는 핸드백을 사주셨던 것 같다. 그때 아빠와 둘이서 백화점 쇼핑을 했고 초록색 핸드백을 골랐던 기억이 그림처럼 남아 있다. 중학생에게 핸드백은 그리 유용한 물건은 아니었지만, 그럼에도 나는 매 주일마다 그 핸드백을 들고 교회에 갔다.

나는 지금도 가방을 좋아한다. 명품 가방을 좋아하는 것도 아니고 비싼 가방을 선호하는 것도 아니다. 그렇지만 한 번 마음에 꽂힌 가방은 색깔별로 사기도 한다. 요즘은 나이가 들어 그런지 소지품을 바꾸어 넣는 것이 귀찮아서라도 가방 한 개를 한동안 들고 다니지만, 결혼 전에는 옷에 따라, 그날 기분에 따라 가방을 다르게 골라 들고 외출하기도 했다. 그래서 가방은 많을수록 좋다고 생각했다. 지금은 가방에 대한 욕심이 많이 줄었지만, 그래도 가방에 대한 사랑은 여전한 것 같다.

반면 남편에게 가방은 소지품을 넣어 다니는 물건 그 이상도 이하도 아니다. 가방이 여러 개면 헷갈린다고 한다. 남편 같은 사람만 있으면 가방 회사는 어떻게 돈을 버냐고 핀잔을 주기도 했다. 그래도 남편은 가방에 대한 나의 사랑을 알고 있다. 그래서 결혼 초에 페루에 선교 정탐을 다녀온 남편이 선물로 가방을 사 왔다. 캐리어에서 꺼낸 가방은 페루의 전통가방이었다. 현지인들이 핸드메이드로 만든 가방이라 기념품 같은 느낌이 들었지

일상에서 들고 다닐 수 있는 가방은 아니었다. 남편은 내가 가방을 좋아해서 가방을 사왔다고 했다. 내가 가방을 좋아하기는 했지만 내 취향의 가방은 아니었던 것 같다. 그 가방을 들고 다닌 기억은 흐릿하지만, 남편이 나의 기호품을 기억하고 사주었다는 데 의미를 두고 옷장에 보관해두었다.

새 가방을 사면 나는 바로 꺼내 들고 다니지 않는다. 남편 입장에서 볼 때 나는 과하게 쇼핑하는 사람이기에 그의 눈치를 살펴야 하는 탓이다. 그래서 새로운 가방을 사면 눈으로 충분히 감상한 후 옷장에 고이 모셔둔다. 그러다 특별히 외출할 일이 있을 때 새 가방을 꺼낸다. 눈썰미가 좋은 남편은 바로 알아챈다.

"그 가방 못 보던 건데?"

남편의 말은 관찰한 결과일 뿐 비난이나 추궁하는 질문은 아니다. 그렇지만 나는 그의 관찰 코멘트에 민감하기 때문에 숨을 고르고 대답한다.

"아니야! 이 가방 산 지 좀 되었어⋯."

남편은 새 가방이 아니냐고 물었지만, 나는 최근에 산 가방은 아니라고 대답했다. 어쩌면 동문서답이지만, 서로 하려는 얘기는 알고 있다. 적당히 사라는 남편과, 절제하고 있지만 가방이 여전히 좋다는 나와 남편 사이의 문답 방식이다.

나는 여전히 가방을 좋아한다. 그렇지만 예전처럼 많이 사진 않는다. 사고 싶은 마음이 들 때는 남편을 생각하며 절제하려고 노력한다. 남편은 여전히 가방이 한 개만 필요한 사람이다. 그렇

　　　　　　　　　　　　결혼을 앞둔 그대에게

지만 가방을 사는 나를 비판적 시각으로 바라보며 뭐라고 하지는 않는다. 나를 참아주는 것이다.

타고난 것인지 보고 자란 것인지는 모르겠으나, 쇼핑을 좋아하는 고등학생 아들을 보면 꼭 나를 보는 것 같다. 아직은 절제라는 가치를 훈련하는 중이라 쇼핑을 좋아한다. 후드티를 하나 샀는데 돌아서면 더 사고 싶어 한다. '남편의 마음이 이랬겠네!'라는 생각을 하게 되었다.

가방 소비에 대한 가치는 남편과 내가 여전히 많이 다르지만, 그래도 우리는 이제 가방 때문에 다투지는 않게 되었다. 왜냐하면 어떤 다른 소비처에 가치를 더 높게 두는지 서로 알았기 때문이다.

수입과 지출 내역을 공유하라

가정의 재정계획을 세우기 이전에 해야 할 일은 서로의 수입과 지출 내역을 공유하는 것이다. 사실 매월 들어오는 수입의 출처에 대해 우리가 할 수 있는 일은 많지 않다. 따라서 수입보다 지출에 대한 자세한 논의가 더 중요하다. 그렇지만 수입 항목은 지출 계획에 대한 기본이 되기 때문에 먼저 논의해야 한다. 서로의 자산과 부채, 정기적 수입과 지출 내역에 대해 충분히 소통해야 하는 것이다.

맞벌이의 경우 월급은 얼마인지, 결혼 후 외벌이가 될지 맞벌이를 할지에 따라 수입 변동의 가능성을 논의해야 한다. 또한 정기적으로 지출해야 할 액수에 대해서도 나누어야 한다. 상환해야 할 빚이 있는지, 부모에게 매달 드리는 생활비나 용돈이 있는지, 적금과 보험, 기부금, 곗돈 등에 대해서도 나누어야 한다.

결혼예비학교에서 만난 커플 중에 타국의 아이들을 후원하는 기부금 액수가 비교적 많은 커플이 있었다. 아동 한 명당 한 달에 3만 원가량 후원했는데, 형제와 자매가 후원하는 아이들 숫자를 합하니 이 액수가 도합 30만 원 정도나 되었다. 결혼 후라면 큰 지출이 될 것이 분명하지만, 당장 후원을 중단하면 아이들에게도 커플에게도 어려움이 있을 것 같아 어떻게 해야 할지 결정해야 할 과제가 생긴 것이다.

생각지도 못한 지출내역을 알게 된 커플도 있었다. 치킨에 관한 이야기다. 형제는 먹는 것을 무척 좋아했다. 그래서 퇴근 후에 종종 치킨을 먹는다고 했다. 형제가 치킨 얘기를 할 때 왠지 자매의 얼굴이 약간 굳었다. 자매가 형제의 야식 습관을 싫어하고 건강에 대해 염려하고 있다는 걸 1과를 공부하면서 알게 되어 그럴 것이라고 짐작했다. 나도 치킨을 좋아하는지라 별 생각 없이 물었다.

"한 주에 몇 번 정도 치킨을 먹나요?"

"서너 번 정도요."

형제의 답변을 듣고 깜짝 놀랐다. 건강에도 문제겠지만, 재정을 다루는 시간이라 재빨리 계산을 해보았다. 치킨 한 마리에 대략 2만 원을 잡고, 한 주에 서너 마리면 6만 원에서 8만 원이 소비된다. 한 달이면 24만 원에서 무려 32만 원을 쓰게 된다. 단순히 야식의 문제가 아니었다. 이것은 고정 지출의 문제였던 것이다! 게다가 자매는 야식을 하지 않기 때문에 치킨으로 인해 재정과 식습관에서 갈등이 생길 수 있었다.

수입은 0이 되고 지출은 늘게 될 때

수입과 지출에 대해 생각하니 22년 전에는 우리 가정이 어떻게 살았을지 떠올려 보았다. 우리가 80만 원으로 한 달을 살아야 했을 때의 이야기이다.

나는 남편을 만나서 결혼할 때 몇 가지 결단을 해야 했다. 비교적 부유한 집안에서 자랐기 때문에 학비나 생활비 걱정은 하지 않고 살았다. 아르바이트보다 좋은 학점이 가성비가 더 높다고 생각했기에 최선을 다해 열심히 공부만 했다.

연애 시절에 전도사였던 남편은 나에게 몇 가지를 주지시켰다. 목회자는 집을 사면 안 된다고, 언제든지 이사를 갈 준비를 해야 한다고 했다. 왜 집을 사면 안 되는지, 늘 이사 갈 준비가 되어 있어야 하는 이유를 설명하긴 했는데, 내가 잘 기억나지 않는 걸 보면 납득은 되지 않았던 것 같다. 그래도 괜찮았다. 나는 그를 사랑했으니까!

연애 시절 남편이 섬기던 교회는 외부 강사가 모 이단에 대해 공격적인 발언을 한 사건 때문에 어려움을 겪고 있었다. 노인과 병자들을 대동한 그 집단과 몸싸움이 있었고, 장로님 한 분이 쓰러지셔서 재정적으로도 어려움을 겪고 있었다. 그 어려움은 고스란히 교역자들의 몫으로 돌아와 몇 달씩 사례가 밀리곤 했다. 교육전도사였던 남편의 당시 사례는 월 45만 원이었다. 큰돈은 아니었어도 대부분 사역비로 사용할 순 있었는데, 이마저 없어지자 교통비까지 아쉬운 상황이 되었다.

당시 나는 대학원생이었다. 학비는 전액 장학금으로 해결되었고 조교장으로 일하면서 월 60만 원을 받았다. 거기에 더해 영어 과외 아르바이트로 버는 돈이 월 60만 원 정도여서 내 용돈으로 120만 원 정도를 쓰는 상황이었다. 자연히 데이트 비용은 대부분 내가 부담해야 했다. 그렇지만 괜찮았다. 돈은 있기도 하고 없기도 하니까. 그리고 나는 그를 사랑하니까!

연애가 이상이라면 결혼은 현실이라는 사실을 결혼 직후부터 바로 체감할 수 있었다. 결혼 후 불과 3주 만에 경산으로 사역지를 옮기게 되었다. 남편은 총신대학교 신학대학원을 졸업한 다음이어서 전임사역자로 부임하게 되었다. 심지어 서울에서 경상북도 경산으로 이사를 가야 하는 상황이었다.

다니던 대학원은 계속 다녀야 했지만 조교는 그만 두어야 했다. 게다가 장거리 교통비가 추가로 드는 상황이 되었다. 과외 아르바이트도 그만 두었는데, 경산은 낯선 곳이라 아르바이트 자리를 구하기가 쉽지 않았다. 한 마디로 정리하면, 내 수입이 120

결혼을 앞둔 그대에게

만 원에서 0원이 되었고 지출은 30만 원으로 뒤바뀌는 상황이
된 것이다.

그렇다면 남편의 사례는 얼마가 됐을까? 사실 월 사례가 얼마
인지도 모르고 내려갔다. 남편은 그때나 지금이나 그런 것을 신
경 쓰는 사람도 아니고, 얼마냐고 물어볼 용기도 없었던 것 같다.

1998년에는 사례를 누런 종이봉투에 받아왔다. 그래서 어른
들이 말씀하시던 것처럼 '돈을 세는 재미'가 있었다. 남편이 교회
에서 사례 봉투를 두둑이 받아오면 함께 감사의 기도를 드리고,
나에게 한 달의 생활을 맡기며 봉투를 건네주었다. 처음 봉투를
들고 온 날, 두근거리는 마음으로 돈을 세어 보았다. 물론 첫 사
례는 오롯이 하나님께 드린다고 남편과 얘기를 했던 터라 내가
쓸 돈은 아니지만 그래도 궁금했다.

'80만 원!'

적은 돈은 아니었지만 당시에도 한 가정의 한 달 살림에는 많
이 부족했다. 십일조와 감사헌금을 제하고 나니 60여만 원이 남
았다. 맞벌이를 하면 모를까, 이 돈으로 어떻게 살아갈지 솔직히
막막했다. 생활이 현실이 되는 시점이었다.

그러나 3년이 지나 경산중앙교회를 떠나 유학길에 오를 때 재
정을 살펴보니 통장 잔고가 플러스였다. 의아한 일이었다. 그건
흘림의 축복 덕분인 것 같다. 적은 물질이었지만 영혼들을 섬기
느라 사주고 퍼주다가 거꾸로 까마귀를 무척 많이 만났던 것 같
다. 파이프를 통해 물이 흐르듯이 우리 가정에 주신 재정을 아

낌없이 흘려보내며 살았더니, 파이프에 찌꺼기가 남듯 우리 가정에 찌꺼기의 은혜가 임한 것 같다. 수도 파이프라면 제거해야 할 찌꺼기가 남았겠지만, 우리 가정에는 넘치는 은혜의 찌꺼기가 남은 것이다.

하나님이 주신 물질을 흘려보내며 거룩을 연습하고 순종을 훈련했는데 하나님은 풍성함으로 오히려 채우신 것 같다. 그래서 20여년이 지난 지금 사례는 80만 원일 때보다 훨씬 많아졌지만 여전히 흘려보냄을 연습한다. 내 가정뿐 아니라 다른 사람과 공동체를 살리는 흘림이 곧 축복이다.

지출에 대한 규칙을 정하라

서로의 현재 수입과 지출 내역을 공유했다면, 재정계획을 세우기 전에 해야 할 일이 있다. 이후의 지출에 대한 규칙을 정해야 한다.

첫째, 돈 관리는 누가 할 것인가?

이 질문은 결혼예비학교를 마치고 남편이 커플과 더불어 목양의 시간을 가질 때 꼭 하는 질문이다. 그래서 이 3장을 진행하면서 누가 돈 관리를 할 것인지 먼저 물어본다. 외벌이일 경우 살림을 담당하는 자매가 돈 관리를 계획하고 담당하는 경우가 많다. 재정에 대해 관심도 자신도 없는 자매라면 형제가 관리하고 살림에 필요한 돈을 고정적으로 받기로 정하곤 한다. 2장에서 배운 DISC 검사 결과에 따라 계획적이고 철저하게 관리에 능한 신중형의 사람이 돈을 관리하기로 정하기도 한다.

드물지만 가끔 각자 따로 관리하겠다는 커플도 있다. 수입의 일부를 공동 통장에 입금하여 공동으로 사용하는 내역에 대해 지출하는 방식이다. 하지만 이런 경우는 재정에서 연합이 이루어지기 어려울 수 있기에 조금 더 세밀하게 계획하라고 조언한다. 어디까지가 공동의 지출 내역인지 분명하지 않을 수 있기 때문이다. 예를 들어 같이 장을 보러 갔다가 밥을 먹고 차를 마시면 식료품은 공동 영역이 분명하지만 외식하는 식사비와 찻값은 어떻게 해야 하는가? 장을 본 후에 둘 중 한 사람에게만 필요한 기호품을 구입한 경우라면 그건 공동의 지출 영역인가 개인의 영역인가?

재정 관리는 돈 관리를 어느 한 사람에게만 위임하자는 것이 아니다. 관리 역할을 한 사람이 맡아 수행하지만, 수입이나 지출 내역에 대해선 지속적으로 함께 공개하고 논의해야 한다.

둘째, 정기적 지출 내역은 무엇인가?

많은 커플이 부모님과 살다가 결혼하면서 두 사람만 따로 살게 된다. 부모님과 살 때는 대부분 집세나 공과금 지출이 없어 주거비에 대한 부담이 없다. 그러다 새롭게 가정을 이룰 때는 내 집 마련을 위한 자금이 필요해진다. 월세나 대출이자와 원금 상환을 위한 자금도 필요하다. 또한 전기세를 비롯한 관리비 지출도 결혼 후에 생긴 새로운 지출내역이다.

보험이나 저축과 적금도 개인으로 유지할지 가족으로 변경할지, 아니면 신규로 계약할지에 대해 논의해야 한다. 여행을 위한 목돈 마련이 필요하다면 얼마를 어떻게 모을지에 대해서도 논의해야 한다. 앞에서 언급했던 결연 아동을 위한 후원금이나 '치킨 사먹기'에 대한 합의도 이루어져야 한다. 일방적 결정이 아니라 서로의 입장을 충분히 고려해야 한다. '얼마를 줘도 아깝지 않은 소비'를 개별 용돈으로 할 것인지, 아니면 가정의 지출계획에 포함해야 할지에 대해 논의해야 한다.

셋째, 양가 부모님을 재정적으로 어떻게 섬길 것인가?

돈과 관련된 부모님의 문제는 매우 민감할 수 있다. 결혼으로 인해 새로운 부모님이 생기기에 양가 부모님께 드리는 돈 때문에 갈등이 생기는 경우가 생길 수 있다. 부모님이 재정적으로 넉넉하지 않은 경우 결혼 직후부터 바로 부모님께 생활비나 용돈을 드리는 경우도 있다. 그럴 경우 결혼 전후에 드리는 액수를 유지할지, 아니면 변화를 줄지 의논해야 한다. 생활비나 용돈을 드리지 않았다면, 언제부터 정기적으로 드릴지도 논의해야 한다. 어버이날이나 생신, 설이나 추석 같은 명절에 양가 부모님께 드릴 선물이나 용돈에 대해서도 논의해야 한다. 같은 액수를 드릴지, 형편에 따라 다르게 드릴지도 미리 의논해야 오해도 적어지고 마음도 덜 불편해지기 때문이다. 또한 부모님의 재정 상황에 변화가 생겼을 때 어떻게 할 것인지도 논의해야 한다.

넷째, 용돈의 범위와 액수는 얼마인가?

결혼 전 커플에게 생각해보라고 조언하는 또 하나의 영역이 있다. 바로 용돈이다. 공동 지출에 대해선 함께 논의해야 하지만, 개인적으로 쓸 수 있는 돈, 배우자의 동의를 구하거나 눈치를 보지 않아도 되는 돈에 대한 지침이다.

용돈은 얼마가 적절할까? 액수는 커플마다 수입이나 지출의 규모가 다르니 정하기 어렵지만, 결혼예비학교를 거쳐 간 커플들과 대화한 결과 얻은 최근의 평균 금액은 월 30만 원 정도다. 액수가 정해지면 또 다시 질문해본다. 직장에 따라 점심을 제공하는 곳이 있기도 하는데 용돈에 식비가 포함되는지, 주유비는 포함되는지, 자매의 경우에는 화장품 비용이 포함되는지를 묻는 것이다.

나는 커플에게 외벌이인 경우 살림을 하는 사람에게 용돈을 줄 것인지 물어본다. 또는 맞벌이로 살다가 출산과 육아로 외벌이가 된 경우 아내에게 용돈을 줄 것인지도 물어본다. 액수는 논의가 필요하지만, 그런 경우엔 꼭 용돈을 주라고 권면한다. 용돈은 돈을 벌기 때문에 받는 것이 아니라, 각자가 자유롭게 쓸 수 있는 말 그대로 용돈이기 때문이다. 맞벌이에서 외벌이가 되면 수입이 줄어 재정적 압박을 경험할 수 있다. 그러나 재정 부분에서 서로의 마음을 한 번 더 살펴보는 여유가 있었으면 좋겠다.

살다보면 의논하지 않고 각자 지출하기도 한다. 자신의 용돈에서 지출한다면 큰 문제는 없을 것이다. 그렇지 못할 경우 이런 지출은 갈등을 일으킨다. 어떻게 해야 할까? 가능하다면 사전에 의논하고 지출해야 한다. 그게 안 될 경우 한도를 정해야 한다. 합의된 한도가 있어야 더 큰 어려움을 겪지 않는다. 사전에 의논하지 않은 지출의 경우 추후 용돈으로 채워 넣을지 여부도 논의해야 한다. 수입은 일정하기 때문이다. 더 자세히 따지자면, 신용카드의 한도를 낮추거나 신용카드 대신 체크카드 사용을 검토해야 한다.

지출 내역을 정리하다 보면 한 사람에게 쏠림현상이 나타날 수 있다. 그때 고려해야 할 것이 지출에서의 헌신이다.

두 사람이 옷을 사러 갔다고 가정해보자. 남편의 양복을 50만 원 주고 먼저 샀다. 그러면 아내는 얼마짜리 옷을 사야 할까? 답은 형편대로, 취향대로 사면 되는 것이다.

평등의 관점에서 보면 남편이 50만 원을 소비했으니 아내도 50만 원을 쓰는 것이 당연하다. 적게 쓰면 손해 보는 것 같을 수 있고, 많이 쓰면 미안한 마음이어야 한다. 그러나 결혼의 목적인 헌신의 관점에서 보면 다르다. 배우자보다 많이 쓸 수도 있고 적게 쓸 수도 있다. 많이 쓰면 더 섬길 수 있어서 좋고, 적게 쓰면 돈을 절약할 수 있어서 좋다. 어떤 상황에도 기뻐할 수 있어야 한다. 왜냐하면 부부는 경쟁의 관계가 아니라 서로 헌신하는 협력의 관계이기 때문이다.

나는 예비 커플에게 결혼한 다음 한 달을 살아보고 계획을 수정하라고 권면한다. 수입과 지출에 대해 공유하고 지출에 대한 원칙을 정한 후 계획을 세우지만, 실제로 결혼 후 한 달쯤 살아보면 수정할 부분을 많이 발견하게 될 것이다. 생각보다 적게 쓰는 영역이 있고 생각 외로 많이 소비하는 영역을 발견할 것이다. 이 부분에 대한 마음의 쿠션을 가지고 지속적으로 논의하고 수정하는 것이 중요하다.

일곱째, 지출의 우선순위에 헌금을 두라

가정 경제의 마지막 주제는 헌금이다. 돈의 주인은 하나님이다. 우리의 모든 소유는 하나님이 우리에게 잠시 맡기신 것이다. 그래서 우리는 청지기로서 지혜롭게 재정 자원을 활용해야 한다. 재정 영역에서 하나님께 우선순위를 드리는 자세는 헌금에서 제일 잘 나타난다. 온전한 십일조를 드리는지의 문제다.

두 사람 모두 십일조를 드린다면 큰 어려움이 없을 것이다. 두 사람 중 한 사람만 십일조를 드리는 경우라면 갈등이 생길 수 있다. 그렇다면 십일조를 왜 하지 않을까? 또는 왜 못할까? 결혼예비학교를 하면서 십일조 때문에 갈등하는 커플들을 보면서 몇 가지 이유를 찾게 되었다.

첫째, 십일조가 무엇인지 정확히 알지 못하기 때문이다. 십일조가 무엇인가? 여러 가지 신학적 해석이 있겠지만, 가장 중요한 것은 우리의 모든 소유가 하나님께로부터 비롯된 것을 인정하고 감사하는 신앙의 고백이다. 내 시간과 능력과 노력을 다해 물질을 얻게 되지만, 시간과 능력과 노력을 가능하게 하는 건강까지 주신 분이 하나님이라는 사실을 인정하고, 손이 수고한대로 거둘 수 있는 은혜에 감사하는 신앙고백인 것이다. 그러니 10의 10을 다 드려도 마땅하나, 내 믿음의 표시로 1을 드리는 것이니 십일조라고 부른다. 십일조를 하긴 하는데, 십일조의 진정한 의미를 모른 채 습관적으로 해왔고, 미래의 배우자에게 제대로 설명하지 못하고 그냥 해야 한다고 강요하는 경우가 있다. 무조건 헌금해야 복을 받는 거라는 설득하기 어려운 주장을 내놓기도 한다. 따라서 십일조를 드리는지 여부에 앞서 십일조가 무엇인지부터 정확하게 알아야 한다.

둘째, 십일조의 의미를 알지만 아깝기 때문에 못 드린다. 이런 경우 나중에 드릴 거라는 말을 하곤 한다. 하지만 수입이 50만 원일 때 5만 원을 드릴 수 없다면, 500만 원의 수입 중에 50만 원을 드리기는 더욱 어려울 것이다. 적은 수입일 때 십일조를 시작하는 것이 어쩌면 더 쉽게 드릴 수 있다고 권면한다.

셋째, 물질의 주인이신 하나님에 대한 오해 때문이다. 십일조

　　　　　　　　　　　　　　결혼을 앞둔 그대에게

를 드리지 않는 사람에게 하나님이 벌을 줄 거라고 오해하는 사람이 종종 있다. 마치 하나님이 꼬마들의 돈을 강탈하는 나쁜 분인 것처럼 생각하고 막연한 두려움을 가진다. 물질에 대해 손해를 본 실패 경험이 있을 때 십일조를 하지 않아서라고 섣불리 판단하기도 한다. 그러나 기억하자! 하나님은 더 받기 위해 십일조를 가르치시는 것이 아니다. 우리에게 더 주시기 위해서였다. 하나님은 우리에게 더 풍성한 삶을 주기 원하신다. 구체적으로는 물질적으로도 넉넉하게 공급하기를 기뻐하시는 하나님이신 것을 기억하자.

결론적으로, 십일조가 갈등의 원인이 되면 둘 중에 십일조를 하던 사람만 하되 상대방에게 강요하지는 말라고 권면한다. 사실 목사 아내에게 이런 얘기를 들으면 의아해하고 편안해하기도 한다.

분명한 것은 하나님이 십일조 때문에 부부가 갈등하는 걸 원하지 않으신다는 것이다. 하나님이 돈이 없는 분도 아니고 우리 돈을 강탈하는 분도 아니며, 십일조를 안 했다고 우리에게 보복하는 분도 아니기 때문이다. 배우자가 십일조를 하지 않는다면 그의 신앙이 성숙되고 십일조를 하는 신앙을 갖게 될 때까지 인내하고 기다리라고 권면한다.

또한 십일조에 대한 이해뿐 아니라 하나님이 인생의 주인 되심을 먼저 묵상하며, 하나님께서는 우리가 주님 안에서 풍성한 삶을 누리기를 원하신다는 사실을 기억하며 살아가라고 권면한다. 그리하여 궁극적으로 온전한 십일조를 드리는 가정이 되기를 기도하며, 그들이 조금씩 전진하기를 권면한다.

재정에 대해 이렇게까지 자세히 의논하는 것을 힘들어 하는 커플이 종종 있다. 여태까지 돈에 대해 큰 계획 없이 살았기 때문에 그냥 대충 살아보겠다는 것이다. 너무 세심한 영역을 다루어 치사하게 느껴진다는 말도 한다.

그렇다. 어쩌면 돈에 대한 얘기는 머리도 아프고 치사하게 느껴질 수 있다. 그래서 논의하기를 미루기도 하고, 돈에 대해 부부의 생각이 같을 거라고 착각하고 결혼생활을 시작하기도 한다. 그런데 이것을 놓치면 거의 반드시 부부 갈등이 생긴다. 생각지도 못했던 부분에서 문제가 생길 수 있다. 또한 재정 문제가 생기면 감정적으로 반응하게 된다. 따라서 합의된 원칙을 세우고 논의를 이어가야 한다.

인생이 계획한대로 살아지지는 않더라도 어떤 변수가 있는지 알고 시작하는 것과 계획 없이 대안 없이 시작하는 것은 많이 다르다. 대부분의 경우 처음에 세운 계획대로 되지 않아 수정에 수정을 거듭해야 하지만, 그럼에도 불구하고 재정에 대해 자주 이야기를 나누고 거듭 이야기하기를 권면한다.

결혼을 앞둔 그대에게

맘몬과 싸워 정복하라

마태복음 6:19-24

사람들은 누구나, 심지어 저 같은 목사라 할지라도 돈으로부터 자유로울 수 없습니다. 돈 싫어하는 사람이 어디 있습니까? 저도 돈 좋아합니다. 돈의 위력 앞에 자유로울 사람, 많지 않습니다. 그저 고상하게 보이려고 애쓸 뿐이죠.

제가 좀 노골적으로 돈의 위력을 이야기해 보려 합니다.

돈이 없으면 먹을 수 없고, 입을 수 없고, 잠 잘 수도 없습니다. 한 순간도 우리는 물질을 피해갈 수 없습니다. 주일이면 교회마당이 자동차로 물결을 이루는데, 우리는 '자동차가 굴러 간다'고 생각하면 안 됩니다. 사실 돈이 굴러가는 것입니다. 차는 돈 주고 사야 되고, 기름도 돈 주고 넣어야 합니다.

우리 삶에 피할 수 없는 것이 돈이고 물질이라면, 이 물질과의 싸움, 즉 맘몬과의 싸움에서 정공법으로, 정면승부로 승리를 거둘 수 있기를 바랍니다.

맘몬을 정복하는 정공법

중요한 것일수록 철학이 필요하다는 것을 아시지요? 자녀교육이 중요하기 때문에 교육철학이 필요합니다. 목회가 중요하기 때문에 목회철학이 반드시 필요합니다. 그래서 제가 부임 초기에 몇 주 동안 목회철학이 담긴 목회비전을 설교를 통해 나눴고, '목회비전 워크숍'도 가진 이유가 여기에 있습니다. 중요한 것일수록, 우리 삶에 밀접한 것일수록 반드시 철학이 필요합니다.

그런데 돈처럼 우리 삶에 딱 붙어 있는 중요한 것이 어디 있습니까? 아마 한순간도 돈 없이 살 수 없을 만큼 우리 생활에 아주 밀접한 관련이 있습니다. 그러므로 돈에 대한 바른 이해와 철학이 있어도 벌써 있어야겠는데, 돈 벌었다는 사람은 있어도 돈에 대한 철학은 없습니다. 돈 때문에 발을 동동 구르는 사람은 많은데 돈에 대한 분명한 이해는 없습니다.

어떻게 하면 돈을 많이 벌 수 있는지는 밤잠을 설쳐가며 고민하지만, 돈에 대한 철학은 누가 가르쳐준 적이 없고 별 관심도 없습니다. 바른 물질관을 심어줘야 할 교회마저 돈 문제는 다루기를 금기시해왔습니다. 어떤 성도는 "우리 교회는 일 년을 가도 헌금 설교 안 하는 좋은 교회잖아!"라고 은근히 자랑스럽게 생각합니다. 과연 그게 좋은 걸까요?

우리 주님이 얼마나 돈에 관심이 많으셨는지 아십니까? 예수님 말씀의 3분의 1 정도가 돈 얘기입니다. 부자청년 이야기, 어리석은 부자 이야기, 부자가 천국에 들어가는 것보다 낙타가 바늘귀로 들어가는 것이 훨씬 쉽다는 이야기와 이 본문의 내용까지, 다 돈 이야기입니다. 왜 그런지 아십니까? 바른 신앙은 돈 문제를 떠나서 생각하기 어렵기 때문입니다. 그 사람이 돈을 어떻게 어디에 쓰는가? 그것을 보면 그 사람의 신앙이 다 드러나게 되어 있습니다. 정확합니다. 그러므로 가장 먼저 정리되어야 될 돈에 대한 철학이 무엇입니까?

"돈은 복이 아니라 은사다."

은사는 곧 재능입니다. 우리는 일반적으로 돈이 축복이라고 생각합니다. 그래서 부자는 하나님으로부터 축복을 많이 받았다고 사람들이 말은 하지만, 사실은 틀렸습니다. 돈 버는 재능 있는 사람은 따로 있지요. 잘 보십시오. 돈 버는 게 축복이라면 예수 믿는 사람은 다 부자가 되어야 합니다. 예수 믿는 사람은 하나님으로부터 복을 받은 자니까요.

그러나 예수 잘 믿어도 가난한 사람은 많습니다. 예수 잘 믿어도 얼마든지 가난할 수 있고 고통 가운데 있을 수 있습니다. 하나님의 특별한 계획 가운데 연단을 받고 있는 분들도 있습니다. 이런 사람들은 하나님으로부터 복을 못 받아서 그런가요? 하나님의 복에서 제외된 자들입니까? 아닙니다.

반면에 부자 중에는 하나님과 철천지원수인데 여전히 부자인 사람도 있습니다. 그러면 하나님이 복을 많이 주어서 그 사람이 부자가 되었습니까? 아니죠.

물질이 많아 부자인 사람은 하나님으로부터 물질의 복을 받은 것이 아니라 물질의 은사, 즉 물질을 거두는 재능을 받은 것입니다. 본문 19절, 20절, 21절은 계속 돈을 보물로 표현했습니다. 돈 버는 것이 하나님이 주신 은사라는 겁니다. 말로 표현을 다할 수 없는 귀한 재능이기에 성경에서 보물로 표현되어 있는 것입니다. 복은 예수를 믿으면 누구나 다 받지만 은사는 예수를 믿는다고 해서 다 받는 것은 아닙니다. 예를 들면 방언은 복이 아니라 은사입니다. 그렇기 때문에 예수를 믿는다고 해서 누구나 방언을 하는 것은 아닙니다. 마찬가지입니다. 예수 믿는다고 다 부자가 되는 것은 아닙니다.

왜 예수 믿는 사람들이 상식 밖의 부정에 연루되어 하나님의 영광을 가리는 자리에 들어가는지 아십니까? 도저히 이해가 되지 않는 이상한 짓을 하는 이유는 뭔지 아십니까? 물론 욕심이 잉태하여 저지른 일입니다. 그러나 더 근본적인 이유가 있습니다. 이들은 돈이 복이라고 생각하니 절대 놓쳐서는 안 되는 것입니다. 욕을 먹더라도, 무슨 일이 있어도 놓치면 안 됩니다. 왜요? 돈이 복이라고 믿고 있으니까!

우리는 은연중에 돈 많은 사람들을 보면서 "저 사람, 잘 산다" 라고 말합니다. 이게 마귀가 우리를 속이는 것입니다. 그러면 돈 없는 사람은 잘 못 사는 것입니까? 아니죠! 부자는 돈이 많은 것이지 잘 사는 것이 아닙니다. 그 사람이 가지고 있는 돈을 가지고

결혼을 앞둔 그대에게

잘 산다는 평가를 해서도 안 되지만, 사실 잘 살고 못 살고는 우리가 할 수 있는 평가도 아닙니다. 누가 평가하십니까? 물질의 은사를 주신 분, 하나님이 하시는 것입니다.

하나님은 우리가 잘 사는지 여부를 두 가지를 보시고 평가하십니다. 정당하게 모은 물질인가? 물질의 은사를 주신 하나님의 뜻대로 사용했는가? 그런데 물질에 대한 성경적인 철학이 없으니 부자가 욕을 먹더라도, 이상한 짓을 하면서도, 복이 되는 돈이든 저주가 되는 돈이든 가리지 않고 일단 삼키고 보는 것입니다.

오늘부터 분명히 마음에 새기십시다.

"돈은 복이 아니라 은사다. 잘 사는 것과 돈 많은 것은 다른 것이다."

물질에 대한 분명한 철학으로 맘몬의 횡포로부터 승리할 수 있기를 주의 이름으로 축원합니다.

둘째, 맘몬을 정복하려면 보물을 땅에 쌓지 말아야 합니다.

예수님이 19절에서 뭐라고 하십니까?

너희를 위하여 보물을 땅에 쌓아 두지 말라

오해하지 마십시오. '쌓지 말라'고 했지 '모으지 말라'고는 하지 않으셨습니다. '보험 들고 저축하면 믿음이 없는 것'이라는 얘기를 하면 안 됩니다. 재테크하지 말라는 것도 아닙니다. 요셉도

애굽의 총리대신이 되어서 7년 동안 풍년이 들었을 때 7년 흉년을 대비해서 저축하지 않았습니까? 잠언 6장은 개미에게 가서 저축하는 지혜를 배우라고 말씀하셨습니다. 성경은 돈에 대해 계획을 세우고 규모 있게 사는 것을 금한 적이 없습니다. 이 말씀에서 핵심은 '쌓지 말라'는 것입니다.

그러면 '쌓는다'는 것이 뭘까요? 사람들이 왜 돈을 쌓아두려고 하는지를 이해하면 문제는 간단히 풀립니다. 돈에 기대려고, 의지하려는 것입니다. 마치 우리가 하나님을 의지하고 신뢰하듯 돈을 믿고, 돈을 의지하고, 돈을 신뢰하려는 것입니다. 여기에서 왜 땅에 쌓지 말라고 하시는지 그 이유가 나옵니다.

"쌓아둔 물질은 경배의 대상이 되기 때문이다."

성경에서 쌓아둔 사람이 대표적으로 누구입니까? 누가복음 12장에 나오는 어리석은 부자입니다. 하나님이 그에게 풍성한 소출을 주셨습니다. 많은 물질을 거두고 쌓아놓고서 하는 이야기를 보시죠.

또 내가 내 영혼에게 이르되 영혼아 여러 해 쓸 물건을 많이 쌓아 두었으니 평안히 쉬고 먹고 마시고 즐거워하자 하리라 하되 _눅 12:19

이 정도가 되면 쌓아둔 물질은 필요할 때 사용하는 돈이 아니고 신뢰의 대상으로 변질해버린 것입니다. 그래서 이 본문 24절에서도 뭐라고 합니까?

이상합니다. 하나님은 섬기는 것은 맞습니다. 돈을 섬기는 것이 아니고 사용하는 것입니다. 그런데 왜 주님이 "하나님과 재물을 겸하여 섬기지 못 하느니라"라고 말씀하셨을까요? 쌓아둔 물질이 경배의 대상이 되기 때문입니다. 실제로 이 말씀에서 '섬긴다'는 '예배한다'는 것입니다. 돈을 경배한다는 것입니다.

우리 중에 아무도 "나는 돈을 예배한다"라고 말하지 않습니다. 그런데 하는 행동을 보면 영락없이 맘몬, 즉 재물 신을 섬기고 있습니다. 저와 여러분은 돈의 신을 섬기는 신도가 아니라 살아 계신 하나님, 온 우주의 주인이신 전능하신 하나님을 섬기는 성도인 줄 믿습니다.

또 한 가지, 왜 땅에 재물을 쌓아두지 말라고 하셨을까요? 19절에 그대로 드러나 있습니다.

… 거기는 좀과 동록이 해하며 도둑이 구멍을 뚫고 도둑질하느니라

쉽게 말하면, 이 땅이 우리가 생각하는 것처럼 미더운 곳이 못된다는 겁니다. 우리가 그렇게 소중하게 생각하는 돈을 믿고 맡길 만큼 신뢰할 곳이 못 된다는 겁니다. 그러면 어디에 쌓으라고 하시나요? 20절을 보십시오!

오직 너희를 위하여 보물을 하늘에 쌓아 두라 거기는 좀이나 동록이 해하지 못하며 도둑이 구멍을 뚫지도 못하고 도둑질도 못 하느니라

할렐루야! 좀도 없고 동록이 해하지 못하는 곳이 어디라고요? 하늘입니다. 그러면 맘몬을 정복할 수 있는 가장 효과적인 정공법이 무엇입니까? "보물을 하늘에 쌓아라!"

어떻게 하면 하늘에 쌓을 수 있나요? 간단합니다. 잘 쓰면 됩니다. 물질은 축복이 아니고 은사라고 말씀드렸지요. 그러면 은사는 어떻게 해야 개발됩니까? 잘 써야 합니다. 예를 들면, 음악에 재능이 있으면 연습을 많이 해야 합니다. 피아노를 치든 노래를 부르든 자주 해보아야 합니다. 많이 연습해야 더 높은 수준에 올라가게 됩니다. 하지만 우리는 돈이 복이라고 생각하니까 집어삼키려고만 합니다. 옆에 있는 사람이 힘들어 죽어도 오그라진 손을 절대 펴지 못합니다. 교회에서 구제를 위한 양 모양 저금통을 받는 가지만 쓰지 않을 잔돈조차 아까워서 못 넣습니다.

마태복음 25장에 나오는 달란트 비유가 바로 이것을 설명합니다. 주인이 종들을 불러다 각각 한 달란트, 두 달란트, 다섯 달란트를 맡깁니다. 오랜 시간 후에 주인이 돌아와서 계산을 합니다. 다섯 달란트 받은 사람은 "주여 보소서, 내가 또 다섯 달란트를 남겼나이다"라고 하니까 주인이 "착하고 충성된 종아"라고 칭찬합니다. 두 달란트 받은 사람도 같은 식으로 칭찬을 받습니다. 그러나 한 달란트 받은 사람은 돈이 복이라고 생각했는지 받은

140   결혼을 앞둔 그대에게

것을 그냥 땅에 묻어두었습니다. 축재(蓄財)하고 있더니 그대로 들고 왔다가 주인에게 신나게 욕만 먹고 쫓겨납니다.

우리가 이 달란트 비유를 보면서 한 달란트 받은 사람이 남기지 못했기 때문에 쫓겨났다고 오해합니다. 우리는 오해를 해도 꼭 돈 좋아하는 우리 식으로 오해합니다. 틀렸습니다. 성경에 그런 말이 어디에 있습니까? 주인은 이렇게 야단칩니다.

"악하고 게으른 종아!"

예수님은 그가 쫓겨난 이유를 게을러서 사용하지 않았기 때문이라고 말씀합니다. 그게 악하다는 겁니다. 그러므로 어떻게 하면 돈을 하늘에 쌓을 수 있나요? 잘 사용하면 됩니다. 사업을 하든 구제를 하든, 물질의 은사를 잘 사용하면 하늘나라에 신용을 쌓게 됩니다.

미국으로 이민 가는 사람이 처음에 제일 고생하는 것이 뭔지 아십니까? 사실 처음에는 언어문제도 아니고 신용문제입니다. 미국은 신용사회니까 아파트에 입주하려고 해도 신용조사를 합니다. 하지만 미국에서 돈 거래를 한 신용기록이 하나도 없으니 퇴짜를 맞습니다. 이민 오면 가지고 온 목돈이 좀 있어도 소용없습니다. 그때는 서류에 같이 사인을 해줄 코싸이너(cosigner), 소위 말하는 보증인이 필요합니다. 보증인의 신용을 담보로 아파트도 빌려주고 차도 살 수 있습니다. 그러다가 아주 작은 돈이라도 금융거래를 정직하게 시작하면, 쉽게 말해서 돈을 잘 사용하면 신용이 올라갑니다. 미국 사회에서 신용은 저축만 많이 해놓았다고 올라가지 않습니다. 돈을 잘 사용해야 올라갑니다. 그 만큼 믿을 수 있으니까요. 나중에는 그 신용으로 대출도 받을 수 있고 집도 새로 살 수 있습니다.

마찬가지입니다. 작지만 주신 물질의 은사를 잘 사용함으로 하늘나라에 신용을 쌓을 수 있기를 바랍니다. 온 우주의 주인 되신 하나님이 우리를 향해 뭐든 믿고 맡길만한 신뢰를 쌓을 수 있기를 주의 이름으로 축원합니다.

하늘에 재물을 쌓는 두 가지 방법

실천적으로 하늘에 쌓을 수 있는 두 가지 방법을 이야기하고 말씀을 마치겠습니다. 위로는 하나님께, 아래로 사람들에게 쌓는 것입니다. 결국 헌금과 구제입니다.

하늘에 보물을 쌓는 첩경이 바로 십일조입니다. 벌써부터 표정이 굳어지나요? 그래도 어쩔 수 없습니다. 이번에는 초두에도 밝혔듯이 정공법으로 갑니다. 피할 수 없습니다.

말라기 3장을 보면 하늘 창고에 재물을 쌓는 개념으로 십일조를 설명했습니다. 10절입니다.

> 만군의 여호와가 이르노라 너희의 온전한 십일조를 창고에 들여 나의 집에 양식이 있게 하고 … _말 3:10

결혼을 앞둔 그대에게

어떤 분들은 십일조 이야기가 나오면 그것은 구약 시대의 율법이지 신약시대는 아니라고 말하는 분들이 있습니다. 천만에요. 우리 주님이 뭐라고 말씀하셨나요? 마태복음 23장 23절을 보면 "화 있을진저 외식하는 서기관들과 바리새인들이여 너희가 박하와 회향과 근채의 십일조는 드리되 율법의 더 중한 바 정의와 긍휼과 믿음은 버렸도다 그러나 이것도 행하고 저것도 버리지 말아야 할지니라"라고 말씀하셨습니다. 무슨 이야기입니까? 십일조를 드리되 형식으로만 드리는 것이 아니라 정의와 긍휼과 믿음으로, 한마디로 말하면 하나님을 사랑하는 마음으로 드리라는 것입니다.

제가 헌금 기도를 드릴 때 자주하는 기도처럼 십일조는 단순히 10분의 1이라는 뭉칫돈이 아니라 신앙의 고백입니다. 내가 땀 흘리고 새벽부터 저녁 늦게까지 수고해서 번 돈이지만, 하나님이 건강을 주시고 기회를 주어서 번 돈이라는 신앙고백인 것입니다. 십일조는 에덴동산의 선악과와 똑같은 기능을 합니다. 하나님이 다 주셨지만 선악과만큼은 먹지 말라고 하셨습니다. 그것을 보면서 무엇을 기억하고 무엇을 인정하라는 것입니까? 주신 분이 하나님이시니, 네가 하나님이 된 줄로 착각하지 말라는 것입니다. 하나님을 기억하라는 것입니다.

우리집 아이들이 먹성이 참 좋습니다. 귤을 하나 까주면 순식간에 입속으로 사라집니다. 일단 입에 넣고 봅니다. 왜요? 첫째 혜강이는 동생 우림에게 빼앗길까봐서 그럽니다. 우림이는 오빠에게 안 빼앗기려고 그럽니다. 거의 난민 수준으로 일단 입에 밀어 넣습니다. 그런데 제가 한번씩 "아빠 좀 줄래?" 합니다. 그러면 입속에 있는 것을 꺼내줍니다. 귤의 형체도 사라지고 어떤 때는 소금기가 느껴지는데도 저는 그것을 받아먹습니다. 제가 왜 그렇게 할까요? 귤이 먹고 싶어서? 아닙니다. 제 아이들이 귤보다 아빠를 더 사랑하는지 확인하려는 것입니다.

십일조는 하나님을 향한 사랑의 고백입니다. 이런 사랑 고백이 없는 분들이 교회 제직이나 중직이 되면 곤란합니다. 하나님보다 돈을 더 사랑하기 때문입니다. 그래서 기독교 역사에 아주 중요한 명언이 있습니다.

"돈이 하나님보다 앞서게 하지 말라."

십일조 신앙이 없는 분들은 이 명언을 따라서 살 수 없습니다. 항상 돈이 앞장설 수밖에 없기 때문입니다.

십일조와 관련해서 몇 가지 질문이 남아 있습니다.

"얼마가 십일조입니까?"

말라기 3장 10절은 '온전한 십일조'를 하라고 했는데 무엇이 온전한 십일조입니까? 말 그대로 십일조는 수입의 십분의 일입니다. 그러면 또 이렇게 묻는 사람이 있습니다.

"그러면 세금 전 수입 기준입니까? 세금 후입니까?"

성경에는 그것까지 구체적으로 나오지 않습니다만, 제 개인 견해는 세금 후 수입으로 정해도 괜찮을 것 같습니다. 정확한 통계는 내보지 않았지만, 대한민국도 선진국으로 가고 있는 중이

결혼을 앞둔 그대에게

기에 우리가 낸 세금의 상당 부분이 이미 십일조가 사용되어야할 영역에서 사용되고 있다고 생각됩니다.

그런 질문을 하는 성도님께 제가 물어보았습니다.

"그거 정말 궁금해서 묻는 겁니까? 아까워서 묻는 겁니까?"

대답을 못하시더라고요. 제가 그 성도님을 격려했습니다.

"이것저것 다 떼고 난 후의 수입이라도 좋고, 십일조가 아니라 이십일조라도 좋습니다. 중요한 것은 주님을 사랑하는 마음으로 즉시 순종하는 것입니다."

저는 우리 주님이 계산기 꺼내 반올림까지 해서, 정확하게 계산이 안 맞으면 "이 놈! 모자라잖아!" 그럴 분이 아니신 줄 믿습니다. 주님을 사랑하는 마음으로 순종할 수 있는 믿음이 생길 수 있기를 주의 이름으로 축원합니다.

"십일조를 어디에 내야 합니까?"라는 질문도 있습니다. 그것 역시 말라기 3장 10절이 대답하고 있습니다.

··· 나의 집에 양식이 있게 하고 ···

정확하게 말씀드리면, 십일조는 자기가 출석하는 교회에 드리는 것이 옳습니다. "다른 선교 기관이나 좋은 단체에 하는 것이 어떻습니까? 약한 교회에 십일조를 바치면 어떤가요?" 하고 질문하는 분도 있습니다만, 저는 건전한 생각은 아니라고 생각합니다. 왜냐하면 그렇게 생각하는 배경에 문제가 있을 수 있기 때문입니다. 이런 생각이 깔려 있을 수 있습니다.

첫째, 십일조가 내 것인 양 자기가 알아서 하겠다는 의도가 은 연중에 있을 수 있습니다. 십일조는 분명히 하나님의 것인데, 하나님으로 것으로 내가 이렇게도 쓰고 저렇게도 쓸 수 있다는 생각이기 때문입니다. 또 십일조를 그렇게 마음대로 사용하다보면 십일조를 내는 사람이 영광을 받습니다. 어디든 한번 후원을 해보십시오. 감사하다고 연말에 연하장이라도 한 장 옵니다. 그러면 하나님의 것으로 은근히 교만해집니다.

둘째, 선한 의도와 다르게 엉뚱한 곳에 돈을 내게 될 때가 종종 있습니다. 그러므로 섬기는 교회에 정확하게 헌금을 바치고, 바친 헌금이 제대로 사용되고 있는지는 감독할 필요가 있습니다.

성도들은 헌금이야기가 나오면 긴장부터 합니다. 그런데 성경을 보세요. 누구를 위해 보물을 땅에 쌓지 말라고 합니까? 19절을 다시 봅시다. "너희를 위하여…." 또 20절은 누구를 위하여 보물을 하늘에 쌓아 두라고 합니까? "오직 너희를 위하여…."

우리는 마치 하나님이 사기꾼처럼 우리에게서 뭘 얻어먹으려고 한다고 생각합니다. 그런데 정작 누구를 위해 십일조를 내라고 하십니까? "너희를 위하여." 당신 자신을 위한 일입니다.

정상적인 헌금생활을 해보십시오! 그러면 제일 먼저 누리는 유익이 뭔지 아십니까? 자유입니다. 우리 심령 속에 가득한 맘몬의 횡포로부터 자유해집니다. 지긋지긋한 돈신의 굴레로부터 해방됩니다.

결혼을 앞둔 그대에게

돈에서 자유하면 사람이 보인다

구제도 마찬가지입니다. 십일조 생활을 하게 되면 우선 돈으로 부터 자유가 옵니다. 돈이 나를 좌지우지 못하게 됩니다. 그러면 자연스럽게 가난한 사람에게 눈이 열립니다. 본문이 돈 이야기를 하다가 22절에서 갑자기 눈을 이야기하는 이유가 여기에 있습니다. 사람이 보이기 시작하는 것입니다.

사실 주님이 우리에게 물질을 주신 이유는 자유하라는 것입니다. 하나님 앞에 드리고, 나누고 베풀고, 또 필요가 있으면 쓰고 자유하라고 주신 것인데, 우리는 자유해지기는커녕 오히려 더 자기 자신을 옭아 메는 일에, 우리 신앙을 옭아 메는 데 사용했습니다. 드리지도 못하고, 베풀지도 못하고, 부모도 형제도 모른 채 돈밖에 모르는 사람으로 전락해서, 맘몬에 끌려 다니면서 모든 관계를 다 깨뜨리고 돈의 노예로 살았습니다.

돈이 많다고 물질로부터 자유할 수 있는 것이 아닙니다. 사실 자유할 수도 없습니다. 진정한 자유와 승리의 기쁨은 맘몬을 정복할 때라야 누릴 수 있습니다.

돈은 복이 아니라 은사라는 분명한 성경적 물질관을 가지기 바랍니다. 물질을 땅에 쌓는 것이 아니라 하늘에 쌓겠다는 정공법으로 맘몬을 정복할 수 있기를 축원합니다. 이제 새로운 가정을 시작하는 크리스천 부부라면 더욱 그래야 합니다.

아이스 브레이크

1 부부가 돈에 대해 갈등하는 이유가 무엇이라고 생각합니까?

2 배우자가 모르는 돈 100만 원이 생긴다면 어떻게 사용하고 싶습니까? 배우자에게 이 사실을 알리겠습니까?

돈에 대한 서로의 견해를 이해하기

3 결혼을 결정하고 준비하면서 소비에 대해 의견이 다른 것을 경험한 적이 있는지 나누어봅시다.

4 하나님께서는 이 세상을 말씀으로 창조하셨습니다. 그런데 사람을 창조하실 때는 다른 피조물들과 다른 독특한 방법으로 창조하셨습니다. 그것이 무엇입니까?(창 1:26-27)

5 얼마를 줘도 아깝지 않은 지출처가 있다면 무엇인지 나누어봅시다

결혼 전에 의논해야 할 것

6 본인의 재정 상태(자산, 부채)와 수입 내역에 대해 공유해봅시다.

7 한 달을 기준으로 각자의 지출 내역을 공유해봅시다. 정기적인 지출 내역이 있다면 나누어봅시다.

8 건강하게 재정을 관리하기 위해서는 결혼 전에 합의된 규칙을 정해야 합니다. 다음의 질문에 대해 답을 해보고 추가 질문이 있다면 생각해봅시다.

- 돈 관리는 누가 할 것인가?

- 정기적 지출 내역은 무엇인가?

- 양가 부모님을 재정적으로 어떻게 섬길 것인가?

- 용돈의 범위와 액수는 얼마인가?

- 의논되지 않는 지출에 대한 원칙은 무엇인가?

- 지출에서 중요한 것이 헌신인가 평등인가?

결혼 후 실행할 것

9 계획된 지출이 실제와 어떻게 다른지 비교해보고, 미래를 위한 지출계획을 수정해봅시다.

재정에 대한 우선순위

10 돈의 주인은 하나님입니다. 가정 경제의 우선순위를 하나님께 두는 바른 헌금생활에 대해 나누어봅시다.

11 십일조의 의미에 대해 생각해보고, 우리 가정의 온전한 십일조 생활을 위해 점검해야 할 것이 무엇인지 나누어봅시다.

PART 4

성 이야기가 빠질 수 없죠

4

진짜 터놓고 하는 부부만의 성 이야기

남성과 여성이 결혼에 대해 갖는 꿈과 기대는 여러 가지가 있지만, 그 중 가장 뚜렷한 기대는 아마도 성적(性的) 결합일 것이다. 성적인 기대를 가득 가지고 결혼생활을 시작하지만, 정작 그에 대한 꿈이 깨지고 소망이 실현되지 않는 경우도 의외로 많다. 오히려 교양과 학식을 갖춘 부부들 중에 이 중요한 영역에서 만족을 얻지 못하는 경우가 많다고 한다. 그 이유는 무엇일까? 비현실적인 기대 때문이라는 것이 부분적인 답이 될 수 있다.

　요즘의 영화나 드라마는 성관계를 너무 쉬워보이게 만드는 것 같다. 두 사람이 육체적 끌림이 생기면 아름다운 두 몸이 서로 얼싸안고 하나가 되는 모습을 보여준다. 이처럼 우리 사회는 성의 단면적 부분만 부각시킨다. 부정직한 면이라고도 할 수 있다. 두 사람의 몸이 합쳐질 때 성적 스릴과 만족이 자동적으로 뒤따르는 것처럼 묘사하기 때문이다. 성적 만족을 위해 서로 합의하는 두 사람만 있으면 되는 것처럼 보인다. 그러나 사실은 그렇지 않다. 성관계는 그보다 훨씬 더 복잡하고 대단하다. '결혼하면 성관계에서 자연스럽게 만족하게 될 것'이라는 잘못된 생각을 갖고 있다면, 결혼 후 실망하게 될 것이다.

배우자 상호간에 건전한 성적 만족을 느끼는 성적 하나됨(연합)은 결코 자동적으로 이루어지는 것이 아니다. 상호 헌신과 노력을 필요로 한다.

4장은 이토록 예민한 문제인 부부의 성에 대해 다룬다. 하나님이 남성과 여성을 어떻게 다르게 만드셨는지에 대해 논의하고, 성에 대한 성경의 가르침을 배우며, 하나님께서 성을 선물로 주신 이유에 대해 나누어 본다.

4장의 목적은 세 가지다.

첫째, 남성과 여성의 성적 차이를 배운다.

둘째, 성에 대한 성경적 원리를 배운다.

셋째, 하나님께서 성을 선물로 주신 이유에 대해 논의한다.

혼전 성관계과 성교육 시기

결혼예비학교에서 부부의 성에 대해 다루지 않을 수 없다. 이 과정에서 하는 첫째 질문, 이른바 아이스 브레이크 질문은 "당신은 혼전순결에 대해 어떻게 생각하십니까?"이다. 어쩌면 이 질문은 아이스 프리즈(ice freeze) 질문일 수 있다. 썰렁한 분위기를 더 얼려버리기 때문이다. 얼음을 깨든 더 단단하게 얼리든, 이 질문에 대한 답을 돕기 위해 혼전 성관계에 대한 4단계의 태도를 설명한다.

첫 번째 단계는 절제형으로, 어떤 경우든 남녀 모두 혼전 성관계는 절대 안 된다고 생각하는 단계이다.

두 번째 단계는 이중 규범의 단계로, 남자는 괜찮지만 여자는 순결을 지켜야 한다는 태도를 가진 경우다. 더러 그 반대도 있을 수 있다.

세 번째 단계는 애정이 있다면 성관계를 허용하는 단계로, 서로 사랑하거나 결혼할 사이라면 혼전 성관계는 무관하다고 생각하는 것이다.

네 번째 단계는 애정이 없어도 성을 허용하는 개방적 단계이다.

요즘 커플들은 참 솔직하다. 네 번째 단계라고 대답하는 비율은 낮았고, 첫 번째 단계인 절제형도 있지만, 많은 커플이 세 번째 단계, 즉 사랑한다면 허용한다는 단계라고 대답했다. 목사와 사모 앞이라 성생활에 대해 대놓고 말하지는 않지만 암묵적으로 '그것'을 인정하는 것이 느껴졌다. 그래서 솔직히 '이 질문을 꼭 계속 해야 할까'라는 회의감이 들었다. 꼭 필요한 주제이기는 하지만, 결혼식 날짜를 받아온 커플에게 이런 질문과 설명이 얼마나 유익할지 의문이 들기 때문이다.

혼전순결은 요즘 세대에게 고리타분한 얘기로 들리는 것 같다. 하나님 말씀의 가치를 가르치기 전에 그들의 마음은 세상의 가치로 이미 가득하다. 하나님 말씀이 최고의 권위이고 하나님이 성을 부부에게만 허락하셨음에도 불구하고 말씀으로 승부하기가 조심스러울 때가 있다. 그래서 부득불 이 주제와 관련해선 세상의 이야기를 빌려온다. 혼전순결을 지킨 부부가 그렇지 않은 부부에 비해 장차 부부간의 헌신, 친밀도, 성적 만족, 부부간 의사소통, 대립의 영역에서 결혼만족도가 높다는 연구결과를 인용한다. 결혼 후에 딸을 낳으면 성에 대해 어떻게 가르치고 싶은지 묻기도 한다.

또 하나의 고민이 있다. 만약 이미 성관계를 했다면 어떻게 해야 하는가 하는 문제다. 성관계를 했는데 혼전에 순결을 지켜야 한다고 가르치기가 쉽지 않다. 관계를 망가뜨리는 죄책감에 대해서도 다루어야 하는데, 그런 감정조차 없는 이 세대를 향해 무엇을 말해야 할지 난감하다. 가르치는 이도 배우는 이도 어색해지지 않을 수 없다.

그래서 나는 성교육은 일찍 시작하면 좋겠다고 생각한다. 질병관리본부의 '2016년 청소년건강행태온라인조사'(청소년 6만 8043명 대상)에 따르면 청소년 100명 중 다섯 명이 성 경험이 있고, 이들이 처음 성 경험을 하는 평균 나이가 13세라고 한다. 초등학교 6학년에 이미 성적 경험을 시작한 셈이다. 성에 대한 가치가 세워지기도 전에, 성에 관련한 지식이 별로 없을 때 성관계를 시작한 것이다. 누군가를 좋아하는 순수한 마음에서, 또는 주위 친구들을 따라하는 모방심리로, 그것이 잘못된 길인지도 모르고 그 길로 들어선다. 참으로 안타깝고 두려운 일이기도 하다.

그래서 초등 고학년의 아이들하고도 이 주제를 다루면 좋겠다. 하나님이 성을 부부에게 선물로 주셨는데, 오용하고 남용하는 현실에서 살아가는 아이들에게 먼저 하나님 나라의 가치를 가르치자는 것이다. 가정과 교회에서 미리 이것을 예방하고 교육하지 않으면 성경의 가치가 땅에 떨어져 버릴지도 모른다. 성은 터부시하고 숨길 것이 아니다. 정확한 하나님의 말씀으로 가르쳐서 절제를 통해 거룩을 연습시키고, 주신 선물을 풍성하게 누릴 수 있도록 교육해야 할 것이다.

그래서 경산중앙교회는 아주 어린 유치원 아동부터 초중고등학교 학생의 주일학교 전 과정은 물론 청년부에 이르기까지, 과정에 따라 성경적인 성교육 프로그램을 운영하고 있기도 하다.

거룩한 신부 서약식

얼마 전 기독교 대안학교에 다니는 고1 아들의 거룩한 신부 서약식에 다녀왔다. 아이들은 몇 주간에 걸쳐 강의와 워크숍에 참여하였다. 서약식에는 부모와 자녀가 함께 '나의 다짐문'과 감사편지를 나누었다. 부모와 자녀가 동일하게 배우고 토의한 성에 대한 내용을 나누어 보려고 한다.

결혼을 앞둔 그대에게

첫째, 성은 생명이다.

"하나님이 자기 형상 곧 하나님의 형상대로 사람을 창조하시되 남자와 여자를 창조하시고"라고 창세기(1:27)는 기록한다. 여기에서 '사람'은 일반명사가 아닌 고유명사로서 '그 사람'을 의미한다. '남자'와 '여자'로 번역되는 히브리어는 '자카르'와 '네케바'이다. 창세기 1장에서 강조하는 인간은 성적으로 구분되는 남녀의 창조를 강조한다. 여섯째 날 하나님이 사람을 창조했는데, 사람은 남자로서 아담과 여자로서의 하와 정도가 아니라 '그 사람'으로서, '자카르'와 '네케바'라는 짝으로 창조했다는 것이다.

창세기 2장의 '남자'와 '여자'는 다른 면을 보여준다. 창세기 2장 23절의 '남자'와 '여자'는 히브리어로 '이쉬'와 '잇샤'인데, 남편과 아내, 즉 부부처럼 친밀한 두 남녀의 관계를 말한다. 다시 말해 남편과 아내는 사랑의 관계로서 '자카르'와 '네케바', '이쉬'와 '잇샤'가 붙어 있어야 생명이 되는 것이다. 남자와 여자의 성을 통해 생명이 잉태된다. 하나님은 성을 통해 생명을 주신다. 성은 생명이 잉태되고 태어나는 통로이기에 가장 소중하고 아름다운 것이다. 부부의 성을 통한 생명은 아름다운 것이지만, 부부관계 밖의 성을 통한 생명은 족쇄가 될 수 있다.

둘째, 성은 기쁨이다.

이사야 말씀(사 62:5)은 "신랑이 신부를 기뻐함 같이 네 하나님이 너를 기뻐하시리라"고 기록한다. 결혼 안에서의 성은 기쁨, 안심, 편안함을 주고 생명에 대한 기대를 준다. 반면 결혼 밖의 성은 쾌락은 줄지 몰라도 임신에 대한 두려움, 불안, 염려를 준다.

잘못된 성의식은 미디어를 통한 음란함 때문에 형성된다. 영상과 웹툰 형태의 음란물은 비정상적 관계를 통한 자극과 흥분을 야기한다.

그렇다면 결혼 전 스킨십은 어디까지 하면 좋을까? 아이들이 가장 궁금해 하는 주제이다. 정답은 아니지만 강의와 토의를 통해 도출된 몇 가지 지침을 공유해본다.

– 너의 벗은 몸을 아내(남편)에게 처음 보여주라.

– '썸'을 충분히 타면서 스킨십을 미루라.

– 스킨십의 범위에 있어 성적으로 자극이 되면 음란이다.

– 스킨십의 허용범위는 지금 교제하는 사람이 형수나 형부가 될 수 있다는 가능성을 염두해두면 안전하다.

사춘기 남자 아이와 이처럼 성에 대해 나눌 수 있어 감사한 시간이었다. 거룩한 신부 서약식을 마칠 즈음 아들에게 물었다.

"그래서 어떻게 할 거니?"

엄마로서 참 힘든 질문인데, 매우 쉽게 던져 보았다.

"음~ 결혼 전까지 순결해야죠. 성은 소중한 거니까요."

다시 물었다.

"결혼 전까지만?"

"아이 참~, 결혼 후에는 아내에게 순결을 지켜야죠! 그걸 뭘 물어봐요?"

결혼을 앞둔 그대에게

참 감사한 일이다. 하나님의 말씀이 당연한 것이 될 수 있어 행복한 시간이었다.

결론적으로, 결혼은 언약의 과정이요 축복이다. 성은 하나님이 창조하신 아름다운 것이지 족쇄나 억압이 아니므로, 가정이든 교회든 성교육이 결혼을 기대하고 기대하는 기회가 되기를 소망한다. 성은 쾌락을 넘어 생명으로 이어지고 가정으로 연결되기 때문이다.

남성과 여성의 성적 차이

다시 결혼을 앞둔 커플로 돌아가 보자. 성에 대한 성경의 가치를 배우기 위해 가장 먼저 다루어야 할 주제는 남성과 여성의 성적 차이이다. 하나님은 남자와 여자를 각각 창조하셨다. 다시 말해 남성과 여성을 구별해 다르게 만드셨다.

남성과 여성의 차이는 여러 영역에서 나타나겠지만, 우리는 이 장에서 성적 차이에 대해 집중해 논의하고자 한다. 특별히 성충동, 성적 친밀감, 성적 자극, 성적 긴장과 성관계를 위한 준비 부분에서 남성과 여성은 다르다.

첫째, 남성과 여성은 성충동에 차이가 있다.

남성의 성충동은 결혼 적령기 이전에 가장 강하게 나타난다. 대개 남성 호르몬의 왕성한 분비와 함께 육체적 필요에 의해 시

성 이야기가 빠질 수 없죠

작된다. 남성에게도 감정적 필요가 있긴 하지만, 주로 육체적 필요를 느낀 후에 동반되는 것이다. 이성과의 성관계 경험이 없어도 성적 욕구나 충동을 경험한다. 대부분의 남성은 언제든지 성적 충동을 느낄 수 있으며, 성적 충동이 저절로 참아지는 것이 아니라 통제하고 있을 뿐이다.

반면 여성은 성관계 이전에는 성에 대한 욕구가 남성에 비해 적다가, 결혼 후 성관계를 경험한 다음에는 성적 충동을 더 자주 경험하게 된다. 남자와 반대로 감정적 필요에 의해 성적 충동이 시작되고 육체적인 필요가 동반된다. 육체적 관계 자체보다 애정, 관심, 사랑 같은 감정적 욕구가 더 크다.

둘째, 남성과 여성은 성적 친밀감의 개념에서 차이가 있다.

남성의 성적 친밀감은 생리적, 육체적 친밀감과 관계가 있다. 성관계를 통해 성적 친밀감 또는 사랑을 느낀다. 감정적인 갈등이 있어도 성관계를 할 수 있고, 오히려 성관계를 통해 사랑을 느끼고 해결 방법을 찾을 수 있다.

반면 여성의 성적 친밀감은 정서적 친밀감이나 만족과 관계가 있다. 사랑받고 있다는 느낌, 즉 정서적 교감이 있어야 한다. 성관계를 통해 정서적 친밀감을 높이려 하는 것이다. 따라서 갈등 상황이 생기면 그 갈등을 해결한 후에야 건강한 성관계를 할 수 있다.

결혼을 앞둔 그대에게

셋째, 남성과 여성은 성적 자극의 채널에 차이가 있다.

남성은 시각적으로 끌리고 나서 내면의 인간성에 매력을 느낀다. 시각과 후각에 의해 자극이 되는 것이다. 그래서 길을 지나다 모르는 여자에게서도 성적 자극을 경험할 수 있다.

반면 여성은 내면적 매력에 끌린 후에 성적 욕구가 생긴다. 감미로운 말 한 마디나 인정에 끌린다. 시각을 비롯한 오감과 부드러움에 끌린다. TV에 나오는 배우를 보면 멋있다고 느끼지만, 그 대상에 대해 성적 자극을 느끼지는 않는다.

넷째, 성적 긴장과 성관계를 위한 준비 과정에 남녀의 차이가 있다.

남성의 성적 긴장은 중간상태의 제로점에서 갑자기 최고점으로 올라가고, 사정 후엔 급격히 제로점으로 하강하기 때문에 성관계를 위해 별다른 준비가 필요 없다. 반면 여성은 중간상태에서 정상을 향해 점진적으로 최고점에 도달하고 서서히 하강하지만 제로점에 바로 도달하지는 않는다. 이러한 점진성 때문에 여성에게는 성관계를 위한 감정적, 정서적 준비시간이 필요하다. 여성이 감정적으로 준비되지 않은 채 성관계를 하게 되면 육체적으로 고통을 느끼게 된다.

나는 남성과 여성의 성적 충동의 차이를 설명하기 위해 가스레인지와 전기레인지의 비유를 사용한다. 남성은 가스레인지다. 어떤 준비가 필요 없이 스위치를 켜면 바로 파란불이 올라온다. 가스가 공급되는 동안 뜨거운 불이 활활 타오르다 스위치를 끄는 순간 불은 바로 사라진다. 이처럼 남성의 성충동은 즉각적이고 빠르게 반응하고 진행된다.

반면 여성은 전기레인지다. 조리를 위해 예열 과정이 필요하다. 처음에는 전기가 공급되어도 전혀 뜨거움을 느낄 수 없지만 서서히 달아오른다. 스위치를 꺼도 전기레인지는 한동안 온도를 유지한다. 달아올랐던 불판이 천천히 식는 것이다. 이처럼 여성의 성충동은 시간이 필요하고 점진적이며 서서히 진행된다.

그렇다면 이러한 남녀의 성적 차이에 대해 우리는 어떻게 반응해야 할까? 우선 다름을 인식하고 인정해야 한다. 하나님이 다르게 만드셨으니 서로를 존중하고 더 알아가야 한다.

성적 연합의 장벽

성적 연합을 가로막는 장벽 중의 하나는 성 자체에 대한 부정적 태도나 성관계에 대한 부정적 태도다. 이런 태도의 원인은 부모로부터 받은 악영향, 왜곡된 성교육, 어릴 적의 불운한 성경험 등일 수 있다. 이런 부정적 태도를 극복할 수 있는 길은 진실을 접하고 그 진실에 합당한 반응을 보이는 것이다.

그렇다면 성에 대한 하나님의 기본 원리는 무엇일까?

첫째, 성은 하나님의 작품이다.

남자와 여자를 창조하신 하나님이 두 사람 사이에 허락하신

결혼을 앞둔 그대에게

것이 성이다. 결혼을 통해 가정을 만드신 하나님의 선물이다.

> 하나님이 자기 형상 곧 하나님의 형상대로 사람을 창조하시되 남자와
> 여자를 창조하시고 _창 1:27

둘째, 성은 결혼의 테두리 안에서 사용될 때만 거룩하고 선하다.

하나님의 작품인 성은 결혼의 테두리 안에서 이루어져야 한다. 결혼을 귀히 여기는 방법으로서 성의 영역을 부부에 한정하셨다. 따라서 하나님은 결혼 밖에서 이루어지는 성관계를 죄라고 말씀하신다.

> 모든 사람은 결혼을 귀히 여기고 침소를 더럽히지 않게 하라 음행하
> 는 자들과 간음하는 자들을 하나님이 심판하시리라 _히13:4

셋째, 자신의 몸에 대한 권리는 배우자에게 있다.

고린도전서의 말씀을 살펴보자.

> 3남편은 그 아내에 대한 의무를 다하고 아내도 그 남편에게 그렇게 할
> 지라 4아내는 자기 몸을 주장하지 못하고 오직 그 남편이 하며 남편도
> 그와 같이 자기 몸을 주장하지 못하고 오직 그 아내가 하나니
>
> _고전 7:3-4

성 이야기가 빠질 수 없죠

'의무'라는 말이 조금은 불편하게 느껴질 수 있다. 그러나 성경은 헌신을 이루어야 할 결혼을 의무의 관점에서 보고 있다. 동반자적 관계에서 서로를 위해 권리뿐 아니라 의무를 다해야 한다. 또한 '나'에게 집중하는 것이 지극히 당연한 세상에서는 나의 권리가 매우 중요하다.

그러나 결혼을 통해 한 몸이 된 부부에게 '나'의 권리는 '너'에게 이양되었다고 말씀하신다. 자기주장을 양보하고 상대방을 배려해야 한다. 결혼 전에는 '나'를 아끼고 나의 욕구를 채우는 것이 자연스러웠다면, 결혼 후에는 '너'를 아끼고 너의 욕구를 채우기 위해 헌신할 것을 요구하신다. 사실 더 근본적으로 말하면, 우리는 그리스도의 지체로서 내가 주장하는 내 몸이 아니라 그리스도가 주장하는 그리스도의 몸인 사실을 기억해야 한다.

넷째, 기도할 틈을 얻기 위한 목적 외에 분방해서는 안 된다.

고린도전서는 분방(分房)하지 말라고 명령한다. 분방은 연합을 위한 장애물이기 때문이다.

서로 분방하지 말라 다만 기도할 틈을 얻기 위하여 합의상 얼마 동안은 하되 다시 합하라 이는 너희가 절제 못함으로 말미암아 사탄이 너희를 시험하지 못하게 하려 함이라 _고전 7:5

기도와 금식 같은 특별한 목적이 아니라면 부부가 성관계를 절제하는 것은 옳지 않다. 또한 부부의 연합을 위해서, 합의한 일정 기간을 넘지 않도록 성관계에 최선을 다해야 한다. 사탄은 최초의 공동체인 가정을 무너뜨리기 위해 각 방을 쓰거나 각자 침대를 사용하는 것을 새로운 삶의 방식이나 트렌드인 것처럼 포장하여 우리를 속이기 때문이다.

내 몸에 대한 배우자의 권리

성에 대한 주제를 다루면서 절대 빠뜨릴 수 없는 이야기가 있다. 성관계 여부에 대한 질문이다. 쉽게 말해 부부끼리도 '해야 할까 말아야 할까?'를 묻는 것이다. 그러면 서로의 몸에 대한 권리를 어떻게 적용할 것인가?

첫 번째 질문은 자신의 몸에 대한 권리에 대한 것이다. 고린도전서에는 "아내는 자기 몸을 주장하지 못하고 오직 그 남편이 하며 남편도 그와 같이 자기 몸을 주장하지 못하고 오직 그 아내가 하나니"라는 말씀이 있다(고전 7:4). 결혼 후에 내 몸의 권리가 누구에게 있느냐는 문제다.

결혼 전에는 내 몸이 내 것이었다면, 결혼 후에는 그 권리가 나에게도 있지만 배우자에게도 있다는 사실에 동의하는지를 묻는다. 이 질문에 대해 대부분은 어려움이 없다. 성경말씀이기도 하고, 본인의 권리가 훼손되기보다 공유의 개념으로 받아들이기 때문이다. 이 질문과 관련해 다음 질문을 예로 든다.

성 이야기가 빠질 수 없죠

"부부가 되면 성관계를 하게 되는데, 성욕구가 다를 경우 어떤 결정을 할 것인가?"

남편은 성관계를 하고 싶고 아내는 어떤 이유에서든 성관계를 하고 싶지 않을 때, 부부는 성관계를 해야 할까, 말아야 할까 하는 질문이다. 이 질문을 던지면 형제들은 대부분 말을 아낀다. 주저하다가, 상대방이 원하지 않는다면 하지 않겠다고 답한다. 그러면 다시 묻는다.

"만약 성욕구의 타이밍이 다를 때는 어떻게 할 것인가?"

다시 주저하는 모습이 느껴진다. 반면 이 질문에 자매들은 대부분 하지 말아야 한다고 답한다. 그들은 그다지 주저하지 않고 단호하다.

이제 마지막 질문이다.

"고린도전서의 말씀에는 내 몸에 대한 권리가 나뿐 아니라 배우자에게도 있다고 인정했는데, 성관계를 하지 않는 것이 여전히 옳다고 보는가?"

형제와 자매 모두 당황스럽다는 눈치가 느껴진다. 만약 결혼한 자매 입장에서 몸의 권리가 형제에게 있으니, 원치 않더라도 성관계를 하게 되면 마음이 어떨까? 남편의 성욕구는 채워지겠지만 남편으로선 감정적으로 미안한 마음이 있을 수 있다. 원치 않은 성관계를 한 아내 역시 편하지는 않을 것이다.

반대로 성관계를 하지 않으면 어떨까. 남편은 성욕구를 절제했지만 채워지지 않은 성욕구가 여전히 남아 있고, 아내가 자신

결혼을 앞둔 그대에게

을 원하지 않았다는 거절감에 힘들 수 있다. 반면 아내는 원하지 않은 성관계는 하지 않았지만 남편을 거절한 미안한 감정이 느껴질 수 있다. 특히 남성이 느끼는 거절감은 성관계에 대한 거절이라기보다 자신에 대한 거절이라고 인식하기 때문에 상실감은 더 크다. 결국 성관계를 하든 하지 않든, 서로에게 불편함이 다 남을 것이다.

세상에서는 성관계에서 상호합의를 매우 강조한다. 'No'라는 거절은 나를 지킬 뿐 아니라 건강한 가정관계를 위해서도 필요하다고 가르친다. 그래서 원하지 않는 성관계는 하지 않아야 하고, 싫을 때는 정확하게 싫다는 의사표현을 해야 한다고 가르친다. 틀린 가르침은 아니라고 생각한다. 그러나 완전한 답은 아니라고 또한 생각한다. 성경에서 말씀하는 연합과 헌신의 원리에 비추어 보면 부족한 답이라고 느껴지기 때문이다. 자신의 욕구가 중요한 만큼 상대방의 욕구도 중요하다. 무엇보다 고린도전서가 주는 말씀이 뭔가 세상과 다른 결정을 해야 할 것 같은 압박을 주기도 한다.

결론적으로 말하면, 나는 할지 말지 자체는 중요하지 않다고 생각한다. 이것은 행위의 문제가 아니라 태도의 문제라고 생각하기 때문이다. 하면 하는 대로, 하지 않으면 하지 않는 대로 마음에 어려움이 아닌 감사가 넘칠 수 있으면 좋겠다.

만약 성관계를 하기로 한다면 남편은 욕구를 채우고 아내의 배려를 받아 감사하고, 아내는 자신에게 권리가 있는 남편의 욕구를 채울 수 있어 감사할 수 있다. 만약 성관계를 하지 않기로 한다면 남편은 자신에게 권리가 있는 아내의 마음을 존중할 수 있어 감사하고, 아내는 자신의 욕구에 따를 뿐 아니라 남편에게 배려를 받아 감사할 수 있다. 성은 하나님이 부부에게만 주신 선물인데, 이 선물 때문에 갈등하는 것이 아니라 풍성하게 누리면 좋겠다는 것이다.

많은 부부가 느끼는 성관계에 대한 갈등은 '할지 말지'라는 행위의 문제로 접근하기 때문에 어려운 문제로 다가온다. 더 하고 싶은데 하지 못해 갈등하고, 하기 싫은데 요구당해서 갈등한다. 그러나 성의 문제 역시 돈이나 의사소통처럼 대화를 통해 연합과 헌신의 원리에 기초해서 나눌 때 해결할 수 있고, 함께 기뻐하고 즐거워할 수 있는 하나님의 풍성한 복을 경험하게 될 것이다.

하나님께서 성을 선물로 주신 이유

성과 성관계에 대한 성경적 가르침을 숙지했다면, 이제 하나님이 부부에게 성을 주신 이유를 살펴보자. 그래야 성을 올바로 사용할 수 있기 때문이다.

다시 강조하지만, 성은 하나님이 부부에게 주신 선물이다. 성관계를 통해 연합의 즐거움과 자녀 출산을 허락하신다. 이외에도 하나님은 여러 가지 이유로 부부에게 성을 주셨다. 하나님께서 성을 선물로 주신 이유를 성경을 통해 확인해보자.

결혼을 앞둔 그대에게

첫째, 우리가 생명을 창조하도록

생명은 하나님이 주신다. 하나님은 부부의 성을 통해 또 다른 생명이 이 땅에 존재하도록 계획하셨다. 하나님은 우리에게 생육하고 번성할 것을 명령하신다. 이러한 생육과 번성이 하나님이 부부에게 주신 복이다. 부부가 임신과 출산을 함께 경험하며 하나님의 아버지 되심을 경험한다. 하나님이 주신 기업이요 상급을 누릴 수 있게 되는 것이다.

> 하나님이 그들에게 복을 주시며 하나님이 그들에게 이르시되 생육하고 번성하여 땅에 충만하라 … _창 1:28
> 하나님이 노아와 그 아들들에게 복을 주시며 그들에게 이르시되 생육하고 번성하여 땅에 충만하라 _창 9:1
> 보라 자식들은 여호와의 기업이요 태의 열매는 그의 상급이로다
> _시 127:3

둘째, 부부가 친밀하게 하나 되기 위하여

연합의 여러 영역 중에서 육체적 연합은 성을 통해 이루어지고, 그 결과로 친밀함을 주신다. 또한 부모를 떠난 남자가 여자와 한 몸이 된다고 말씀하신다.

> 이러므로 남자가 부모를 떠나 그의 아내와 합하여 둘이 한 몸을 이룰지로다 _창 2:24

말씀하시기를 그러므로 사람이 그 부모를 떠나서 아내에게 합하여 그 둘이 한 몸이 될지니라 하신 것을 읽지 못하였느냐 _마 19:5

그 둘이 한 몸이 될지니라 이러한즉 이제 둘이 아니요 한 몸이니 _막 10:8

그러므로 사람이 부모를 떠나 그의 아내와 합하여 그 둘이 한 육체가 될지니 _엡 5:31

연구에 따르면 행복한 성관계는 행복 호르몬인 엔도르핀과 애착 호르몬인 옥시토신을 분비시켜 상대방에 대한 친밀감을 느끼게 한다. 성관계를 통해 사랑을 표현하고 확인하고 일체감을 느낄 수 있는 것이다. 또한 상대에게 이해받고 있다는 느낌을 가질 수 있다. 성을 통해 상대방을 더 잘 알고 하나됨을 느끼게 되는 것이다.

셋째, 삶의 풍성함과 즐거움을 위해서

성경에서는 부부의 관계에 대해 '즐거움'이라고 표현한다. 하나님은 성에 복을 주시며, 성관계를 통해 감사와 은혜, 기쁨, 환희를 누리도록 허락하신다.

사람이 새로이 아내를 맞이하였으면 그를 군대로 내보내지 말 것이요 아무 직무도 그에게 맡기지 말 것이며 그는 일 년 동안 한가하게 집에 있으면서 그가 맞이한 아내를 즐겁게 할지니라 _신 24:5

… 네가 사랑하는 아내와 함께 즐겁게 살지어다 그것이 네가 평생에 해 아래에서 수고하고 얻은 네 몫이니라 _전 9:9

18네 샘으로 복되게 하라 네가 젊어서 취한 아내를 즐거워하라… 19너는 그 품을 항상 족하게 여기며 그 사랑을 항상 연모하라 _잠 5:18-19

하나님은 성을 통해 풍성한 삶을 허락하신다. 또한 성관계를 통한 즐거움은 그분이 주시는 선물이다. 만족한 성생활을 통해 몸으로 사랑을 표현함으로써, 부부는 서로 인정받고 존중받는다는 느낌을 받을 수 있다.

넷째, 보호의 목적으로

1… 남자가 여자를 가까이 아니함이 좋으나 2음행을 피하기 위하여 남자마다 자기 아내를 두고 여자마다 자기 남편을 두라 _고전 7:1-2

고린도전서의 말씀은 언뜻 보면 '음행을 피하기 위하여' 결혼할 것을 권면하는 것으로 오해할 수 있다. 남자가 여자를 가까이 하지 않고 독신으로 지내는 것이 좋지만, 그렇게 되면 음행할 위험이 있으니 차라리 결혼해서 남편과 아내가 서로 부부로서 의무를 다하여 음행을 피하기 좋다는 뜻으로 이해되기 쉬운 것이다. 그러나 그렇게 이해하면 결혼이 음행을 피하기 위한 수단으로 평가절하된다. 사실 결혼했다고 해서 자동적으로 음행을 피하게 되지는 않기 때문이다.

이 본문의 맥락은 고린도교회가 이전에 결혼을 꼭 해야 하는가 하는 문제로 겪은 분쟁에 대한 답을 하는 것이다. 본문을 통해 알 수 있는 것은, 독신이나 결혼 모두 신앙의 유익을 위해 결정해야 한다. 음행은 음란한 마음을 행동으로 옮기는 것이다. 십자가의 시각에서 바라볼 때 음행은 도덕적 문제만이 아니라, 자기 몸을 자기 것으로 여겨 자기를 위해 살아가는 인간의 현실 문제로 지적된다. 따라서 성적 충동은 본능적으로 언제든지 일어날 수 있으나 성적 행위는 통제할 수 있어야 한다.

성적 욕구는 억제의 대상이 아니라 서로를 위한 책임의 자리이다. 우리 몸은 그리스도의 지체로서 하나님의 영광을 돌려야 하는 것이라고 강조하는 말씀이다.

다섯째, 치료와 위로의 목적으로 성을 주셨다

부부의 성관계는 개인이 과거와 가정에서 받은 상처를 회복시키고 위로를 주는 도구가 된다. 배우자와의 사랑을 통해 사랑의 치유를 경험할 수 있다. 눈에 보이지 않는 하나님의 사랑이 배우자를 통해 표현될 수 있기 때문이다. 어머니를 잃고 슬픔 가운데 있던 이삭이 리브가와 '연합'으로 위로를 얻게 된 것이 그 예다.

이삭이 리브가를 인도하여 그의 어머니 사라의 장막으로 들이고 그를 맞이하여 아내로 삼고 사랑하였으니 이삭이 그의 어머니를 장례한 후에 위로를 얻었더라 _창 24:67

합방 전의 예배

나는 남편과 결혼한 지 22년이 넘었다. 결혼예비학교를 하다보면 종종 우리의 첫날밤에 대해 생각해보게 된다.

결혼 준비를 하던 어느 날 남편이 말했다. 결혼식을 치른 후 첫날밤은 함께 예배를 드리면서 시작하자고 제안한 것이다. 당시만 해도 예배라고 하면 사도신경으로 시작해 기도하고 찬송 부르고 설교를 들은 후 주기도문으로 마치는 형식적 예배만을 예배라고 생각했다. 그래서 첫날밤의 예배를 머릿속으로 그려보았다. 예식을 마친 후 신혼집에 오면 옷도 갈아입어야 하고 씻기도 해야 한다. 저녁도 먹어야 하니 시간이 꽤 늦어질 것 같았다. 게다가 다음 날은 주일이고 하루 종일 사역을 해야 하니 되도록 빨리 쉬어야 할 것이다. 그런 상황에서 첫날밤 늦게 예배를 드리자고 하니, 생뚱맞다고 느껴졌다.

아니나 다를까, 결혼식과 폐백을 마치고 집에 오니 저녁 6시쯤 되었다. 빨리 신부화장을 지우고 몇 십 개가 되는지도 모르는 실핀을 빼고 싶다는 생각부터 간절했다. 그런데 이게 웬일인가? 물이 나오지 않았다. 신혼집이 낯선 동네라 물어물어 동네 목욕탕에 가서야 겨우 몸을 씻을 수 있었다. 저녁도 못 먹고 목욕탕에 다녀오니 허기가 졌다. 처음 들어간 신혼집에 음식이 있을 리 만무했다. 신혼 첫날 저녁 식사는 배달된 자장면이었다.

드디어 잘 시간이 되었다. 나름 설레기도 하고 궁금하기도 했

성 이야기가 빠질 수 없죠

다. 남편과 함께 예배는 드렸는데, 내가 생각하던 형식적 예배는 아니었다. 침대에 마주보고 함께 앉았다. 손을 마주잡고 번갈아 가면서 기도를 드렸다.

우리 가정을 남편과 나 둘이 아니라 하나님과 셋이 시작하고 싶었다. 책에서 읽었던 삼각형을 떠올리며 기도했다. 하나님을 위로 모시고 남편과 내가 삼각구도를 이루어 정삼각형을 이루는 균형 잡힌 건강한 가정을 만들고 싶다고 기도했다.

"하나님, 이제 우리의 가정을 시작합니다. 하나님은 우리의 주인이시고 우리 가정의 주인이 되십니다. 주인 되신 하나님을 먼저 바라보는 가정이 되게 하옵소서. 평생토록 한결같이 하나님을 주인으로 모시며 살아가게 하옵소서. 사람보다 하나님을 먼저 사랑하고 하나님이 기뻐하시는 가정이 되기 원합니다. 주님이 말씀하시면 기쁨으로 순종하는 우리 가정이 되게 하옵소서. 서로를 죽기까지 사랑하기 원합니다. 예수님의 십자가 사랑을 묵상하며 그리스도의 희생과 섬김의 사랑으로 서로를 사랑하게 하옵소서. 서로를 존중하고 배려하는 사랑을 하게 하옵소서. 하나님이 우리 가정을 통해 계획하신 사명을 이루며 살아가기 원합니다. 주님이 주신 비전과 소망을 품고 살아가게 하옵소서. 하나님의 영광이 드러나는 가정으로 우리를 사용하여 주옵소서."

사실 기도문을 미리 적었던 것도 아니었다. 20년이 훌쩍 지난 지금 정확한 기도문이 기억나지도 않는다. 대강 이런 내용으로 기도했던 것으로 기억한다. 그럼에도 불구하고 그날 밤 드렸던 기도제목들이 우리 가정을 이루고 지탱해왔다.

첫날밤 드린 기도처럼 살아가려고 기억하고 애쓰며 살아온 것이 어언 20여년이 지났다. 합방 전에 어떤 예배를 드리게 될까 궁금했는데, 우리는 하나님께 우리의 마음을 드리는 기도로 가정을 시작했던 것이다. 그래서 나는 새로 가정을 시작하는 커플에게 권면한다. 시작하는 날부터 하나님 앞에서, 즉 '코람데오'의 삶을 만들어가는 가정을 만들라고. 첫날밤의 예배가 주는 유익을 모든 커플이 누리기를 소망한다.

더 풍성한 삶을 위하여

성은 하나님이 부부에게 주신 선물이다. 성은 결혼을 통해 이루어야 할 연합의 영역 중 하나다. 따라서 온전한 연합을 위해 지속적으로 소통하고 노력해야 한다. 이를 통해 친밀감과 즐거움, 풍성함과 위로를 얻을 수 있다. 또한 부부 사이의 성에 대한 솔직함과 친밀함은 사회생활이나 육아 같은 과제를 수행하는 데 긍정적 에너지로 작용하게 된다.

최근 기사를 보면 부부의 성관계 횟수가 현저히 줄어들었다고 한다. 미국 킨제이 연구소에 따르면 주간에 1회 미만 성관계를 갖는 기혼부부 비율이 가장 많다고 한다. 어떤 연구에서 1년간 10회 미만의 성관계를 하는 것을 '섹스리스'라고 말하는데, 우리나라는 2017년에 그런 섹스리스가 35퍼센트 이상이었다고 한

성 이야기가 빠질 수 없죠

다. 각박한 사회에서 부족한 수면시간 때문에, 경제적 요인 같은 외부 스트레스와 육아로 인한 피로감, 우울증의 증가, 취침 전의 SNS 등이 그 이유로 지적된다. 이것은 사회 현상이지만, 성경 원리를 생각해보면 결코 옳은 것은 아니다.

일반적으로 성적 친밀감을 논의할 때 남성은 횟수를 중요시하고 여성은 방법을 중요시한다는 얘기를 많이 한다. 성관계의 빈도가 부부생활의 만족도와 깊은 연관이 있다는 다수의 연구도 있다. 반면, 최근 연구 결과는 성관계가 행복을 높이는 데 도움은 되지만 횟수를 늘리는 것과 반드시 비례하지 않는다고 주장한다. 물론 개인차가 있을 것이다. 그러나 횟수보다 어떤 성관계를 하는지에 더 초점이 맞춰져야 한다. 행복한 성관계는 부부가 서로를 이해하고 소통하며 배려할 때 가능하기 때문이다.

우리는 미디어를 통해 잘못된 성에 대한 개념을 먼저 배웠다. 산업화와 환경적 영향으로 통제되고 포장되면서 숨기듯 몰래 표현해야 하는 음성적 행위로 변질된 것이다. 그래서 성을 부끄러운 것으로 잘못 인식하고 잘못 해석해왔다.

성욕은 다스릴 수 있다. 성욕은 인간의 기본 욕구이지만, 우리가 식욕이나 수면욕에 시달리지 않고 다스릴 수 있는 것처럼 성욕도 다스릴 수 있는 것이다. 성욕을 의식의 권위 아래 복종시켜야 한다. 육체적 만족뿐만 아니라 따뜻한 마음의 만족을 느낄 수 있는 성관계를 통해 부부가 더 풍성한 삶을 누리기를 소망한다.

결혼을 앞둔 그대에게

성의 문제에도 성공하라

사사기 8:22-32

사람들은 보통 기도나 예배 같은 주제엔 영적 기운이 감돈다고 느끼는 반면, 돈, 섹스, 권력 같은 주제들은 기껏해야 '세속적'인 것으로 여깁니다. 그러나 돈과 성과 권력에 관계를 맺고 살면서도 올바르게 살아간다는 것은 삶을 성스럽게 살아간다는 것을 의미합니다. 반대로 이 세 가지를 오용(誤用)하고 남용(濫用)하는 것은 하나님께서 주신 성스러운 것들을 더럽히는 일입니다. 무슨 뜻입니까? 돈과 섹스와 권력에 무관하게 살 수는 없지만, 이 문제에서 승리하면 성공적인 인생을 살 수 있고, 실패하면 그 인생의 결말은 뻔해진다는 것입니다. 동의가 되십니까? 대부분 이 세 가지 문제에 걸려 넘어지는 것입니다. 사사기 인물 중 한 명인 기드온도 안타깝지만 여기에 걸려 넘어졌습니다.

기드온이 어떤 사람이었습니까? 그 인생의 시작은 미약했습니다. 볼품없는 겁쟁이였습니다. 그러나 하나님의 손에 붙들려

300명의 용사로 13만 5천 명의 미디안 연합군을 격파하고 하나님께 쓰임 받은 큰 용사가 되었습니다. 얼마나 근사합니까.

그런 그의 말년은 어떠했는가? 민족의 지도자 반열에 오르게 되니 따르는 여인도 많았겠죠. 이 여자, 저 여자를 취했습니다. 그러다 보니 자식도 많아졌겠죠. 아들이 무려 70명이고 첩의 소생도 있었다고 합니다. 이 많은 형제들이 우애 있게 지냈으면 그나마 다행이게요. 그 결말이 어떻게 되었습니까? 첩의 아들인 아비멜렉이 다른 아들들을 몽땅 죽여 버렸습니다.

그 비극의 현장을 볼까요? 9장 5절입니다.

> 오브라에 있는 그의 아버지의 집으로 가서 여룹바알의 아들 곧 자기 형제 칠십 명을 한 바위 위에서 죽였으되 _삿 9:5

아들을 모조리 죽인 첩의 소생이지만, 아비멜렉이라도 장수하며 아버지의 공덕을 기리며 잘 살았느냐? 그것도 아닙니다.

아비멜렉의 최후를 보세요. 9장 52절과 53절입니다.

> 52아비멜렉이 망대 앞에 이르러 공격하며 망대의 문에 가까이 나아가서 그것을 불사르려 하더니 53한 여인이 맷돌 위짝을 아비멜렉의 머리 위에 내려 던져 그의 두개골을 깨뜨리니 _삿 9:52-53

여인의 돌에 머리가 박살나 죽었습니다.

기드온에게 왜 이런 처참한 결과가 찾아오게 되었나요? 왜 기드온의 인생이 '시작은 미약하나 나중은 심히 창대하리라'가 아니라 '시작도 미약하고 나중은 더 비참하리라'가 되어버렸죠? 리처드 포스터가 이야기한 '돈 섹스 권력', 이 세 가지 문제에 걸렸기 때문입니다. 기드온은 특히 이성문제에 실패했습니다.

> **29** 요아스의 아들 여룹바알이 돌아가서 자기 집에 거주하였는데 **30** 기드온이 아내가 많으므로 그의 몸에서 낳은 아들이 칠십 명이었고 **31** 세겜에 있는 그의 첩도 아들을 낳았으므로 그 이름을 아비멜렉이라 하였더라 _삿 8:29-31

얼마나 아내가 많았으면 성경이 '아내가 많았다'라고 기록까지 했을까요? 아들 70명을 낳으려면 한 아내가 아들 다섯씩 낳았다고 해도 부인이 14명은 있어야 합니다. 그런데 아들과 딸을 낳을 확률이 반반이니 최소 28명은 넘었을 것입니다. 거기다 세겜에 첩도 있었다고 합니다. 실제론 더 많았겠지만요.

남성들이여, 대답해보십시오. 이게 축복입니까? 저주입니까?

대답을 잘 못하시네요. 저는 한 명의 아내도 감당이 불가능한데요. 가정의 복이 뭡니까? 한 남자가 한 여자를 만나 서로 사랑하면서 흔들림 없이 지고지순할 때, 그게 복이 아닙니까. 한 여자 속에서 우주를 발견하고, 한 남자 속에서 세계를 얻는 것이 복인 줄 믿습니다.

그런데 기드온은 어땠나요? 아들만 70, 첩의 자식까지, 이게 돼지도 아니고, 뭐하는 짓입니까? 그 결과가 뭐였다고요? 첩의 아들 아비멜렉이 70명의 아들을 한자리에서 다 죽여버린 것입니다. 뿐만 아니라, 기드온이 죽자 어떤 일이 벌어졌습니까?

기드온이 이미 죽으매 이스라엘 자손이 돌아서서 바알들을 따라가 음행하였으며 … _삿 8:33

이 말씀에서 '음행'은 우상숭배를 말하는 것이지만, 그 당시 이 방신을 섬긴다는 것은 성적으로 혼음을 즐기는 것과 관련이 있었습니다. 수십 명의 아내를 거느리고 돼지처럼 수십 명의 새끼를 친 지도자를 보면서 백성들이 뭘 배웠겠어요?

결정적인 문제는 기드온이 죽고 나서 이스라엘 백성들이 하나님을 기억하지 않은 것입니다. 34절 35절입니다.

34이스라엘 자손이 주위의 모든 원수들의 손에서 자기들을 건져내신 여호와 자기들의 하나님을 기억하지 아니하며 35또 여룹바알이라 하는 기드온이 이스라엘에 베푼 모든 은혜를 따라 그의 집을 후대하지도 아니하였더라 _삿 8:34-35

그러면 기드온이 왜 이렇게 성적으로 넘어지게 되었을까요? 수십 명의 아내와 더불어 수십 명의 새끼를 쳤다는 기록에 앞서

결혼을 앞둔 그대에게

뭐라고 기록돼 있는지 아십니까?

아이러니하지만 그 땅에 찾아온 평화가 문제였던 것입니다.

기드온은 어려울 때 성공했습니다. 그러나 평탄할 때 실패했습니다. 홍수 심판이 있을 때 노아도 의롭고 경건한 사람이었습니다. 그러나 심판이 끝난 후에는 포도주를 마시고 만취해서 벌거벗고 추태를 부렸습니다.

결국 사람은 평탄할 때 넘어집니다. 이런 걸 보면 성적 타락이 언제 찾아오는지 알 수 있습니다. 먹고살 만해질 때입니다. 조심해야 합니다. 다윗도 마찬가지입니다. 사울에게 쫓길 때는 믿음의 사람이었습니다. 죽을 것 같았지만 문제없었습니다. 그러나 태평할 때는 밧세바와 간음하고 결국 살인까지 하게 되었습니다. 같이 읽어봅시다.

그런즉 선 줄로 생각하는 자는 넘어질까 조심하라 _고전 10:12

그러므로 이성문제에도 성공하기를 축원합니다. 행복하고 만족스러울 때 더 조심해서 거룩을 유지하기 바랍니다.

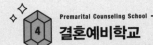
아이스 브레이크

1 이상적인 연애 또는 결혼을 표현했다고 생각하는 책이나 영화는 무엇이며, 그렇게 생각하는 이유는 무엇입니까?

혼전 성관계

2 당신은 혼전순결에 대해 어떻게 생각하십니까? 어떤 경우든 남녀 모두 혼전 성관계는 절대 안 된다고 생각하는 절제형 단계, 남자는 괜찮지만 여자는 순결을 지켜야 한다는 이중 규범의 단계, 애정이 있다면 허용하는 단계, 사랑하거나 결혼할 사이라면 혼전 성관계는 무관하다고 생각하는 단계 중에서 당신은 어느 단계입니까?

남성과 여성의 성적 차이

3 남성과 여성이 성에 대한 다음의 영역에 대해 어떻게 다른지 나누어봅시다.

- 성충동

- 성적 친밀감

• 성적 자극

• 성적 긴장과 성관계를 위한 준비

성적 연합의 장벽

4 성에 대한 다음의 성경적 입장을 확인해봅시다.

• 성은 하나님의 작품이다.
  창세기 1:26-27

• 성은 결혼이라는 테두리 안에서 사용될 때만 거룩하고 선한 것이다.
  히브리서 13:4

• 자신의 몸에 대한 권리는 배우자에게 있다.
  고린도전서 7:4

• 기도할 틈을 얻기 위한 목적 이외에는 분방해서는 안 된다.
  고린도전서 7:5

성 이야기가 빠질 수 없죠

하나님께서 성을 선물로 주신 이유

5 하나님께서 부부에게 성을 주신 이유가 무엇인지 다음의 구절을 통해 확인해봅시다.

- 하나님께서는 우리가 생명을 창조하도록 성을 선물로 주셨다
  창세기 1:28, 창세기 9:1, 시편 127:3

- 하나님께서는 친밀한 하나됨을 위해 성을 선물로 주셨다.
  창세기 2:24, 마태복음 19:5, 마가복음 10:8, 에베소서 5:31-32

- 하나님께서는 삶의 풍성함과 즐거움을 위해 성을 선물로 주셨다.
  신명기 24:5, 전도서 9:9

- 하나님께서는 보호의 목적으로 성을 선물로 주셨다.
  고린도전서 7:1-2

- 하나님께서는 치료(위로)를 위한 목적으로 성을 선물로 주셨다.
  사무엘하 12:24, 창세기 24:67

결혼을 앞둔 그대에게

PART 5

안 싸우고 살 자신 있나요?

5

제대로 싸우고 푸는 부부 갈등 해소법

건강한 부부는 싸운다. 싸우지 않는 부부는 틀림없이 문제가 있다. 어느 문제가 한쪽에 있거나, 아니면 양쪽 모두에게 있을 수도 있다. 자신의 욕구를 표현할 줄 모르고 스스로를 무조건 억제하는 사람이거나, 배우자에 대해 어떤 기대든 포기해버린 사람일 가능성이 높다. 한 연구조사에 의하면 신혼부부의 37퍼센트가 결혼 후에 배우자를 더 비판하게 되었고 30퍼센트는 결혼 후에 말싸움이 늘었다고 했다.

오늘날 급변하는 사회변화 속에서 가정은 그 어느 때보다 심각한 위기를 겪고 있다. 갈등을 겪을 가능성은 그만큼 더 높아졌다. 그러나 타협하여 문제를 해결할 줄 아는 부부는 친밀감을 더 깊이 느낄 수도 있다. 그 비결은 건강하게 싸우는 방법을 아는 것이다.

사랑 때문에 결혼했지만, 사랑만으로 혼잡한 현대 생활 속에

결혼을 앞둔 그대에게

서 관계를 유지하기란 쉽지 않다. 사실 사랑은 부부가 결혼생활을 유지하는 척도가 되지 못할지도 모른다. 연구결과에 의하면 결혼을 유지하는 데 훨씬 중요한 것은 부부가 의견의 불일치를 어떻게 다루느냐 하는 점이다.

안타깝게도 많은 부부들이 갈등을 다루는 법을 잘 알지 못하는 것 같다. 문제를 해결하지 못하고 매 번 같은 문제로 반복해서 싸우게 된다. 그런 소모전은 부부관계에 심각한 손상을 주고 서로를 불신하게 만들어 결국 건널 수 없는 갈등의 골을 형성하게 된다.

이 장에서는 단순히 갈등을 피해가려고 하지 말고, 어떻게 하면 갈등을 올바르게 해결하고 그것을 통해 부부간의 친밀감을 더 높일 수 있는지에 대해 알아보려고 한다. 그를 위해 건설적인 싸움을 하기 위한 규칙까지 제시할 것이다.

5장의 목적은 세 가지다.

첫째, 가치관과 우선순위가 달라서 발생할 수 있는 갈등의 내용을 파악한다.

둘째, 원활한 의사소통을 위한 원칙을 발견한다.

셋째, 사례를 통해 의사소통 영역에서 서로의 연약함과 개선할 점을 발견한다.

갈등에 대한 태도

부부를 서로 싸우게 만드는 주제, 곧 원인이 무엇인지 살펴보면 돈, 성, 서로의 역할과 책임, 주도권 잡기 등 다양하다. 대부분의 갈등 사례를 자세히 들여다보면 비교적 사소한 것에서부터 시작된다. 따라서 당신과 배우자가 중요하게 생각하는 주제가 각각 무엇인지, 무엇 때문에 화를 내고 싸우게 되는지 미리 안다면 앞으로 하게 될 부부싸움에 효과적으로 대처할 수 있을 것이다.

TV 프로그램에서 치약 짜는 것 때문에 갈등하는 부부를 본 적이 있다. 남편은 치약을 중간부터 짜면 편한데 아내는 치약의 아래 부분부터 여백 없이 짜는 것이 맞다고 주장했다. 고작 치약 짜는 방법인데, 이런 작은 문제로 나이 지긋한 부부가 평생 갈등했다는 것이 어찌 보면 어리석어 보이기까지 했다. 하지만 살아보면 이게 실제로 보통 심각한 문제가 아닌 것을 알게 된다.

부부마다 자주 갈등하는 주제가 있을 것이다. 그 갈등의 내용이 무엇인지 찾아내서 상대방이 예민한 주제에 대해 조금만 양보한다면 갈등을 일으키는 문제는 많이 줄어들 것이다.

또한 의사소통 과정에서 부정적 요소가 개입하면 악순환이 지속되기 때문에, 그런 부정적 요소를 인식하고 찾아내 제거하면 의사소통에서 선순환을 이룰 수 있다. 이렇게 다양한 방법으로 싸우게 만드는 나쁜 이유를 찾아내 없애야 한다.

어떤 커플은 싸우게 되면 자매가 입을 다물어 버렸다. 형제가

결혼을 앞둔 그대에게

아무리 달래도 단 한 마디 하지 않고 침묵으로 일관했다. 반대로 형제가 전화기를 꺼버리고 사라지는 경우도 있었다. 상대방이 이렇게 대화하기를 거부한다는 건 싸울 때의 침묵이 서로의 관계에 어떤 악영향을 미칠지 깊이 고민하지 않기 때문일 것이다.

혹시 결혼하면 연애할 때 겪는 갈등이 해결될 거라는 기대를 가지고 있는가? 착각이다. 지금 그 갈등을 해결하지 않으면 결혼 후에는 더 심해져 훨씬 힘들 것이다. 그러므로 어떤 갈등이든 그것이 인식되는 지금 해결해야 한다.

갈등은 언제 어디에서나 있을 수 있다. 중요한 것은 그 갈등을 파괴적으로 해결하느냐, 아니면 건설적으로 해결하느냐이다. 따라서 무엇 때문에 갈등하는지 서로 성찰하여 그 이유에 대해 숙지해야 한다. 또한 어떤 방식으로 갈등하는지 진단해 악순환의 고리를 끊어 갈등에서도 선순환이 이루어진다면, 부부간에 건강한 의사소통이 이루어질 것이다.

결혼예비학교에서는 갈등에 대해 '내용'과 '방법'으로 나누어 논의한다. '내용'은 '무엇 때문에 싸우는가?', 즉 갈등하는 이유를 이해하는 것이다. 갈등을 일으키는 사안을 어떻게 인식하는지 사전적 정의를 동기화하고, 무엇에 예민한지 파악한다. '방법'은 '어떻게 싸우는가?', 즉 갈등을 해결하는 방법에 관한 것이다. 갈등을 풀고 건강한 관계를 유지하는 의사소통을 위해 하지 말아야 할 일, 이른바 '갈등을 피하는 네 가지 방법'을 먼저 배운다. 그리고 알아야 할 '부부싸움의 열 가지 기술'을 나눈다.

안 싸우고 살 자신 있나요?

갈등의 내용 파악하기

먼저 갈등의 내용, 즉 갈등의 원인 또는 이유에 대해 살펴보자.
아래 열거된 단어들은 남녀 사이의 관계가 지속되면서 대부분의
커플들이 경험하게 되는 일반적 문제들이다.

각각의 주제들은 큰 개념이고 개념마다 다양한 세부 영역이
더 있지만, 당신이 해석하는 범위 내에서 각 문제들이 당신에게
얼마나 크게 다가오고 있는지 ①(별로 큰 문제가 아님)부터 ⑤(매우
큰 문제임)까지 범위 내에서 표시해보자. 여기에 제시되지 않은
문제들이 있다면 추가해 체크해보면 좋을 것이다.

● 직업	①	②	③	④	⑤
● 자녀	①	②	③	④	⑤
● 자질구레한 집안일	①	②	③	④	⑤
● 의사소통	①	②	③	④	⑤
● 친구	①	②	③	④	⑤
● 질병	①	②	③	④	⑤
● 상대방의 식구들	①	②	③	④	⑤
● 질투	①	②	③	④	⑤
● 돈	①	②	③	④	⑤
● 우선순위	①	②	③	④	⑤
● 여가활동	①	②	③	④	⑤

결혼을 앞둔 그대에게

● 가사분담	①	②	③	④	⑤
● 종교	①	②	③	④	⑤
● 성생활	①	②	③	④	⑤
● 잠버릇	①	②	③	④	⑤
● ( )	①	②	③	④	⑤

　결혼예비학교를 하다보면 갈등의 중요도를 표시하는 유형이 몇 가지로 분류된다. 첫 번째 유형의 사람은 모든 영역이 중요하다고 생각해 모두 5에 표시한다. 이런 유형은 어떤 주제든 본인의 생각이 옳고 그 의견을 강하게 주장할 가능성이 높다. 경험상 DISC 유형 중에 주도형인 사람이 주로 그렇다.

　두 번째 유형은 대부분 중간 3에 표시한다. 5나 1 같은 양쪽 끝에 표시하지 않는다. DISC 유형 중에 안정형이 주로 그렇다. 이럴 경우 가장 큰 숫자와 가장 작은 숫자를 고려해 해석해야 한다.

　세 번째 유형은 '모' 아니면 '도' 유형이다. 중요도의 편차가 매우 심해 대부분 1 또는 5에만 표시를 한다. 사소한 것일 수 있으나 본인의 성향을 그대로 드러낸 것이다. 이러한 성향 요소도 고려하면 좋을 것 같다.

　두 사람 각각의 주제에 대해 모두 체크를 완료했다면 서로 나누어보자. 갈등의 내용에 대해 다음 두 가지로 나누어 본다. 첫째는 갈등의 가능성이 있는 주제를 구별하는 것이고, 둘째는 문제의 정의를 동기화하는 것이다.

안 싸우고 살 자신 있나요?

나에게 큰 문제가 되는 주제는 무엇인가? 상대방에게 큰 문제가 되는 주제는 무엇인가? 두 사람 모두에게 공통으로 큰 문제가 되는 주제가 갈등의 내용이 될 수 있다. 적어도 그런 주제에 대해서는 타인의 의견을 수렴하기보다는 자기 의견을 강하게 주장할 가능성이 높기 때문이다. 그렇다면 이런 주제에 대해서는 부부가 항상 싸우게 될까? 꼭 그렇지는 않다. 부부 모두 문제로 보는 주제나 의견이 동일할 수 있기 때문이다. 그런 경우에는 의견 일치가 신속하게 이루어져 무엇이든 일사천리로 해결될 것이다. 이럴 경우 어떤 대화보다 만족감을 느낄 것이다.

그러나 만약 같은 주제에 대해 의견이 상반된다면 설득이나 협의의 폭이 좁을 것이다. 각자에게 중요하고 큰 문제이기 때문에 자신의 의견을 단호하게 주장할 수 있다. 그것이 상대방에게도 큰 문제이기에 듣기보다 서로 먼저 말할 것이고, 상대도 자기 주장대로 결정하기 원할 것이다. 따라서 어떤 갈등의 내용이 두 사람 모두에게 큰 문제일 경우, 서로 한 발짝 물러나는 지혜가 필요하다. 각자 의견을 주장하면 평행선을 달릴 수 있다는 점을 기억하고, 조금씩 양보하여 협의를 이룰 수 있도록 해야 한다.

내게는 별로 큰 문제가 아니지만 상대방에게 중요한 문제인 경우, 상대방의 의견을 존중하면 좋을 것 같다. 서로 그렇게 하다 보면, 상대방에게는 별로 큰 문제가 아닌데 내게 큰 문제인 주제에 대해서는 내 의견을 존중 받는 경험을 하게 될 것이다.

결혼예비학교를 하다보면 여러 주제에 대해 커플 간에 다른 정의를 내리는 것을 발견한다. 같은 단어라 할지라도 그 단어에 대한 정의가 서로 다를 수 있는 것이다. 내가 이야기하는 주제를 상대방이 다른 의미로 이해하고 해석한다면 소통이 어려워진다.

예를 들어 질병이라는 주제가 의미하는 영역이 다르다. 질병이라는 단어에 대해 중요시하는 관점이 제각각인 것이다. 어떤 사람에게는 질병에 걸리지 않도록 예방하여 건강한 생활을 하는 것이 중요하다. 그래서 균형을 갖춘 식사와 운동을 통해 질병에 걸리지 않으려 한다. 반면 질병의 문제를 돈과 결부해 해석하는 사람이 있다. 이런 사람은 질병에 걸렸을 경우를 예비해 보험에 가입하고 저축도 한다. 어떤 사람은 본인보다 주변 사람, 특히 가족의 질병에 관심이 많다. 이런 사람은 본인과 배우자는 물론이고 부모님과 형제들이 병에 걸리지 않고 살아가는 것을 중시한다. 질병이라는 단어를 관계지향적 관점으로 해석하는 경우다.

질병이 특별한 주제라면, 가사분담이라는 주제는 일반적이다. 어떤 사람은 집안일을 하는 시간이 비율상 동일하도록 가사를 공평하게 분담해야 한다고 생각한다. 반면 어떤 사람은 본인이 가사에 더 능숙하기 때문에, 가사를 배우자를 위한 섬김으로 본다. 어떤 사람은 청소나 빨래는 할 수 있지만, 쓰레기 버리는 일과 설거지는 하고 싶지 않다고 구체적으로 할 일의 영역을 구분하기도 한다. '가사'라는 단어의 의미를 이처럼 다르게 해석하는 것이다. 그렇다면 부부생활에 공통으로 등장하는 단어에 대해 동기화, 즉 관점을 일치시킨다는 것은 무슨 뜻일까?

부부의 단어 사전을 동기화하는 것은 어느 한 사람의 의견을 일방적으로 수용하는 것이 아니라 그 주제의 정의에 대해 넓은 의미를 공유한다는 것을 의미한다. 부부 사이에선 어떤 단어(주제)에 대해 각자가 가진 정의를 확장시켜, 넓은 의미로 그 정의를 확장하는 작업이 필요하다는 것이다. 내가 생각하는 정의에 상대방의 정의를 추가하여 어떤 주제에 대해 이야기할 때, 비록 내 관심과 관점이 아니더라도 상대방을 위해 염두에 두어야 할 세부영역을 더 고려하는 것이다. 예를 들자면, '청소'라는 단어에 대해 각자 상상하는 바가 서로 다를 때, 그걸 일치시켜야 한다는 뜻이다. 그 뜻을 쉽게 이해시키기 위해 우리 부부의 이야기를 꺼내려 한다.

청소 때문에 오랫동안 싸운 우리 부부 이야기

나는 고등학교 2학년 때부터 객지 생활을 시작했다. 고등 과정 2년과 대학 과정 4년을 더해 6년 동안 기숙사와 아파트에서 혼자 자유롭게 살았다. 나에겐 공부가 우선이었고 살림은 부가적인 일이었다. 구체적으로 말하면 청소나 빨래는 내 관심 밖이었다. 청소는 정말 집이 더러워 보일 때나 했고, 빨래는 2주나 3주에 한 번 깨끗한 속옷이 떨어지면 했다. 내가 먹고 싶을 때 먹고

결혼을 앞둔 그대에게

자고 싶을 때 자면서, 더 중요하다고 생각하는 것에 집중하며 살았다. 방학 때 잠시 만나는 엄마의 잔소리만 피하면 그만이었다.

그에 비해 남편은 참 깨끗한 집에서 자랐다. 남편이 초등학교를 다닐 때 학교에서 돌아오면 신었던 운동화를 매일 세탁했다고 한다. 그러니 신고 나갈 신발이 없어 밖에 나가 놀 수 없었다. 남편에겐 운동화가 한 켤레뿐이었는데, 무척 깔끔하신 어머니께서는 집 밖의 먼지를 묻힌 운동화를 단 하루라도 집 안에 묵혀두기 싫으셨던 것 같다. 어머니는 심지어 남편이 교회 갈 때마다 흰 양말이 더러워져서 교회에 가는 걸 무척 싫어하셨다고 한다. 예배실 마룻바닥의 온갖 먼지를 묻혀오는 것이 싫었지만, 그래도 깨끗해 보이는 흰 양말을 신기는 걸 고집하시고 거의 매일 빨래를 삶았다고 하셨다.

나중에 결혼하고 들은 얘기지만, 어머니는 5층 아파트에 사실 때 아파트 복도 바닥에 붙은 미끄럼 방지패드를 손수 닦으셨다고 한다. 청소하시는 분이 계셨지만 당신에겐 만족스럽지 않으셨기 때문이다. 처음 인사를 드리러 가던 날, 시부모님 댁 아파트의 복도 계단 끝에 붙은 금색의 미끄럼 방지패드가 유난히 반짝거렸던 기억이 난다. 청소하시는 분이 한 것이 아니라 어머니가 직접 닦으신 것이었다! 건강이 괜찮으셨을 때는 베란다 창을 매일 두 번씩 걸레로 닦으셨다는 전설 같은 이야기도 들었다.

나는 결혼 전에 남편에게 청소에 대해 선포했다.

"나는 당신의 어머니가 아니니 그런 청소를 기대하면 안 되겠

안 싸우고 살 자신 있나요?

죠?!"

남편도 그러겠노라고 처음엔 동의했다.

그런데 우리가 결혼해서 가장 많이 싸운 주제가 청소다. 남편의 마음에 들어보려고 열심히 청소를 하는 것이 내겐 스트레스였고, 내 청소가 마음에 안 드는 남편 얼굴을 보는 것도 스트레스였다. 내가 잘 하지 못한 청소에 대해 지적당하는 것이 스트레스였고 남편이 말없이 나대신 청소를 하는 것도 스트레스였다. 결국 햇살이 화창했던 어느 날, 나는 폭발하고 말았다. 참다 참다 남편에게 이 한 마디를 했다.

"청소에 대해선 나한테 기대하지 말라고 했잖아!"

그런데 남편의 대답이 가관이었다.

"이 정도일 줄은 몰랐지!"

지금 생각해보면 남편도 많이 힘들었을 것 같다. 28년 동안 참 깨끗한 집에서 살았는데 결혼 후엔 그렇지 않았으니 말이다. 아마 남편에겐 지저분한 집 자체가 스트레스였을 것이고, 청소할 곳이 눈에 띄어 내게 청소하라고 부탁하는 것도 스트레스였을 것이다. 시답잖게 청소가 덜 된 집을 보는 것도 스트레스였고, 자신이 청소하는 걸 못마땅하게 바라보는 아내의 모습도 스트레스였을 것이다.

굳이 변명하자면, 나는 청소에 별 관심이 없었다. 나는 솔직히 더러운 게 눈에 보이지 않았다. 나도 내 눈에 머리카락이 보이고 서걱거리는 먼지가 발에 밟히면 청소 정도는 했을 것이다. 그런

결혼을 앞둔 그대에게

데 정작 내 눈엔 그런 게 보이지 않았고 내 발엔 밟히지 않았다. 보여도 못 보았고 밟아도 느끼지 못한 것일 테다. 나는 청소에 대해 끊임없이 시간과 힘을 쏟아야 한다는 사실 자체부터 싫었다.

청소 때문에 싸우고 싸우다 내린 여러 결론 중 하나는, 이제 청소에 대해 얘기할 땐 서로 무척 조심한다는 것이다. 나는 청소를 해야 할 땐 눈에 불을 켜고 한다. 내가 할 수 있는 한 최선을 다한다. 정말 하기 싫을 때, 몸이 피곤할 때는 '미안하지만'이라는 말을 붙여서 부드럽게, 청소하기 싫다고 말한다. 남편은 청소할 것이 눈에 보이면 같이 청소를 하겠느냐고 부드럽게 묻는다. 즉시 청소하지 않아도 되니, 내가 시간이 있을 때나 컨디션이 좋을 때 하라고 덧붙인다. 그래도 내가 싫다고 하면 혼자서 청소한다.

결혼한 지 20년이 넘은 요즘, 우리 부부는 더 이상 청소 때문에 싸우지 않는다. 솔직히 부끄럽지만, 여전히 어머님 댁의 걸레는 우리집 수건보다 깨끗하다. 그래도 괜찮다. 나는 그렇게 살기를 처음부터 작정하지 않았기 때문이다. 더러우면 더러운 대로 지내고, 급한 일이 있으면 청소는 며칠이고 미뤄도 된다. 그러나 되도록 매일 열심히 청소를 한다. 남편이 일과 후에 깨끗하고 깔끔한 집에 들어와 안식할 수 있도록 하기 위해서다.

우리 부부에게 청소는 아직도 예민한 주제이지만, 더 이상 물고 뜯으며 싸울 주제는 아니다. 그리고 아이러니하게도 아이들을 보면서 좀 치우고 살자고 하는 내 자신을 종종 발견한다.

안 싸우고 살 자신 있나요?

갈등을 피하는 네 가지 방법

'무엇 때문에 싸우는지' 파악했으면 이제 '어떻게 싸우는가'에 대해 생각해보아야 한다. 싸울 때 피해야 할 네 가지와 잘 싸우기 위한 열 가지 기술에 대해 이야기해본다. 건강한 싸움을 위해 피해야 할 네 가지는 비판, 멸시, 방어, 회피이다.

첫째, 비판을 피해야 한다.

비판은 불평이나 비난의 형태로 나타난다. 상대의 성격이나 인격에 대한 총체적 공격을 하기도 하고, 문제가 생기면 상대방 탓으로 돌리곤 한다. 그래서 상대의 자존심을 상하게 하고 마음의 문을 닫아버리게 만든다. '결코, 항상, 절대, 하나도' 같은 부사가 자주 등장하고, "도대체 당신은 왜 그래?", "다 당신 때문이야" 같은 말을 종종 한다.

둘째, 멸시를 피해야 한다.

멸시나 경멸은 적대감이나 혐오감에서 나오는 것으로, 상대에게 무례한 모습과 불쾌한 감정을 느끼게 하는 심리적 학대 행위이다. 상대방의 인격을 훼손하는 태도인 것이다. 빈정거림이나 조롱, 호전적 태도를 동반하며 "또 그러네", "멍청하긴" 같은 말을 사용한다.

방어적 태도는 비판에 대한 반응일 수 있고 문제의 책임을 피하기 위한 부인과 변명, 자기합리화가 나타나는 태도이기도 하다. 또한 상대에 대한 비판으로도 사용된다. 자신이 피해자라는 피해의식을 가지고 상처 받은 자신을 보호하기 위해 사용되는 것이다. "당신이 그래서 나도 그런 거야", "그래, 나쁜 건 항상 나지" 같은 표현을 한다.

회피는 감정에 압도되어 돌담처럼 반응하는 것을 의미한다. 뒤로 물러나 얼굴 표정을 굳게 하고 눈을 마주치기를 피한다. 듣는 척하지만 대화에 참여하지는 않는다. 아무 말도 안 하고, 듣고도 아무 행동을 취하지 않는다. 무표정과 무반응은 그나마 다행이고, 무시한다는 뜻을 행동으로 보이기까지 한다. "그만 하자!", "말이 안 통하네" 같은 표현을 하기도 한다.

밖에서 벌세우기

수년 전 만났던 커플의 독특한 문제해결(?) 방식을 소개해본다. 자매는 모태신앙이었고, 형제는 자매를 좋아하여 신앙생활을 시작한 초신자였다. 그 둘 사이에 갈등이 생기면 어떻게 해결하는지 물어보았다. 일반적인 질문이라고 생각했는데, 자매의 대답이 가관이었다. 형제가 무슨 잘못을 하면 자매는 집 안에 있고, 형제를 집 앞에 세워 놓는다는 것이었다. 형제는 움직이면 안 되고, 자매의 화가 풀릴 때까지 밖에 서 있어야 한다고 했다. 그렇게 30분 쯤 지나면 자매가 형제를 부르고, 형제가 사과하면 냉전이 종료된다고 했다.

형제에게 그러면 어떤 기분이 드는지 물었다. 모멸감이 든다고 했다. 자존심이 무척 상하지만 자매의 감정 변화가 너무 커서 정작 자신은 감정을 표현해본 적이 없다고 했다. 아이러니하게도 자매는 단 한 번도 사과를 해본 적이 없었다. 실제로도 자신은 잘못을 한 적이 없다고 생각했다. 이 상황을 본 내 반응은 무엇이었을까?

나는 자매에게 예수 그렇게 믿지 말라고 했다. 사실 너무 속상했다. 신앙의 연수는 자매가 훨씬 길지만, 자매의 미성숙함이 초신자인 형제의 마음에 계속 상처를 주고 있었기 때문이다. 미숙한 소통 방법으로 비난과 멸시, 방어적 태도와 회피를 모두 사용하고 있었다. 반면 형제는 신앙에는 초보였지만 참 착했기에 사랑하는 자매를 인간적으로 참아주고 있었다.

이 커플은 갈등을 해결하기 위해 한 사람의 일방적 희생을 요구했고, 그런 악순환이 계속되었다. 갈등해결을 위한 선순환으로 전환이 필요했다. 형제에게는 자신의 감정과 생각을 당당히 표현하라고 권면했다. 형제에게서 모욕감, 자괴감, 치욕감, 창피함 등 부정적인 감정들이 쏟아졌다. 그 감정을 스스로 인식하고

결혼을 앞둔 그대에게

상대방에게 표현하는 연습이 필요했다. 자매에게는 무엇보다 하나님이 그 형제를 그분의 형상을 따라 직접 만드신 보배롭고 존귀한 존재로 인식하고 인정하는 연습이 필요했다. 어떠한 상황에도 존중받아야한다는 사실을 인정해야 했던 것이다. 그리고 두 사람 사이의 갈등은 어느 한 사람의 잘못이 아니라 서로 다르기 때문이고, 미숙하기 때문에 발생하는 것임을 인정해야 했다. 그들에겐 생각나는 대로 즉흥적이고 즉각적으로 감정을 표현하는 것이 아니라 조금 더 생각하고 기다리는 연습이 필요했다.

하지만 이렇게 권면한다고 해서 그들이 바로 바뀔까? 내가 스스로에게 묻는 질문이기도 하다. 어쩌면 여전히 건강하지 않은 방법으로 갈등을 해결하고 있을지도 모른다. 사랑하긴 하겠지만 여전히 상처를 주고받을지 모른다.

그렇지만 나는 소망한다. 우리가 나누었던 대화가 어느 시점에서 생각나기를, 자신의 연약함이 인식되기를, 사랑하는 배우자가 예수 그리스도의 핏값으로 사신 바 된 소중한 존재임이 깨달아지기를, 무엇보다 두 사람이 이루는 가정이 얼마나 귀한지 깨달아 아름답게 만들어가기로 다짐하기를.

갈등을 해결하는 부부싸움의 열 가지 기술

그렇다면 부부는 어떻게 싸워야 할까? 결혼예비학교에서 사용하는 다음 예화를 통해 열 가지 기술을 설명하려 한다.

결혼한 부부가 본가(시댁)에 갔다. 갈 때는 기분이 좋았으나 돌아 나올 때 아내는 마음이 상했고 남편은 안절부절 못하고 있다. 자세한 이유는 모르겠으나, 며느리가 시어머니에게 부당한 대우를 당해 마음이 상했기 때문이다. 시어머니가 며느리에게 화를 내신 후 방으로 들어가 문을 닫아버렸던 것이다. 아내는 영문도 모르고 비난을 받아 상처를 받았고, 남편은 이 상황을 지켜보았지만 개입하지는 않았다. 시댁에서 나와 차를 탄 두 사람 사이에 침묵이 흐른다. 이런 상황이 되면 어떻게 해야 할까?

첫째, 싸움으로부터 도피하지 말고 일단 싸워라.

남편과 아내가 모두 불편한 상황이다. 침묵은 도움이 되지 않는다. 그날 일어난 사태를 피하지 말고 대면해야 한다.

둘째, 싸움거리는 조심스럽게 선택해야 한다.

싸울 일 중에는 해결할 수 있는 것이 있고 싸울수록 갈등이 심해지는 것이 있다. 변화시킬 수 있는 것은 변화시키고 변화시킬 수 없는 것은 받아들여라. 그런데 싸울수록 관계가 어려워지므로 싸우지 말아야 할 주제는 무엇일까?

대표적 주제가 자존심과 상대방의 집안 식구들이다. 자존심을 싸움으로 다룰수록 더 힘들어지기 쉽다. 상대방의 집안 식구들에 대해 비난하면 더욱 예민해진다. 가급적 그 두 주제는 거론하지 않는 게 좋다. 그러나 위의 사례가 보여주는 주제가 바로 상대방의 집안 식구들에 관한 것이다. 하지만 상대 집안 식구의 문제라고 마냥 덮어두기만 할 순 없다. 그런 경우를 위해 싸움의 셋째 방법을 소개한다.

셋째, '나는…'이라는 'I-Message'로 대화하는 것이다.

"어머니는 왜 이유 없이 화를 내시냐?"라는 말은 아무리 감정을 절제하더라도 남편에게 비난의 메시지로 들릴 수밖에 없다. 듣는 남편 입장에서는 자기 어머니에 대한 비난에 동조할 수 없기 때문이다. 따라서 이런 상황에 대해 말할 때는 '나'를 주어로 삼아야 한다. 아내가 "내가 그 상황에서 마음이 상했다" 또는 "내 기분이 나빴다"라고 대화를 시작하는 것이 "어머니가 나를 무시했다"라고 말하는 것보다 부부 갈등을 해결하는 데 도움이 된다.

넷째와 다섯째는 감정에 대한 것이다.

넷째, 당신의 감정을 정확하게 말해야 한다.

자신의 감정을 마음껏 표현하라는 것이 아니라 말로 자세히 묘사할 수 있어야 한다. 속상하면 속상하다고, 불쾌하면 불쾌하다고, 마음의 평정심을 유지하며 말할 수 있어야 갈등을 해결할 수 있다. 그 감정이 무엇이든지 감추지 말고 솔직하고 차분하게 말할 수 있어야 한다.

넷째 방법을 따라 솔직하게 얘기한 감정을 있는 그대로 받아들여야 한다. 커플들을 만나보면 종종 말로 표현한 감정을 거부하거나 판단하는 것 때문에 오히려 갈등이 심화되는 경우를 발견한다. 기분 나빴다고 말했는데 '괜찮다', '기분 나쁠 일이 아니다', '기분 나빠하지 마라', '도대체 왜 기분이 나쁘냐?'는 말을 하면 안 된다. 감정은 변한다. 같은 상황이 반복될지라도 때에 따라 다른 감정을 느낄 수 있다.

시어머니로 인해 기분 상할 일이 생겨도 그날의 컨디션에 따라 웃고 넘어갈 수도 있지만, 마음이 심하게 상할 수도 있다. 그래서 당사자는 괜찮지 않은데 상대방이 괜찮다고 말하는 것은 어설픈 위로다. 게다가 그의 감정을 무시하는 것으로 받아들일 수 있다. 따라서 감정은 감정 그대로 받아주어야 한다.

이런 부분을 어려워하는 커플에게 연습시키는 말이 있다. "아, 그랬구나"이다. 상대방이 감정을 표현할 때는 자신의 판단을 중지하고 있는 그대로 받아들여주는 방법이다. 상한 감정에는 어떤 해결이 급한 것이 아니다. 공감이 먼저 필요하기 때문이다.

여섯째 방법을 가르칠 때 예비부부에게 묻는 질문이 있다.
"결혼을 하면 배우자가 내가 원하는 것이 무엇인지 알까?"

물론 답은 대개 '아니다'이다. 사실 생각해보면 내 생각도 수시로 바뀐다. 내가 뭘 원하는지도 모를 때가 많은데, 아무리 사랑한다 해도 어찌 남의 마음이나 생각을 언제나 다 알 수 있을까. 그래서 상대가 짐작하게 하지 말고 내가 원하는 것을 정확하게 말하는 부부 문화를 만들라고 조언한다.

일곱째, 무시하는 말로 인격을 모독하지 말아야 한다.

당연한 말 같지만 이 부분 때문에 의사소통에 문제가 생긴다. 감정이 상하기 때문이다. 앞에서 언급했던 비판(비난), 멸시(경멸), 방어적 태도, 회피(담쌓기)를 절대 하지 말아야 한다.

여덟째, 한 가지 주제만 다루고 현재에 집중해야 한다.

과거의 기억부터 미래의 다짐까지 넘나드는 대화의 방식은 곤란하다. 나를 이해하고 존중하는 말을 해달라고 말하면 된다. 이전에 존중받지 못했던 기억까지 언급하면 힘들어진다.

과거는 되돌릴 수 없기에 과거를 언급하는 것은 비난 이상도 이하도 아니다. 묵은 감정을 꺼내지 말고 현재에 집중하라. 또한 "앞으로도 존중하지 않을 거잖아"라는 예언적 발언도 금지다. 지금 존중해달라고 하면 된다. 예언적 발언은 존중하라는 건지 말라는 건지 비아냥거림으로만 들리기 때문이다.

대화 도중에 상대방의 말이 끝나지 않았는데도 말 꼬리를 자르고 치고 들어가는 경우가 많다. 십중팔구 상대의 말을 듣기보다 언제 끼어들어 자신의 목소리를 낼까 생각하고 있는 자세다. 그러면 경청도 공감도 하지 못한다. 따라서 우선 잘 듣고 이에 대해 반응해야 한다.

조금 더 성숙한 대화를 원한다면 상대방의 말을 다시 진술하는 방식이 유익하다. "내가 들은 바로는 당신이 OOO을 원하는 것 같은데, 내가 이해한 것이 맞나요?" 같은 식의 '재진술'을 통해 상대방의 말을 내가 제대로 이해했는지 확인하는 것이다.

'항상, 절대, 매일, 또' 같은 부사는 사용하지 말아야 한다. 누구도 '항상 무엇을 한다'거나 '절대 무엇을 하지 않는다'고 말할 수 없기 때문이다. 예를 들어, 남편이 존중의 말을 안 했더라도 절대 존중을 안 하는 건 아니다. 100번 중에 적어도 한 번은 존중한다. 99번을 존중하지 않아도 한 번이라도 이해의 말을 했다면 "절대 존중하지 않는다"라는 말은 옳지 않다. 하지만 그걸 보는 상대방은 '절대 상대방을 존중하지 않는 나쁜 사람'이라고 느낄 것이다.

사실 적절한 부사는 '거의'이다. 절대라는 부사를 들은 상대방은 불쾌해질 수 있다. 갈등의 본질은 존중하기이지만, 절대 존중하지 않는 사람이라는 프레임으로 갈등이 확산될 수 있는 것이다. 따라서 일반화하거나 절대시하는 부사, 즉 '항상, 절대, 매일, 또' 같은 단어는 가급적 쓰지 않는 것이 좋다.

지금 갈등이 있는가? 지금 해결해야 한다. 나중에 해결하려면 더 힘들어지고 상황이 복잡해지기 때문이다.

통하고 있습니까?

마가복음 1:40–45

한 초등학교 선생님이 교실에 지구본을 들고 들어와 학생들에게 물었습니다.

"누가 나와서 아메리카 대륙을 찾아보렴."

용감한 철수가 먼저 손을 들고 나왔습니다.

"여기요!"

철수는 지구본을 이리저리 돌려보더니, 정확하게 아메리카 대륙을 손가락으로 가리켰습니다. 선생님이 학생들에게 또 물었습니다.

"그러면 여러분! 아메리카 대륙을 발견한 사람이 누구죠?"

한 아이가 손을 번쩍 들더니 자신 있게 말했습니다.

"철수요!"

동문서답의 절정입니다. 요즘 자주 쓰는 말로 전혀 '소통'이 이루어지지 않은 것입니다. 귀가 어두운 육체의 한계로, 다른 이유는 아메리카 대륙을 콜럼버스가 발견했다는 것을 모르는 지식의 한계로, 소통이 아니라 불통이 일어난 현장입니다.

부부 사이는 그러면 안 됩니다. 문제는 한 식탁에서 같이 밥을 먹는 가족인데도 벽 보듯 하는 것입니다. 같은 공간 안에 있지만 가정에도 스며드는 외로움이 있습니다. 실컷 이야기를 쏟아놓았지만, 이 사람이 얼마나 상대를 이해하고 있을지, 가족의 아픔을 기억이나 하고 있을지 의심부터 됩니다. 전혀 마음이 전해지지 않습니다. 남편은 남편대로, 아내는 아내대로, 아이는 아이대로, 각자 따로 삽니다. 전혀 소통이 이루어지지 않습니다.

초고속 통신시대의 불통 현상

우리가 살고 있는 오늘날의 사회가 어떤 사회입니까? 인터넷에 휴대전화까지, 온갖 통신수단이 화려하기 그지없습니다. 실시간 화상통화도 이젠 입체적인 3D가 나온다고 합니다. 우리나라에는 2012년 미국 대통령 오바마가 한국외국어대학교에서 한 연설에서 카카오톡을 언급했을 정도로 인터넷과 SNS가 발전돼 있습니다. 언제든지 실시간으로 소통할 수 있는 모든 조건을 갖추고 살아갑니다.

그런데도 뭔가 모르게 꽉 막혀 있는 것 같습니다. 처음에는 별 표시가 나지 않지만 계속되면 심각해집니다. 물도 순환이 이루어지지 않으면 썩는다는 것을 아시지요? 관계도 마찬가지입니다. 한 이불을 덮고 자는 부부 사이라 할지라도, 천륜이라는 부모 자식 사이도, 한 교회의 성도라 할지라도 소통이 이루어지지 않으면 곳곳에서 문제가 생깁니다. 계절은 따스한 봄날이 되어도 가정은 여전히 시베리아 벌판인 경우가 있습니다.

소통이라는 것이 무엇입니까? 사전적인 의미는 '막히지 않고 잘 통함,' 혹은 '뜻이 서로 통하여 오해가 없음'입니다. 영어로는 'communication' 혹은 'mutual understanding', 즉 상호이해입니다. 예수님은 어떻게 상호이해를 통해 소통을 이루어내셨을까요? 그 소통의 현장을 찾아가려고 합니다.

소통의 진정한 고수는 예수 그리스도이십니다. 하나님이 우리와 소통하기 위해 성육신하셨던 것입니다. 친히 육신을 입고 이 땅에 오셨습니다. 우리와 함께 하시고 함께 느끼시고 함께 고통을 받으셨습니다. 우리는 오만 가지 소통의 기계와 방법들은 다 가지고 있으면서도, 또 그걸 사용한다고 내는 돈이 엄청난데도 불구하고 꽉 막힌 불통의 세계에서 허덕이고 삽니다. 하지만 예수님은 어떻게 하셨습니까? 막힌 담을 자기 육체로 허셨습니다.

그는 우리의 화평이신지라 둘로 하나를 만드사 원수 된 것 곧 중간에 막힌 담을 자기 육체로 허시고 _엡 2:14

예수님을 통해 불통을 넘어 소통의 해법을 발견하기 바랍니다. 특히 부부 사이는 정말로 통하는 사이가 되어야 합니다.

결혼을 앞둔 그대에게

왜 통해야 할까요?

그러면 소통의 당위성을 먼저 살펴봅시다. 왜 소통해야 합니까? 소통하지 않으면 대신 고통이 옵니다.

본문에는 서로 통하지 않아 고통 가운데 있던 사람이 나옵니다. 성경에는 이 사람의 이름도 배경도 기록이 없습니다. 알 수 있는 정보라고는 나병이라는 몹쓸 질병을 앓던 환자라는 것뿐입니다. 이 사람이 앓고 있는 질병도 고통이지만, 감각이 점점 없어져간다는 고통보다 더 뼛속 깊이 파고드는 고통이 무엇이었을까요? 고독입니다. 인격적인 관계가 사라져 생긴 외로움입니다. 그 고통이 어느 정도였을지 충분히 짐작 가능합니다.

나병환자는 그 당시 부정(不淨)과 저주받은 인생의 상징이었습니다. 공동체를 떠나 격리된 채 생활해야 했습니다. 가족까지 그를 버렸습니다. 율법에는 그들이 사람들을 만날 때마다 해야 할 행동이 있다고 기록돼 있습니다.

나병 환자는 옷을 찢고 머리를 풀며 윗입술을 가리고 외치기를 부정하다 부정하다 할 것이요_레 13:45

사람들이 그들을 보면 돌을 던지기도 했습니다. 부정한 것이 가까이 오지 못하도록 하려는 것입니다. 그래서 그들은 언제나 보통 사람들이 돌을 던져도 맞지 않을 정도의 거리를 유지하며

안 싸우고 살 자신 있나요?

살아야 했습니다. 이 정도면 정말 사방이 다 막힌 상태에서 살았던 것이 아닙니까? 소통은 꿈도 꿀 수 없었습니다.

허준의 동의보감에 '통즉불통 불통즉통'(通卽不痛 不通卽痛)이라는 말이 있습니다. '통(通)하지 않으면 통(痛)이 온다'라는 말입니다. 소통하면 고통이 없고 소통이 없으면 고통이 온다는 것입니다. 한의학에서도 장기(臟器)에 기가 막히면 기를 뚫어줘야 한다고 하지 않습니까? 기절초풍(氣絶招風)이라는 말이 있는데, 기가 막히면 풍을 불러온다는 뜻입니다. 혈관이 막히면 동맥경화가 옵니다. 경제 흐름도 마찬가지입니다. 돈이 제대로 흐르지 않으면 인플레이션(inflation)이나 디프레이션(deflation)이 옵니다. 관계도 마찬가지입니다. 소통이 이루어지지 않으면 외로움과 고독 속에 던져지는 고통이 찾아오는 것입니다. 그런데 예수님께서 이런 사람에게 찾아오셔서 소통을 시도하고 계십니다. 예수님이 이 환자를 고쳐주시고 나서 무엇부터 하라고 하십니까?

> … 네 몸을 제사장에게 보이고 네가 깨끗하게 되었으니 모세가 명한 것을 드려 그들에게 입증하라 … _막 1:44

왜 그렇게 당부하셨을까요? 제사장이 보고 부정하지 않다고 선언해줘야 이 사람이 가족과 사회 공동체에게 돌아갈 수 있기 때문입니다. 예수님은 이 환자의 고통의 본질을 정확히 알고 계셨던 것입니다.

결혼을 앞둔 그대에게

고통의 진정한 원인을 해결하라

아내와 소통하고 계십니까? 남편과 소통하고 계십니까? 어쩌면 여러분 가정에서 지금 겪고 있는 고통의 원인은 환경이나 돈이 아닐 수 있습니다. 부부가 소통하지 않기 때문일 수 있습니다.

그러면 어떻게 하면 됩니까? 접촉을 시도해야 합니다. 천지사 방이 다 막혀 있던 나병환자에게 예수님이 소통을 위해 제일 먼 저 무얼 하셨는지 보세요. 41절입니다.

예수께서 불쌍히 여기사 손을 내밀어 그에게 대시며 이르시되 내가 원하노니 깨끗함을 받으라 하시니 _막 1:41

예수님이 손을 내밀어 그에게 접촉하셨습니다. 원래 나병환자 에게 손을 대면 안 됩니다. 의학 상식으로도 안 되고, 율법으로 는 더욱 더 안 됩니다. 손을 댄 그 사람도 부정해지니까요. 유대 인에게 '부정해진다'는 말은 세상 사람들이 점 칠 때 부정 탄다 는 수준이 아닙니다. 하나님과의 단절을 의미합니다. 그렇게 믿 었습니다. 그런데도 그에게 손을 대셨습니다. 영어로 하면 터치 (touch)하신 것입니다. 왜 그렇게 하셨을까요?

우리 생각에는 주님이 그와 소통하기를 원하신 것이라면 그저 말로 "고생이 많구나. 얼마나 힘드냐?" 하는 대화부터 해야 할 것 같습니다. 그런데 예수님이 하신 일의 순서가 보입니까? 먼저 접촉부터 하셨지 말부터 하지 않으셨습니다. 더 정확하게 말하면 예수님은 말로만 끝내지 않으셨던 것입니다.

사실 예수님은 한마디 말씀만으로 충분히 치유의 역사를 일으킬 수 있는 분이십니다. "나사로야 나오라"는 말씀 하나만으로 죽은 자를 살리시는 분이십니다. 그러니 말씀만 하셔도 충분합니다. 그런데 '터치'부터 하셨습니다. 왜 그렇게 하셨을까요?

사람끼리 언제 접촉을 하게 되는지 아십니까? 마음이 갈 때입니다. 마음이 있으면 접촉은 일어납니다. 그래서 본문을 보면 예수님이 그에게 그냥 손부터 내미신 것이 아니었습니다. 다시 읽어 볼까요.

예수께서 불쌍히 여기사 … _막 1:41

불쌍히 여기시는 마음부터 있었던 것입니다.

'불쌍히 여긴다'는 원어에서 '내장'을 가리키는 말입니다. 그러므로 불쌍히 여긴다는 것은 단순히 마음만 아니라 몸에서 반응이 일어난 것입니다. 마음이 움직이니 몸이 움직이고 접촉이 일어난 것입니다. 대충 말로만 때우는 것이 아닙니다.

집을 나갔다 돌아온 아들을 보고 아버지가 무엇부터 합니까?

… 아직도 거리가 먼데 아버지가 그를 보고 측은히 여겨 달려가 목을 안고 입을 맞추니 _눅 15:20

결혼을 앞둔 그대에게

측은히 여기는 마음이 있으니까 달려가 목부터 안은 것입니다. 마음이 가야 손발과 몸도 움직이는 원리를 깨달을 수 있기를 바랍니다.

마음을 다해 소통하십시오. 그렇지 않으면 불통이 옵니다. 그래도 어떻게 소통할지 잘 모르겠다고요? 불쌍히 여기면 됩니다. 마음에서 일어난 진심을 말로 몸으로 표현하면 됩니다. 이러면 부부간에 행복하고 만족스러운 의사소통이 일어날 것입니다.

아이스 브레이크

1 연애기간 중에 무엇 때문에 크게 다투었습니까? 그 이유는 무엇이었습니까?.

2 그 문제를 어떻게 해결했습니까? 그 후 서로에게 어떤 변화가 있었습니까?

갈등의 내용 파악하기

3 다음 페이지의 표를 보고 각각의 주제들에 대해 당신이 해석하는 범위 내에서 각 문제들이 당신에게 얼마나 큰 문제로 느껴지는지 표시해 보십시오. 가장 크게 느껴지면 5에, 가장 적게 느껴지면 1에, 그 사이에서 느껴지는 만큼의 숫자에 표시하면 됩니다. 여기에 제시되어 있지 않은 문제들이 더 있다면 빈 칸에 주제를 기록하고 체크해 보십시오. 체크하기를 마친 후 파트너와 비교하여 토의해보십시오. 각각의 주제를 어떻게 다르게 정의하고, 어떤 세부사항을 고려하고 있는지 나누어보십시오.

주제	1 매주 작은 문제	2 작은 문제	3 보통 문제	4 큰 문제	5 매우 큰 문제
1. 직업					
2. 자녀					
3. 집안의 자질구레한 일					
4. 의사소통					
5. 친구					
6. 질병					
7. 상대방의 집안 식구들					
8. 질투					
9. 돈					
10. 우선순위					
11. 여가활동					
12. 가사분담					
13. 종교					
14. 성 생활					
15. 잠버릇					
16.					
17.					
18.					
19.					
20.					

안 싸우고 살 자신 있나요?

4 갈등의 내용에 대해 나누어봅시다.

① 본인이 '매우 큰 문제'라고 표시한 주제는 무엇입니까?

② 상대방이 '매우 큰 문제'라고 표시한 주제는 무엇입니까?

③ 위에서 언급한 주제들에 대해 각각의 정의를 내려보고, 서로 정의가 어떻게 다른지 나누어보십시오.

갈등해결의 방법 파악하기

5 건강한 의사소통을 위해 피해야 할 네 가지에 대해 논의해봅시다.

① 비판

② 멸시(경멸)

③ 방어적 태도

④ 담 쌓기(회피)

6 건강한 의사소통을 위한 열 가지 대화의 기술에 대해 논의해봅시다.

① 싸움으로부터 도피하지 말고 일단 싸워라.

② 싸움거리를 조심스럽게 선택하라. 변화시킬 것은 변화시키고 변화시킬 수 없는 것은 받아들이라.

③ '나는…'(I-Message)이라는 말로 대화하라.

④ 당신의 감정을 정확하게 말하라.

⑤ 상대방의 감정을 옳고 그름으로 판단하지 마라.

⑥ 원하는 것을 정확하게 요구하라.

⑦ 무시하는 말로 인격을 모독하지 마라.

⑧ 상대방의 말을 끝까지 듣고 추측하거나 판단하지 마라.

⑨ 한 가지 주제만 다루고 현재에 집중하라.

⑩ 일반화하지 마라.

PART 6

결혼예배 주례사

홈 스위트 홈 : 행복한 가정을 꿈꾸려면

요한복음 2:7-10

결혼예배의 시작

개식사

하객 여러분! 곧 신랑 OOO 군과 신부 OOO 양의 결혼 예식이 시작될 예정입니다. 오늘 예식은 기독교식으로, 살아계신 하나님 앞에 예배를 드리는 것으로 진행될 예정입니다.

입장하셔서 자리해주시고, 경건한 예식을 위해 핸드폰을 미리 정리해주시면 감사하겠습니다.

촛불 점화

먼저 오늘 예식을 위해 양가 어머님들이 입장하셔서 화촉을 밝히도록 하겠습니다.

성경은 "의인의 길은 돋는 햇살 같아서 점점 크게 빛나 한낮의

광명에 이른다"고 말합니다(잠언 4:18). 이 시간 양가 어머님이 나오셔서 밝힌 촛불처럼, 오늘 결혼하는 두 사람의 삶이 돋는 햇살처럼 찬란한 삶이 될 수 있기를 소원합니다.

신랑 입장

이제 촛불 점화에 이어 신랑 입장이 있겠습니다. 준비되셨나요? 오늘의 주인공, 신랑 OOO 군, 신랑 입장!

신부 입장

이어서 신부 입장이 있겠습니다. 하객들은 모두 자리에서 일어나셔서 신부를 맞아 주시면 감사하겠습니다.

오늘의 주인공, 신부 OOO 양, 신부 입장!

주례자의 안내

하객 여러분! 양가 가족 여러분!

오늘 우리는 OOO 군과 OOO 양의 결혼을 축하하기 위해 이 자리에 모였습니다. 바라기는 평생의 첫 출발이 하늘의 축복 가운데 시작될 수 있기를 바랍니다.

찬송

다같이 (자리에 앉으셔서) 찬송가 605장을 찬송하겠습니다.

(찬송 가사는 순서지에 나와 있습니다.)

　　　　　　　　　　　　　　　　　　　결혼예배 주례사

사랑의 편지

(신랑이 신부에게, 신부가 신랑에게 쓴 편지 낭독)

대표기도

이 시간 우리 모두를 대표해서 신부가(신랑이) 다니는 OO교회
OOO 목사님(장로님) 나오셔서 기도하시겠습니다.

성경봉독

요한복음 2장 7절에서 10절입니다. (순서지에 나와 있습니다.)

[7]예수께서 그들에게 이르시되 항아리에 물을 채우라 하신즉 아귀까지 채우니 [8]이제는 떠서 연회장에게 갖다 주라 하시매 갖다 주었더니 [9]연회장은 물로 된 포도주를 맛보고도 어디서 났는지 알지 못하되 물 떠온 하인들은 알더라 연회장이 신랑을 불러 [10]말하되 사람마다 먼저 좋은 포도주를 내고 취한 후에 낮은 것을 내거늘 그대는 지금까지 좋은 포도주를 두었도다 하니라

결혼을 앞둔 그대에게

주례사

오늘 결혼식에 오신 여러분을 진심으로 환영합니다. 주님의 은혜와 복이 여러분과 여러분의 가정에 충만하기를 주님의 이름으로 축복합니다.

오늘 참으로 아름다운 신랑 신부가 이 자리에 섰는데, 이 두 사람처럼 아담도 하와와 함께 웨딩마치를 올렸습니다. 하나님이 짝지어주셔서 함께 가정을 꾸렸던 것이지요.

처음에는 참 행복하게 살았습니다. 그런데 살다 보니까, 하와가 남편에 대해 자꾸 의심이 생겼습니다. 혹시 바람 피는 건 아닐까, 그래서 자꾸 아담의 핸드폰을 검사하게 되었습니다. 이상한 문자를 발견하면 꼬치꼬치 물었습니다. 이게 귀찮았던지, 아담이 하와에게 이렇게 말합니다.

"너 계속 그럴래? 나 아직 갈비뼈 많아!"

이게 무슨 말이죠? 다른 선택을 할 여지가 많다고 착각한 것입니다.

신랑! 아직 신랑에게 갈비뼈가 많나요? 그거 꺼내면 새 신부가 생기나요?

신부! 어떤 의미에선 자매도 마찬가지입니다.

오늘 하나님이 우리에게 각각의 배우자를 만나게 하시고, 특별히 짝지어 주셨다는 사실을 마음에 분명히 새길 수 있기를 바랍니다. 더 이상 선택의 여지는 없는 것입니다.

셰익스피어는 〈불사조와 거북〉에서 이렇게 말합니다.

"사랑의 세계에서는 수(數)가 암살당했다."

더 이상 선택의 여지가 없기에 수가 암살당한 것입니다. 오직 너뿐(Only You)인 것입니다.

또한 나와 너를 따지기 시작하면서 불행이 싹이 틉니다. 그러나 사랑은 단수입니다. 사랑은 복수와 공존할 수 없는 것입니다.

어느 날 한국 근대사에서 유명한 김교신 선생이 제자의 결혼식에 참석하면서 칼과 가위를 가지고 왔습니다. 놀란 하객들이 물었습니다.

"선생님! 이 즐거운 날에 흉하게 칼과 가위는 뭐 하려고 가지고 오셨습니까?"

선생이 대답했습니다.

"저는 신랑에게 칼을 주려고 합니다. 과거의 친구와의 관계를 끊고 이제는 아내만을 위해 살라는 의미로. 그리고 신부에게는 가위를 주려고 합니다. 친정과의 관계를 끊고 남편만을 바라보라고."

지금 당신의 배우자를 하나님께서 더 이상 선택의 여지가 없는 유일한 나의 배필로 세우셨다는 사실을 믿을 수 있기를 바랍니다.

행복한 가정에 대한 꿈

저는 오늘처럼 결혼하는 새 가정을 볼 때마다, 그 가정이 만들어갈 아름다운 가정을 상상하면서, 제 입에서 흥얼거리며 나오는 노래가 있습니다. 그 노래의 작사자가 1852년 4월 10일, 알제리에서 사망했습니다. 그로부터 31년이 지난 후 미국 정부는 군함을 보내 그의 유해를 미국으로 가져오도록 했습니다. 그의 유해가 미국 뉴욕에 드디어 도착하는 날, 항구에는 군악대의 연주와 예포 소리가 울려 퍼졌고, 심지어 대통령과 국무위원들을 비롯한 정치인과 유명인, 그리고 수많은 시민이 늘어섰습니다.

매우 흥미롭고 놀라운 사실은, 이날의 주인공이 유명한 정치인도, 나라를 위해 목숨을 바친 군인도 아니었다는 점입니다. 그저 평범한 한 명의 시민에 불과했습니다. 그럼에도 불구하고 그의 유해가 미국 땅에 돌아오는 것이 전 국민의 관심사가 된 이유는 무엇이었을까요? 단 한 가지, 그가 작사한 곡의 노랫말 때문이었습니다. 모든 미국인으로 하여금 세상에서 가장 가치 있고 소중한 것이 무엇인지를 마음속 깊이 심어준 노래였습니다.

"즐거운 곳에서는 날 오라 하여도, 내 쉴 곳은 작은 집, 내 집뿐이리. 꽃피고 새 우는 집, 내 집뿐이리."

오늘 말씀의 제목이기도 한 〈홈 스위트 홈〉의 작사자, 바로 존 하워드 페인(John Howard Payne)이 그 주인공이었습니다.

오늘 결혼하는 두 사람뿐만 아니라 온 인류에게 포기할 수 없는 꿈이 있다면, 그것은 "행복한 가정에 대한 꿈"일 것입니다.

그러나 안타깝게도 오늘날의 가정은 이런 모습과 거리가 멀 때가 많습니다. 그 이유가 여러 가지 있지만, 가장 큰 것은 이 본문에 나오는 것과 같은 결핍의 문제입니다. 그것이 정서적인 것이든, 물질적이든 영적인 것이든, 부부간의 대화이든, 뭐든 뭔가 모자라는 결핍의 상황을 만나면 문제가 생기기 시작합니다. 본문의 혼인 잔칫집도 마찬가지입니다. 잔칫집에 포도주가 떨어졌습니다. 결핍의 문제가 발생했습니다.

부족의 문제를 만날 때

본문을 통해 우리는 이스라엘의 혼인 예식 풍습을 약간 엿볼 수 있는데요, 그들도 혼인이 치러지는 집에 이웃들을 초대했고, 하객들은 먹고 마시며 축하하고 기뻐하였습니다. 당시 이스라엘의 잔칫집에서 빠져선 안 되는 것이 바로 포도주였습니다.

포도주는 열대기후인 그 지역에서 술이라는 개념보다 청량음료였습니다. 우리식으로 말하면 결혼예식에 빠지면 안 될 잔치국수라고 보면 적절한 겁니다. 그러니 포도주는 잔칫집의 즐거움이며 없어서는 안 되는 아주 중요한 것이었습니다.

그런데 예수님이 초대를 받은 잔칫집에 어떤 문제가 생겼다고요? 3절에 "포도주가 모자란지라"고 기록돼 있습니다. 포도주가 떨어졌다는 것은 잔치의 파장을 의미하며, 잔칫집의 수치이기도 했습니다. 손님을 초대해놓고 이 이상 결례는 없는 겁니다. 아마 손님이 기대 이상 많이 왔는지, 아니면 하필 과음하는 사람들이 그날따라 떼를 지어 와서 그랬는지 몰라도, 그날 이 잔칫집에 포도주가 떨어져가는 생각지도 못했던 일이 생긴 것입니다.

결혼을 앞둔 그대에게

여러분! 이 땅을 살아가는 우리 모두는 이 부족의 문제를 만나게 됩니다. 물질이 부족하든, 지혜가 부족하든, 건강이 부족하든, 또 내가 준비하고 마련하고 대비한 일에서 뭔가가 부족하든, 누구나 부족의 문제를 만납니다. 부족의 문제 앞에서 우리는 모두 당황하고 낭패를 경험합니다. 바로 이때 주님이 필요합니다. 우리 인생의 모든 부족의 문제는 예수 그리스도께서 해결하실 수 있기 때문입니다.

이때 잊어선 안 될 중요한 사실이 있습니다. 예수님이 그저 잔칫집에 손님으로 있어서는 물이 변하여 포도주가 되는 기적은 없다는 것입니다. 주님이 주인처럼 전면에 나서셔야 합니다.

예수님이 오늘 이 결혼식 자리에 오신 하객들처럼 한쪽 구석에서 박수나 치시고 밥이나 잘 드시고 사라지는 정도만 하시면 이 가정에 기적은 없습니다. 주님이 전면에 나서셔서 하인들을 건사하시고, 하인들에게 항아리에 물을 채우라고 말씀하시고, 또한 하인들은 주님의 그 말씀에 순종하는 일이 있을 때 물이 포도주로 변하는 기적의 역사가 나타나는 것입니다.

오늘 새롭게 가정을 누리는 신랑 신부, 두 사람은 꼭, 반드시 이 말씀을 기억하십시오.

"주님이 두 사람의 신혼집에 객으로, 손님으로 계셔서는 그 집에 결코 기적은 없습니다."

두 사람이 이루는 가정에 주님을 손님이 아닌 주인으로 모실 수 있어야 합니다. 언제부터? 지금부터, 신혼 첫날부터 그래야 합니다. 자식 낳고 키운 다음에, 인생의 쓴맛을 다 경험하고 나서 한참 뒤에 생각나서가 아니라, 신혼 첫날부터, 아니 결혼예배를 드리는 이 순간부터 주인으로 모셔야 합니다.

그런데 주님을 가정에서 주인으로 모신다는 것을 어렵게 생각할 필요가 없습니다. 주님이 신랑과 신부 각 개인의 주인이시면 됩니다. 각각 주님을 주인으로 모신 두 사람이 믿음의 가정을 이룰 때, 그 가정의 주인이 아주 자연스럽게 주님이 되실 수 있는 것 아니겠습니까?

혹시 아직까지도 주님이 내 인생에 손님이면, 물이 변하여 포도주가 되는 기적은 요원할지 모릅니다. 주님이 주인으로서 역사하셔야 하는 것입니다.

그러면, 주님을 주인으로 모시면 어떻게 되는가?

첫째, 가정의 문제가 해결됩니다.

물이 변하여 포도주가 되지 않았습니까? 결핍이 더 이상 문제가 아니라 실제로 해결됩니다.

둘째, 갈수록 행복한 가정이 됩니다.

우리가 이 본문의 말씀을 읽을 때마다 가장 감동하는 부분이 어디입니까? 주님께서 물을 포도주로 변하게 하여 만든 포도주를 나눠주었더니, 사람들이 무엇이라고 말했습니까?

결혼을 앞둔 그대에게

뭘 의미합니까? 어제보다 더 나은 오늘, 오늘보다 더 나은 내일, 더 행복한 미래가 기다리고 있다는 것입니다. 이것이 예수 믿는 사람들의 진정한 삶의 행복이고 보람인 것입니다. 살아가면 살아갈수록 진국 인생이 되는 것입니다. 이렇게 살아야 신나지 않겠습니까? 살수록 살맛이 나지 않겠습니까?

만일 오늘의 행복이 내 인생 최대치의 행복이고, 5년 후에 좀 불행하고, 10년 후에는 더 불행해지고, 한 20년 후에는 부부가 어디 여행 갔다가 절벽에서 서로 등 떠밀고 싶어진다면, 오늘 왜 결혼을 하죠? 오늘 최대치로 행복했다가 점점 내리막을 걸으면서 불행해지는 결혼생활을 뭐 하러 이렇게 시작합니까?

그러나 예수님을 주님으로 모시면, 양상은 다를지 모르지만 가면 갈수록 행복합니다. 지금 웨딩마치를 올리는 이 순간이 물론 행복하지만, 결혼 5년 후면 더 행복합니다. 10년 후는 더 행복합니다. 20년 후, 물론 후회 없이 더 행복합니다. 어떤 부부에게? 주님을 주인으로 모신 부부에게 그렇게 될 것입니다. 할렐루야! 이런 복을 누릴 수 있기를 바랍니다.

셋째, (마지막으로 이렇게만 살면) 하나님이 영광을 받으십니다.

요한복음 2장 11절입니다.

예수 믿는 모든 사람들의 평생 소원인 하나님께 영광을 돌리는 삶을 살게 되는 것입니다.

결론을 맺겠습니다.

어떤 목사님이 너무 바쁘셨습니다. 결혼식 주례다, 병원에 환자 심방이다, 장례식 인도까지, 하필 토요일에 더 정신없이 바쁘셨습니다. 그날도 장례식 인도를 마치고 결혼식 주례를 하러 결혼식장에 오셨는데, 새벽부터 돌아다니느라 너무 피곤하셔서 자리에 앉아 잠깐 조셨습니다. 이윽고 결혼식 시간이 되어 정신을 차린 목사님이 일어나 결혼식을 시작하는 첫 선포를 하시는데, 그만 실수를 하셨습니다.

"에, 지금부터 고 ○○○ 군과 고 ○○○ 양의 결혼식을 시작하겠습니다."

신랑 신부가 이런 말 들었으니 표정이 어떻게 변했겠습니까? 하객들도 술렁거렸겠지요.

(오늘 저도 일정이 많았지만, 저는 이 정도는 아니니까 걱정 마십시오!)

그런데, 결과적으로 생각하니, 그날 실수하신 목사님의 결혼식 첫 선포 멘트가 아주 명품이었습니다. 결혼하는 신랑과 신부에게 가장 중요한 말씀이 되었기 때문입니다.

행복한 결혼생활을 위해서라면 반드시 필요한 것이 무엇입니까? 내가 죽는 것입니다. 신랑 신부가 각각 먼저 자아가 죽어야 행복한 부부가 될 수 있는 것입니다. 그러니 "고 ○○○ 군과 고 ○○○ 양의 결혼식"이란 멘트가 전혀 틀린 말이 아닌 것입니다.

> 내가 그리스도와 함께 십자가에 못 박혔나니 그런즉 이제는 내가 사는 것이 아니요 오직 내 안에 그리스도께서 사시는 것이라 이제 내가 육체 가운데 사는 것은 나를 사랑하사 나를 위하여 자기 자신을 버리신 하나님의 아들을 믿는 믿음 안에서 사는 것이라 _갈 2:20

내가 죽어야, 우리 가정에서 예수님이 주인이 되셔서 살아갈 때 행복한 가정이 된다는 사실을 기억할 수 있기를 바랍니다.

혹시 내 목소리를 내야 할 때가 있다면, 그것은 부부생활에서 절묘한 이중창이어야 합니다. 듀엣이어야 합니다. 서로가 가진 특유한 톤으로 아름답게 하모니를 이룰 때 행복한 가정이 되는 것입니다.

이 설교가 끝나면 평생 그대만을 위해 사랑하고 살겠다고 하나님과 여러 증인들 앞에서 서약을 하게 됩니다. 그런 의미에서 예물교환도 하게 될 것입니다.

그러나 지금부터, 사실은 결혼식 이후가 진짜입니다. 오늘 이 결혼식은 세리모니, 행사입니다. 말 그대로 결혼식일 뿐입니다.

결혼생활은 지금부터 현실입니다. 당장 신혼여행을 마치고 나면, 아마 내 이름으로 발부된 새 가정의 영수증 꾸러미를 접하면서 현실감을 느끼게 될 것입니다.

서로에게 책임 있는 남편과 아내가 되어야 합니다. 그렇게 최선을 다해 살지만, 결혼생활의 위기가 올 때마다, 결핍의 문제가 생길 때마다, 주님을 두 사람의 인생에서 그저 손님으로 내버려두면 안 됩니다. 예수님을 두 사람의 가정에서 그저 객으로서가 아니라, 주님으로 모실 수 있기를 바랍니다. 그렇게만 하면 모든 문제가 해결될 뿐 아니라, 가면 갈수록 행복한 가정을 꾸리게 될 것입니다. 그리고 이 가정을 통해서 하나님이 큰 영광을 받으시리라 믿습니다. 그런 축복된 가정을 꾸리는 주인공이 될 수 있기를 주님의 이름으로 축원합니다. 아멘.

결혼 서약과 선포

이 시간, 제가 서약을 받도록 하겠습니다.

신랑에게 먼저 질문합니다. (오른손을 들어주시고.) 질문에 동의가 되시면 큰 소리로 "예"라고 대답해주십시오.

신랑 OOO은 신부 OOO을 아내로 맞이하여 그리스도께서 교회를 위하여 생명을 주심같이 희생하고, 슬플 때나 기쁠 때나, 괴로울 때나 행복할 때나 사랑하고 살겠습니까?

이제는 신부에게 질문합니다. (오른손을 들어주시고.) 질문에 동의가 되시면, 다소곳이 고개 숙여 의사표시를 해도 됩니다.

신부 OOO은 신랑 OOO을 남편으로 맞이하여 교회가 그리스도의 신부인 것처럼 순종하며 슬플 때나 기쁠 때나, 괴로울 때나 행복할 때나 사랑하고 살겠습니까?

(두 사람이 주례의 질문에 모두 예라고 대답했습니다.)

예물 교환

오늘 신랑 신부는 하나님 앞에서 결혼을 증빙하는 예물을 준비했습니다. 이제 신랑과 신부가 본인들의 서약을 증빙하는 지환을 서로 교환하면서, 다시 한번 하나님이 허락하신 결혼에 대하여 마음에 다짐하는 시간을 갖도록 하겠습니다.

이 지환의 둥근 부분은 결혼의 영원성을 상징하고, 빛나는 부분은 결혼의 순결성을 상징합니다. 그래서 이 결혼의 서약과 맹세가 영원하고 순결하다고 다짐하면서, 먼저 신랑이 신부에게 지환을 드리겠습니다. 이렇게 말하면서 지환을 끼워주십시오.

"나 신랑 OOO은 신부 OOO 당신에게 이 지환을 드림으로, 당신을 사랑하며 남편의 책임을 저의 생애가 끝날 때까지 다 할 것을 주님 앞에 약속합니다."(라고 말한 뒤 지환을 끼워주게 한다.)

"나 신부 OOO은 신랑 OOO 당신에게 이 지환을 드림으로, 당신을 사랑하며 아내의 책임을 저의 생애가 끝날때까지 다 할 것을 주님 앞에 약속합니다."(라고 말한 뒤 지환을 끼워주게 한다.)

결혼예배 주례사

축복기도

(성경책 위에 신랑과 신부와 주례자의 손을 포개 얹고서) 이제 영원히 변함없는 하나님의 말씀 위에 손을 얹고 기도하겠습니다.

은혜로우신 아버지 하나님, 에덴동산을 창조하시고, 그 가운데 아담과 하와를 만드셔서 부부로 세우시며 복 주신 하나님께서, 오늘 이 시간 OOO 형제와(과) OOO자매를 부부로 허락하여 주심을 진심으로 감사합니다.

이 순간, 이들은 하나님의 말씀 위에 손을 얹고 자신들의 결단과 서약을 다시 한 번 하나님 앞과 뭇 증인들 앞에서 다짐하고 있습니다.

이들의 서약이 단순한 인간의 약속이 아니라, 이 땅에서의 생명이 다할 때까지 변할 수 없는 서약이 되게 하여 주시옵소서.

이 시간 우리 모두는 이들의 앞날을 하나님이 주관하여 주시어 복 받는 삶을 주시기를 기원합니다. 먼저 하나님을 섬기는 데 본이 되는 가정으로 지켜주시옵소서. 주님이 주인이 되시는 가정이 되게 하여주옵소서! 말씀을 나눈 그대로 기도의 무릎이 든든한 가정이 되게 하시고, 크고 작은 일마다 기도하며 하나님의 도우심을 구하는 겸손함이 있는 가정이 되게 하여주옵소서!

그리고 건강과 물질에 풍요함을 허락하시어 복 받는 가정으로 살게 해주옵시고, 하나님의 영광이 언제나 나타나게 하여주시옵소서. 때를 따라 적당한 자녀도 허락하셔서, 하나님의 자녀의 가정이 물댄 동산의 축복을 받게 하여주옵소서!

이 두 사람을 지금까지 눈물과 희생으로 양육하신 양가 부모님에게 함께하여주옵시고, 건강의 복으로 여생을 붙들어주옵소서. 이후로도 자녀들을 위해 더욱 기도하는 부모님이 되실 수 있도록 복을 주옵소서.

다시 한번 축복하며 기도합니다. 주의 손이 말씀 위에 손을 얹고 기도하는 이 두 사람, 이 가정 위에 함께 하여주옵소서!

우리 주님, 예수님 이름으로 기도하옵나이다. 아멘.

선포

이 시간 이 두 사람이 부부가 된 것을 선포하겠습니다.

이 시간 나는 천지의 주재이신 하나님의 종으로서, OOO 군과 OOO 양이 부부가 되었음을 성부, 성자, 성령의 이름으로 공포하노라. 하나님이 하나 되게 하신 것을 사람이 감히 나누지 못할지니라. 아멘.

(뜨겁게 축하의 박수를 하겠습니다.)

첫 키스

이제 두 분이 부부가 된 후 첫 인사를 할 텐데요, 먼저 한국식으로 인사하고, 요즘은 국제화시대이므로 '아메리칸 스타일'로도 인사를 하겠습니다.

결혼예배 주례사

돌아서 마주 봐주시고, 조금 떨어져 주세요.

먼저 서로 사랑과 감사의 뜻으로 정중하게 허리를 숙여 인사하겠습니다. 두 분이 평생을 사랑하며 섬기겠다는 각오로 인사합니다. 박수로 격려해주십시오. 인사.

이제 신랑 OOO 군, 신부에게 다가서서 첫 키스를 하십시오.

축가

축가가 있겠습니다.

축도

이제는 우리 주 예수 그리스도의 은혜와, 하나님의 아버지의 극진하신 사랑과, 성령님의 감화 감동 충만하신 역사가, 오늘 주님 안에서 새 출발을 하는 OOO, OOO의 새 가정 위에, 양가 부모님들 위에, 여기에 모여 축복하며 축하하는 모든 주의 백성들 위에 지금부터 영원토록 함께 있을지어다!

인사

신랑 신부가 오늘 오신 여러 하객들과 양가 부모님께 인사하는 시간을 갖도록 하겠습니다.

먼저 신부 부모님께 인사드리겠습니다.

"이만큼 키워주셔서 감사합니다. 그동안 사랑과 눈물에 감사드립니다."

이제는 신랑 부모님께 인사드리겠습니다.

"잘 살겠습니다"

이제 하객들에게 인사드리겠습니다. 양가 부모님들도 앞에 서 주십시오. 오늘 이 결혼을 축하하러 오신 하객들에게 인사드리겠습니다. "귀한 걸음에 감사를 드리며, 더욱 하나님과 여러분을 섬기며 살겠습니다" 하는 마음으로 인사드립니다.

차렷, 경례, 박수하겠습니다.

신혼 행진

이제 부부가 된 OOO, OOO 부부가 신혼의 행진을 하겠습니다. 들어올 때는 혼자 들어왔지만, 이제부터는 동반자로서 함께 걸어가게 될 것입니다. 이제 다 함께 일어나셔서 이들의 행진을 축하해주시기 바랍니다.

신랑 신부, 출발!

결혼예배 주례사

PART 7

선배 부부들의 생생한 결혼 체험기

싸움도 해본 건강한 부부 이야기

우리 부부의 이야기를 진솔하게 담느라 벌거벗은 듯 부끄러움을 무릅쓰고 일상의 이야기를 썼다. 하지만 '목사님 부부니까 그렇게 살 수 있다'라고 생각할 수도 있겠다는 생각이 들었다. 그렇다면 목사 부부가 아닌 일반 신자 부부의 이야기라면 더 공감할 수 있지 않을까 생각했다. 먼저 결혼을 준비하고 가정을 세워가고 있는 선배들의 이야기를 들어보는 것이다. 그러면 이 책에서 다룬 다섯 가지 결혼예비학교 과정의 내용이 더 실제적으로 공감될 것이다.

경산중앙교회의 성도 다섯 가정, 열 명의 이야기를 담았다. 그들에게 부부가 되어 살아오는 동안 겪은 이야기를 써달라고 부탁드렸다. 남편과 아내가 서로 얼마나 비슷한지 혹은 얼마나 다른지, 글을 통해 조금이나마 엿보고 싶었기 때문이다. 이런 취지로 설명하고 글을 부탁드리자 부탁을 받은 어느 남편으로부터 메시지가 왔다.

"목사님, 저희는 오늘도 싸웠습니다. 이런 부부 이야기도 귀감이 되겠는지요?"

건강한 가정인지 그렇지 않은지, 사실 교인 가정의 진짜 속사정을 우리는 모른다. 건강한 가정의 기준도 사실 정확하게 알지 못한다. 그렇지만 우리 부부가 생각하는 건강한 부부란 계속 건강한 가정을 꿈꾸며 노력하는 가정이다. 갈등이 있을 수 있고 싸움도 할 수 있다.

건강하지 않은 부부는 싸워도 싸운 티를 안 낸다. 싸우고도 안 싸운 척 하는 것이다. 그런데 조금만 친해지면 이상한 점을 금방 느낄 수 있다. 밖에서 다른 사람들 앞에서는 친하고 다정한 부부인 척하는 이중적인 모습이 어찌 건강한 부부의 모습이라고 할수 있을까.

하나님 앞에서 솔직하게 자신들의 연약한 모습을 드러내고 인정하는 성도들의 가정 이야기가 우리 마음을 따뜻하게 해준다.

#1

그대를 위해 나를 바꾼다

김영석(송순자의 남편)

여름이 되면 공항과 터미널마다 휴가를 보내려는 사람들로 붐빈다. 우리 가족은 이런 일 저런 사정으로 남들이 다 가는 가족여행을 자주 지나치곤 한다. 가족이라고 해야 해외에 있는 아들과 취업 준비생인 딸뿐인지라, 온가족이 시간 맞추기가 어려워 대개 아내와 단둘이 다닌다.

아내는 자가용을 타고 가기보다 기차를 타거나 여행사를 통한 여행을 즐긴다. 아내는 가까운 고향을 갈 때도 굳이 경산역에서 동대구역까지 가서 KTX를 탄다. 자가용이면 한 시간에 가는데 말이다.

아내는 대중교통을 타고 가면서 사람들 사는 모습과 세상을 볼 수 있어 좋다고 한다. 역에서 노숙하는 사람들을 보며 감사를

결혼을 앞둔 그대에게

배우고, 젊은 부부를 보면 마치 아들과 딸을 보는 것 같아 기쁨이 배가된다고 한다.

기차를 탈 때도 아내는 30분 전에 역에 도착하려고 서둔다. 하지만 나는 5분 전에 도착하면 된다고 늦장부리다 다투기도 한다. 아내는 식사 준비와 설거지에 화장까지 다 하는데도 항상 현관문을 먼저 나선다. 나는 아내가 해주는 밥 먹고 옷만 챙겨 입고 나가도 아내보다 늘 늦다. 아내는 생각만큼 행동까지 빠르다. 나는 도저히 따라갈 수 없다.

가끔 아내는 할머니들이 노점에서 파는 채소나 물건을 지나치지 않고 사준다. 시골에 혼자 계신 친정 엄마를 만난 듯 기뻐하며 이야기도 다정하게 나눈다. 역 앞의 포장마차 어묵 가게는 지나치는 법이 없다. 덕분에 어묵을 별로 좋아하지 않는 나조차 단골 포장마차가 생기고 말았다. 겨울이 되면 아내는 추억의 국화빵을 사 먹으며 이런 추억을 들려주기도 했다.

"여보, 옛날 어릴 적 우리 동네에 국화빵 틀이 하나 있었어. 밀가루를 반죽하여 주전자에 붓고 빵틀을 빌려 와서 빵을 구워 먹으면 얼마나 재미있는 줄 알아? 옹기종기 동생들과 함께 먹고 또 먹고 했어. 기름칠은 내가 하고 밀가루 반죽은 언니가 주전자로 부었어. 밀가루 반죽을 부으면 난 항상 흘러넘치거나 구멍 바깥에 흘렸거든…."

아내의 입가에 미소가 번진다. 나는 늘 누나들이 해주는 간식을 먹었다. 과수원집 아들이라 비싼 과일도 마음껏 먹고 자랐으니 이런 아내의 기분을 맞추기가 쉬운 일이 아니다. 그래서 가정의 작은 일들은 아내에게 맡기고 맞추며 사는 편이 훨씬 쉬웠다. 가족 여행도 아내가 준비하면 동행해주기만 하면 된다.

지난여름에 회사 사정으로 갑자기 휴가 일정이 잡혔다. 아내가 내게 말했다.

"이번에는 당신이 계획을 잡아요. 무조건 따라갈게요."

아내의 어조에서 그동안 혼자 여행 계획을 잡느라 힘들었다는 감정이 물씬 묻어 나왔다. 자가용으로 가는 여행은 운전에 트라우마가 있는 아내가 걱정할 것 같아 컴퓨터를 켰다. 여행사들을 찾아보니 벌써 마감이었다. 마침 배를 타고 가는 2박 3일 울릉도 여행 상품이 있어 다음날 아침 일찍 출발하는 것으로 예약했다.

아내는 등에 메고 갈 가방 두 개를 거실에 내놓으며 필요한 준비물을 다 챙기라고 한다. 여행을 가면 늘 아내가 다 챙겨주었는데, 이번에는 나 혼자 무조건 다 해보라고 작정한 듯했다. 그리 어려운 일이 아니고, 결혼해서 산 세월이 30년인데, 여행 경험도 있고 해서 내 나름대로 짐을 쌌다. 역시 아내는 10분 만에 짐 정리를 끝냈고, 나는 양말을 예쁘게 접고 옷도 구김살 없이 잘 정리하는 성격이라 오래 꼼꼼히 챙겼다.

드디어 울릉도 여행이 시작되었다. 그동안 아내가 했던 모든 일을 내가 하기로 마음속으로 작정했다. 포항 여객선 터미널에 도착하니 휴가철이라 북새통이었다. 그 틈에 시원한 아메리카노 커피를 사서 아내 손에 쥐어주고, 사람들 틈에서 어깨를 나란히

하고 셀카봉으로 사진도 찍었다. 할 만 했다. 아내가 의외로 기뻐하는 모습을 보니 괜히 내 기분도 좋아지는 듯했다.

쾌속선에 승선한 후 3시간을 달려 울릉도에 도착했다. 저녁 메뉴를 정하는 것도 차를 마시는 것도, 예전에는 아내가 먼저 "여보, 이거 할래요?" 하면 나는 "응 그래" 하고 무심히 답하곤 했다. 그리 취향이 까다롭지 않은 나는 늘 아내 의견을 따랐다. 그런데 이번에 말한 "응, 그래"에서, 말은 같은 '응, 그래'라도 뉘앙스와 의미는 전혀 달랐다.

아내 생각을 먼저 존중해주고 나의 생각을 결정하니 아내가 훨씬 편해 보였다. 아내는 신중하고 치밀한 선택을 하는 나를 기다려주었다. 다행히 아내와 큰 의견 충돌 없이 즐긴 여행이 되었다. 손을 잡고 해변을 걷기도 하고, 오징어 축제가 열린 저동항에서 회도 먹고 늦은 밤까지 항구의 산책길을 걷기도 했다. 여러 사람들 앞에서 사진 찍기를 부끄러워 했던 나에게 셀카봉은 완전한 자유를 주었다. 찍은 사진을 보고 연인처럼 나란히 앉아 웃으며 가족카톡방에 보내기도 했다.

여행의 마지막 날, 우리는 성인봉, 유람선, 죽도 코스 중 하나를 선택해야 했다. 성인봉은 힘들어 대부분 사람들이 다른 코스를 선택한다. 우리 부부는 반대로 아침 일찍 성인봉을 오르기로 했다. 택시를 타고 산 어귀까지 간 후 걸어가는 코스를 택했다. 이른 아침 아무도 없는 산길을 아내와 앞서기도 뒷서기도 하며 한 걸음씩 올랐다. 힘들고 긴 길이 우리 부부가 30년을 살아온 길

선배 부부들의 생생한 결혼 체험기

같았다. 길에는 아무도 없었다. 내가 의지할 사람, 도와줄 사람, 도와주어야 하는 사람은 아내뿐이었다. 그동안 많은 일들을 아내에게 맡기고 살았는데, 이 작은 여행을 통해 아내를 세우고 배려하기를 경험한 것 같다.

성인봉에 도착하여 땀으로 범벅이 된 몸을 서로 껴안고 어깨동무를 하며 하늘을 향해 손을 들었다. 앞으로 남은 시간을 이렇게 살자고 마음속으로 말하고 싶어졌다. 평소 같으면 말이 무슨 필요가 있느냐고 생각했을 텐데, 그날은 입을 열어 "당신 잘했어. 수고했어"라고 말했다.

2박 3일 동안의 여행에서 잃어버린 남편과 아내의 자리를 찾은 것 같다. 옛날엔 아내 눈을 5분간 보고 있기가 힘들 때도 있었다. 아내 눈 속에 비친 내 모습이 너무 부끄러웠기 때문이다. 이제는 바라볼 수 있을 것 같다.

자란 환경과 기질이 정반대인 우리 부부도 주 안에서 서로 닮아가게 된 것 같다. 아내와 역할을 바꿔본 여행을 통해 아내 한 사람을 행복하게 하는 비결을 더 깊이 알았다. 이제 아내를 좀 더 편하게 해주어야겠다. 아내의 생각과 마음을 읽으려 노력해야겠다.

송순자(김영석의 아내)

오늘도 어김없이 시골 한적한 길을 달리며 출근한다. 노란 은행잎과 낙엽들이 줄지어 달려와 하얀색 차의 앞 창문에 안긴다. 한

잎 한 잎 모두 쓸모 있고 의미 있는 몸부림이다. 무심코 지나쳐 버렸던 가을 아침이 이토록 마음 깊이 저려오는 것은 인생의 가을을 맞이하는 나이가 되었기 때문일까? 허겁지겁 뒤도 돌아보지 않고 달려만 온 세월인데, 이제야 함께 살아온 남편과 흩날리는 낙엽 길을 걷고 싶다는 생각이 울컥 든다. 예전에 이런 길은 늘 고향 친구나 동료와 더불어 특별 음식을 먹듯 즐겼는데 말이다. 30년을 언제나 그 자리에서 함께 해준 남편과 때 묻은 삶의 빗장을 열어본다.

봄을 알리는 종달새 소리와 함께 아지랑이 너머 산으로 곧장 달려가 참꽃을 뜯어 먹으며, 보라색으로 물든 혀를 보고 깔깔 웃던 아이가 있었다. 학교를 마치기가 무섭게 만화책을 한 아름 빌려 푸른 보리밭 이랑에 숨어 만화책을 다 읽은 후, 해질녘 옹기종기 모인 마을 집들의 굴뚝 연기를 마시며 집으로 돌아가던 소녀였다. 햇살이 대지를 내리쬐던 날에는 머리 풀어 헤친 할미꽃을 꺾어 후후 불며, 찔레순, 꿀풀, 기타 이름 모를 풀들을 뜯어 먹고 놀던 아이였다.

그 소녀는 시골 중학교를 졸업한 다음, 그 당시 시골 여자가 가기 힘들었던 시내의 명문 여자고등학교에 진학하게 된다. 흰색 교복 칼라를 단정히 세우고 두 갈래 머리를 땋고 다니는 모습이 로망이었는데, 그 꿈을 이뤘던 것이다. 시골 아이라는 낮은 자존감 때문이었는지, 사람들로부터 수치심과 거절감을 느끼지 않으려고 자신의 내면을 꽁꽁 싸맨 채, 그저 인정을 받으려고 공부

선배 부부들의 생생한 결혼 체험기

만 했다. 첫 시험에서 전교 상위권을 차지하고 나니 선생님과 친구들의 눈빛이 달라졌다. 고등학교 3년 동안 학력 우수상을 받았고, 도시의 교육대학으로 진학한 후, 졸업과 동시에 발령을 받았다.

마침 고향 마을 학교에 발령이 나 교사 생활을 하던 어느 날, 대학 동기로부터 전화를 받았다. 서울에서 직장 생활을 하는 서른한 살 총각과 맞선을 보라는 권유였다. 우리 부부의 첫 만남은 그렇게 시작되었다.

맞선 보러 가는 날, 평소 입지 않던 정장에 구두를 신고 갔던 터라 하루에 네 번 동네 어귀까지 오는 버스를 놓치고, 2킬로미터를 걷고 달려가 겨우 다른 버스를 타고 약속 장소로 갔다. 남편의 큰형수가 함께 온 맞선 자리에서 한 시간 정도 이야기를 나누고 헤어졌다. 첫 경험이어서 기대감도 설렘도 없이 용감하게 혼자 나갔는데, 나중에 알고보니 남편의 가족 모두 다방 구석구석에 미리 앉아 나를 지켜보고 있었다.

월요일에 출근하자마자 결혼식 날을 정하자고 학교로 전화가 왔다. 시댁에선 남편의 생각은 물어보지도 않고 첫 만남 후 일주일 만에 결혼 날짜를 정했다. 남편은 부모님께 몇 번 더 만나고 결정하자고 만류했지만, 부모님의 강한 의지 때문에 어쩔 수 없었다고 했다. 네 번째 만난 날은 유채꽃 활짝 핀 5월의 첫날이었고, 장소는 결혼식장이었다. 우리 부부는 만난 지 한 달 만에 '가정'과 '부부'라는 이름표를 가슴에 달게 되었다.

결혼을 앞둔 그대에게

나는 작은 일에도 치밀하게 계획하고 신중한 성격인데, 분명 눈에 콩 깍지가 낀 것이 확연했다. 아마도 하나님은 태초에 나에게 꼭 맞는 배필을 준비하셨고, 때에 맞게 짝을 지어주신 것이다. 그때는 하나님을 알기 전이었는데, 하나님은 우리를 먼저 보시고, 아시고, 그분의 뜻에 따라 계획을 진행하셨다.

신혼여행을 마친 다음 남편이 하숙하던 짐들을 리어카에 싣고 앞에서 끌고 뒤에서 밀며, 서울 삼청동에 신혼집을 꾸몄다. 하지만 나는 결혼 후 주중에는 시골에서 시부모를 모시고 직장 생활을 해야 했다. 토요일이 되면 어김없이 고속버스를 타고 5시간을 달려 서울로 갔다. 강남 고속버스 터미널에서 만날 때마다 우리 부부는 낯설어 했다. 일요일 오후 2시가 되면 어김없이 돌아와야 했기에 '이것이 결혼인가? 언제까지 이렇게 살아야 하나?' 하는 질문을 되뇌이곤 했다.

방학이 되면 남편이 근무하는 건설 현장 숙소에서 한 달간 함께 살기도 했다. 한 번은 남편이 제주도에서 근무한 적이 있었다. 전통 돌담집 한 채를 월세로 얻어 낮에는 돌 지난 아들과 제주 시내를 돌아다녔고, 저녁이 되면 석양이 물든 바닷가를 돌아다니기도 했다.

그때는 사는 데 급급해 서로를 바라볼 여유가 없었다. 신혼 초에 남편과 떨어져 시부모님을 모시며 어린 아들과 살았던 3년 동안 겪은 주말 부부의 아픔 때문에 불평이 쌓이기 시작했다. 남편은 드디어 대구에 있는 회사로 직장을 옮기기로 결단했다. 우리

선배 부부들의 생생한 결혼 체험기

는 경산에 정착하여, 저녁이면 퇴근하는 남편의 얼굴을 볼 수 있는 가정이라는 울타리를 겨우 만들 수 있었다.

함께 살면 모든 것이 해결될 것 같았는데 서로 다른 환경에서 자랐기 때문에 모든 것이 달랐다. 남편은 과수원 집 아들로 부유하게 자라, 초등학교 때부터 부모를 떠나 대도시에서 형님과 누나들의 보호를 받으며 생활했기 때문에 순종적이고 온순한 사람이다. 나는 시골 가난한 가정에서 자라 새로운 삶이면 무엇이든지 도전하며 독립적이고 열정적이다. 나는 문과 성향에 일 중심적이고 리더 기질이 강한 데 반해, 남편은 온유하고, 부드럽고, 꼼꼼하고, 차분하고, 과묵한 스타일이었다.

이토록 서로 다르기에 어쩌면 환상적인 조합인 듯 보였으나, 살면서 늘 자기와 똑같은 스타일의 사람이 되어주길 서로 원하다 충돌이 일어났다. 올바른 아내와 남편의 역할을 생각하기보다 각자 일하는 존재, 서로 돈벌이 하는 존재, 아이들 학교 잘 보내고 양육하는 것이 가정의 최선인 줄 알고 살았다. 무려 10년이란 시간을 휘어진 레코드판이 돌아가듯 삐걱대며 살았다.

결혼 12년이 되던 어느 날, 우리 부부에게 하나님이 꼭꼭 숨어 계시다가 드디어 찾아오셨다. 초등학생이던 아들딸과 함께 시작한 신앙생활은 우리 가족을 조금씩 변화시켰다. 하나님의 은혜로 우리 부부는 처음부터 교회를 섬기는 은혜를 누렸다. 자녀들도 하나님께 늘 최선을 다하는 엄마 아빠의 모습을 그림자처럼 따라다니며 함께 교회를 다녔다. 여름이면 선교로, 주일이면 예배와

주일학교 섬김으로, 주중에는 양들을 섬기는 일로, 무엇이든 하나님께 먼저 드리는 생활에 익숙하게 되었다. 그때까지도 부부는 이렇게 열심히 살면 잘사는 것이고, 자식들도 부모가 사는 모습을 보고 잘 자라겠지 하는 생각으로 자신만만하게 살았다.

6년 전 우리 부부는 교회에서 진행하는 가정 회복 프로그램에 참가하게 되었다. 둘째 날 임종 체험을 하면서 감당할 수 없는 큰 울림을 느꼈다. 관 속에 누워 있는 남편을 붙잡고 "미안하다, 미안하다"고 수십 번이나 절규했다. "당신은 정말 멋진 남편이었다"라고 나는 울며 말했다. 그 말을 하지 않으면 평생 미안해서 못살 것 같았다. 항상 가정의 모든 대소사와 자녀 양육까지 내 몫의 일이라 남편보다 아이들을 더 사랑했던 것에 미안한 감정이 솟아올랐던 것 같다. 남편을 가정의 제사장으로 세우신 하나님의 뜻을 깊이 깨닫게 되었고, 자녀 중심이 아닌 부부 중심의 가정이 무엇인지 깨닫고 눈물로 고백하게 되었다. 지금도 그 날의 울림을 잊을 수 없다. 그 후 남편을 향한 내 마음에 큰 변화가 일어났다.

주님을 닮은 남편의 온유한 성품이 가정을 지키는 버팀목이었다는 것을 뒤늦게나마 깨닫게 되었다. 아내는 남편을 범사에 인정하고 복종하며, 남편은 아내를 그리스도가 교회를 사랑함같이 사랑하라는 성경적인 부부관도 알게 되었다. 결혼 25년이 지나서야 겨우 깨달은 것이다. 내 생각이 옳다고 주장하며 자신의 생각에 종노릇하며 살다보니, 가정에서 누려야 할 가장 소중한 행

선배 부부들의 생생한 결혼 체험기

복이라는 가치를 많은 세월 동안 잃어버리고 살았다.

몇 달 전 남편이 자전거 한 대를 사 왔다. 나는 시골의 가난한 가정에서 자랐기 때문에 자전거를 타 보지 못했다. 남편은 나를 다독이며, 행여 넘어질까 손 장갑과 무릎 보호대를 먼저 챙겨 아파트 마당으로 나갔다. 부담스럽지 않은 멋진 선생님 혹은 도우미가 되어, 뒤에서 잡아주다 옆에서 같이 걸으며 자전거 타기를 가르쳐주었다. 남편은 내가 포기할 때마다 격려해주었다. "요즘 자전거 못타는 사람이 어디 있어? 몸무게 줄여야지"라고 말하지 않았다. 나보다 더 땀을 뻘뻘 흘리며 함께 달려주었다. 겨우 스스로 페달을 밟고 모퉁이를 돌아오면 어김없이 먼저 달려와 넘어질까 지켜주었다. 어설프게 한 바퀴 돌 때마다 동영상으로 찍어 자녀들에게 보냈다. 그래놓고 아내를 격려하는 칭찬 댓글도 써주었다. 돌아오는 엘리베이터 안에서 잘했다고 토닥거려주었다. 정말 이 보다 더 좋은 친구, 동행이 없다. 남편은 처음부터 늘 그 자리에 있었는데 이제야 진짜 진주보다 귀한 남편을 찾은 것이다. 30년이나 걸려 찾아낸 보석은 참 귀하다.

시아버님이 계시는 요양병원에 퇴근 후 남편과 같이 찾아가곤 한다. 요양병원에서 침상에 오랫동안 누워 죽음을 기다리는 듯한 노인들을 보면 마음이 차분해진다. 아버님에 대한 안타까운 마음과 함께, 우리 부부는 돌아오는 차 안에서 가슴 가득 가정의 소중함을 안게 된다. 살아 있을 동안 소중한 사람과 함께 서로의 감정을 공감하며 토닥이며 살아갈 것을 다짐하는 것이다.

결혼을 앞둔 그대에게

외출에서 돌아와 피곤해 소파에 쓰러져 있으면 남편은 하루 동안 수고했다고 발을 만져준다. 그저 옆에서 고맙다는 말만 해주어도 기쁘게 섬기는 남편을 바라보며, 이렇게 작은 것이 가장 확실한 행복임을 느낀다. 요즘은 소소한 행복과 소중한 일들이 삶을 가득 채운다.

결혼한 지 일 년이 된 아들에게 늘 이렇게 이야기한다. 위대한 일을 하려다 소중한 것을 잃어버리지 말고, 가장 소중한 사람을 위해 사는 것이 가장 위대한 일이라고. 그 비결은 기도에서 나온다고 덧붙이기도 한다. 그래서 아들과 통화할 때면 행복하냐고 늘 묻는다. 아들은 집 앞 대학 도서관에서 아내와 도시락을 함께 사서 먹으며 공부한다며 "정말 행복하게 살겠습니다"라고 철든 소리를 해준다.

남편은 곧 결혼할 예정인 딸에게 남편을 존중하라는 이야기를 자주 한다. 딸에게 결혼은 곧 삶이고 준비가 필요하기에, 결혼예비학교에 꼭 참여하라고 권유한다. 20년 동안 가장 가까이 있는 진주를 발견하지 못한 엄마의 이야기에 아낌없이 공감해주는 딸이 고맙기도 하다.

늦가을 산자락에서 낙엽들이 내려오기를 멈추면 나무들은 겨울 동안 새순을 준비하며 하나님의 창조 섭리에 순종한다. 가을이 가기 전에 남편과 손잡고 은행잎을 밟으며, 인생의 남은 시간 하나님을 향한 새순을 준비하고 싶어진다.

선배 부부들의 생생한 결혼 체험기

#2

또 다른 나의 모습, 든든한 나의 거울

권용한(권경애의 남편)

1998년 9월. 제대를 앞두고 마지막 휴가를 나와 고향 교회에 왔더니 처음 보는 자매가 있었다.

"경애 선생님~!"

사람들은 그녀를 그렇게 불렀다. 아내는 중고등학생들로 구성한 성가대를 담당하는 지도교사 겸 지휘자였다. 주일 저녁이면 예배를 앞두고 성가대 아이들이 가장 좋아하는 오므라이스를 저녁식사로 만들어주곤 했다. 아내는 학생들을 좋아했고, 그들에게 무엇이든 대접하기를 좋아했다.

아내는 주일예배 성가대 반주자이기도 했다. 마침 성가대 지휘자에게 급한 일이 생겨 제대하고 돌아온 내가 그 자리를 대신하게 되었다. 지휘에 대해 아무것도 모르는 나에게 아내는 지휘법을 가르쳐주었고, 자연스럽게 아내와 가까워지게 되었다. 아내와 나는 고향 교회를 떠나 경산으로 오기까지 10여 년을 지휘자와 반주자로 함께 하였다. 결혼해서 서로 다투는 일이 있더라도 주일이면 서로 얼굴과 눈을 마주쳐야 하는 사이라 주말이면 더 조심하기도 했다.

결혼 전에 아내는 피아노 학원을 하고 있었다. 아내에게 학원은 단순한 생계 수단이 아니라 작은 교회처럼 보였다. 아이들에게 레슨을 하면서 계란 프라이나 떡볶이를 입에 넣어주고 말씀과 찬양도 가르쳐주는 모습이 참 인상적이었다.

아내는 토요일이면 학원 주변에 사는 아이들을 모아놓고 찬양을 가르치고 말씀을 동화처럼 들려주는 새소식반을 운영하고 있었다. 나는 그런 아내 모습이 참 좋았다.

우리는 결혼하고 함께 학원을 운영했다. 나는 아내보다 늦게 시작한 사회생활인지라 모든 것이 부족했지만 조금씩 배워나갔다. 그러다 결혼하고 3년쯤 지났을 때 어려움이 찾아왔다. 금융위기 여파로 학원생이 줄어들고, 건물 임대인의 파산으로 학원 문을 닫아야 했다. 경제적으로 어려움이 오면서 우리는 다투는 일도 늘어갔다. 그렇게 몇 년을 보내면서 아내는 마음의 병을 얻게 되었고, 우리는 경산으로 이사를 오게 되었다. 아무도 아는 사람이 없는 경산에서도 아내는 새소식반을 1년 정도 계속하였다.

아내는 나와 참 다른 사람이다. 나는 치약은 밑에서부터 짜야만 하는 줄 알았다. 하지만 치약을 중간부터 짜도 아무 일이 생기

선배 부부들의 생생한 결혼 체험기

지 않는다는 것을 아내에게 배웠다. 외출하고 돌아와 신발을 가지런히 벗어놓지 않아도 된다는 것도 아내 덕에 알게 되었다.

나는 성격이 까칠하고 틀에 박혀서 아이들을 나무라는 편이지만, 아내는 항상 웃으며 사람들과 좋은 관계를 이어나가는 따뜻한 사람이다.

어렸을 때 나는 넉넉하지 못한 형편에서 자랐다. 아버지가 일찍 돌아가셔서 어머니가 항상 궂은일을 하시며 생활 형편이 빠듯했다. 그런 탓인지 몰라도 내 마음과 달리 아직도 아내의 모습이 낯설 때가 있다.

아내는 목사님 가정에서 막내딸로 태어나 사랑을 많이 받으며 잘 자란 사람이다. 늘 나누어주고, 손해보고, 웃어준다. 그것 때문에 마음이 아픈 일이 있을지라도 행복해 한다. 이런 다른 점이 지난 십 몇 년 동안 우리 부부가 다투었던 이유 중 하나였다.

아내와 함께 한 지 15년이 지난 지금, 나는 아내를 통해서 어떻게 다른 사람과 함께 지내야 하는지를 배운다. 학원을 하면서도, 성가대를 하면서도 아내 주위에는 언제나 사람들이 많았다. 아내가 우리집에서 나눔의 통로라는 것을 이제 나는 안다. 그것이 아내의 매력이라고 생각한다.

아내가 일을 꿈꾸는 사람이라면, 그 일을 뒤에서 해결하는 사람은 나다. 아내를 처음 만났을 무렵, 나는 제대를 하고 복학을 기다리고 있었는데, 아내는 교회 청년들과 함께 안동에서 제일 큰 공연장에서 찬양으로 하나님께 영광을 올려드리고 싶다는 소

결혼을 앞둔 그대에게

망이 생겼다고 했다. 누가 하라고 시키지 않았기에 후원자도 재정도 아무것도 없었다. 우선 청년들과 의논하여 10여 쪽의 계획서를 만들어 목사님께 드렸다. 좋은 생각이라고 하셨지만 특별한 지원을 기대하기는 어려운 상황이었다. 장소 대관료와 음향 대여가 급한 일이었다. 고향 교회 예배당은 규모가 100여 석 정도여서 일단 안동의 큰 교회들을 방문해 장소와 음향을 빌려보기로 했다. 당연한 일이지만, 쉽게 빌려주겠다고 나서는 곳이 있을 리가 없었다. 교회를 방문한 결과를 청년들에게 말하니 직장을 다니던 청년들이 십시일반으로 후원하기 시작했다.

안동 인근의 시골 작은 교회에 일일이 편지를 보내 함께 찬양하자고 제안했는데, 일곱 개 교회가 함께 하기로 해서, 신학기를 앞둔 2월에 우리는 안동에서 제일 큰 안동문화회관에서 무사히 찬양집회를 드렸다. 뿐만 아니라 아내는 해마다 뮤지컬을 하겠다고 중고등학생들에게 바람을 넣었는데, 그러면 나는 뮤지컬 작품을 추천하거나 함께 연습을 했다. 지금도 아내의 꿈은 진행 중이고, 꿈을 찾아다니며 새로운 것을 도전한다.

아내는 작년부터 새소식반을 다시 시작하였다. 몇 년 전부터는 퇴근하고 저녁마다 컴퓨터 학원을 다니고 있고, 주일에는 문화강좌에서 드럼을 배운다. 언젠가는 쓰일 때가 있단다. 나는 아내의 꿈을 응원하는 남편이고 싶다.

권경애(권용한의 아내)

남편 권용한 집사와 만나기 전 안동어린이전도협회에서 신학생한 분을 소개받았다. 하지만 그 신학생 부모님의 반대로 교제를 그만두어야 했다. 당시 우리 아버지께서 사역하시던 교회는 나환자촌 안의 교회였고, 내가 나병을 옮길 수 있다는 두려움 때문이었던 것 같다. 그 신학생의 누나까지 나를 찾아와 만남을 중단하라고 했다.

그런 마음의 상처를 가지고 하나님 앞에 결혼을 위해 엎드렸을 때, 하나님은 지금의 남편을 같은 교회에서 만나게 하셨다. 하지만 두 살 연하에 동성동본, 결혼과 연결되기엔 너무나 맞지 않는 사람이라 결혼 생각은 하지 않고, 당시 해결되지 않던 나의 상처들을 나누고 그냥 편하게 기도를 부탁했다. 그런데 그는 오히려 나의 상처들을 가슴 아파하며, "권경애 선생님이 하나님이 자신에게 보낸 사람인 것 같다"고 프러포즈했다. 돌아보니 누가 강도 만난(?) 사람의 이웃이었는지 알 것만 같다.

문득 연애 당시의 일들이 떠오를 때면 첫 만남부터 은혜였음을 고백한다. 그러고 보니 남편의 마음이 참 예수님 같다.

남편의 이름은 친정 오빠와 같다. 친정오빠도 남편도 권용한이다. 나는 목회자 가정의 1남 3녀 중 막내이고, 남편은 홀어머니와 함께 제사를 지내는 가정의 1남 3녀 중 막내아들이었다. 게다가 공무원 시험 준비를 하던 학생이었기에, 약한 자들의 삶을 품

결혼을 앞둔 그대에게

으시던 목회자 사모셨던 친정어머니조차 소화하기 힘든 사윗감이었던 것 같다.

은혜로 시작한 교제였지만, 요나처럼, 도마처럼 의심이 수시로 찾아왔다. 그럴 땐 마음이 어려워서 "하나님! 동성동본도 큰 걸림돌인데 내 옆에 있는 이 사람이 하나님이 보내신 사람이 맞나요?"라며 찬양집회에 참석할 때 울면서 기도했다. 그때 성령께서 이렇게 마음을 두드리시는 것 같았다.

"경애야, 창씨개명도 내가 허락해야만 가능하다. 세상의 모든 성씨는 나의 것인데, 네가 왜 자꾸 아니라고 부정하고 있니?"

그런 감동에도 불구하고 산발랏과 도비야의 조롱처럼 결혼이라는 성벽을 건축해가기가 늘 어려워 마음이 지쳐갈 즈음, 하나님께서 인도하신 만남이니 하나님의 방법으로 풀어야겠다는 생각이 들었다. 솔로몬의 천 번 제사를 떠올렸고 매일 말씀 한 줄읽고 기도 한 번 드리는 식으로 예배의 숫자를 기록해갔다. 하지만 999번째까지 어떤 변화도 일어나지 않았다.

그런 반대의 환경에서 마지막 천 번 예배를 채우고 나니 친정아버지께 가벼운 중풍증세가 나타났다. 친정어머니는 다급해진 나머지 막내딸 결혼식에 아버지 자리가 비어 있을까봐 남편과의 만남을 적극 도와주셨다. 주변에서 아무 위로도 도움도 없던 만남이었지만, 하나님께서 만나게 하셨다는 믿음을 버리지 않으니 결국 하나님의 방법으로 결혼의 길을 열어 주셨던 것이다.

그렇게 기도의 열매로 결혼하였고, 이제 100퍼센트로 행복한 일만 일어날 것 같았는데, 나와 맞지 않는 나머지 300퍼센트가 있을 줄은 몰랐다. 사랑해서 결혼했는데, 결혼 초 자꾸 나를 간섭하는 남편의 잔소리가 갈등을 불렀다.

싸울 때마다 의심하는 '도마병'이 도지곤 했다. 이 사람이 정말 내게 보내주신 남편이 맞는지 이해되지 않았다. 결혼생활 중반즈음 남편과 갈등이 있을 땐 육아, 시댁, 외로움이라는 스트레스를 바가지라는 형태로 남편에게 되돌려 쏟아부었고, 남편도 나도 지치지 않고 싸웠다. 아주 열심히.

결혼 16년이 지난 지금, 남편과 갈등이 있을 때마다 나를 화나게 하는 '그'를 보며 문득 거울을 보는 것 같다는 생각이 든다. 남편 권용한을 내가 그렇게 만든 것은 아닐까? 지금 내가 그에게 화를 내는 것이 아니라 나에게 화를 내고 있다는 것을 깨닫게 되었다. '그'가 곧 '나'인 것을. 이제 말로 그를 아프게 하고 나서 뒤돌아서면 나도 아프다는 것을 느낀다.

경산중앙교회 부부들의 1박 수련회인 '사랑의 순례' 섬김이로 몇 년 섬기다 보니 나를 돌아보게 되는 이런 은혜가 있다. 감사하다. 그래서 나에게 남편 권용한 집사가 참 아깝다는 '고상한' 마음도 든다. 참으로 다행이다. 남편을 거울처럼 바라볼 수 있는 여유가 생겨서.

결혼을 하고 아이를 출산하고 싸우며 살던 게 엊그제 같은데, 벌써 50을 바라보는 나이가 되었다. 부부가 행복을 위해 같은 취미를 가지면 좋다는 이야기가 있듯, 감사한 것은 우리가 신앙의

결혼을 앞둔 그대에게

궁합이 참 잘 맞는 사람들이라는 점이다. 교회에서 각종 훈련을 제외하곤 거의 같은 부서에서 섬겼고, 무엇보다 남편은 결혼 초부터 새소식반을 지원해주는 가장 든든한 동역자이다.

과거엔 함께 어린이전도협회의 TCE 훈련을 받으며 토요일마다 전도를 했다. 지금은 전도폭발훈련을 받느라 직접 어린이 전도를 하고 있지는 않지만, 간식 지원뿐 아니라, 토요일엔 주부 역할을 하며 아내의 빈자리를 대신하는 멋진 아빠이다. 달리 채워짐이 더 필요할까? 한곳을 함께 바라보는 부부. 이보다 더한 자녀교육이 있을까?

다행히 두 딸들도 부모의 뜻을 잘 이해해준다. 아직까지 별 무리 없이 부모의 바람대로 주 안에서 기뻐하는 삶을 같이 하고 있다. 찬영이가 경산중앙교회 중등부의 찬양팀을 섬기고 제자반 훈련을 꾸준히 받고 있으며, 또 토요일마다 엄마와 함께 새소식반에서 아이들을 함께 섬기고 있는 모습을 보며, 나는 항상 하나님께 이렇게 위로받고 있다.

"제 기도를, 제 수고를 외면하지 않으셨네요. 감사합니다."

그러면 어김없이 주님은 내 마음에 이런 감동을 주신다.

"믿음의 아비(남편)를 둔 덕택이다."

잠시 멈추어 남편을 관찰해본다. 직장만 군무원일 뿐 레위인처럼 살고 싶어하는 사람인 것 같다. 사회에서 만난 이웃들이 나에게 많이 하는 질문 중 하나가 남편이 전도사님이냐는 것이다. 그만큼 하나님 앞에서 코람데오의 삶을 살아가기 원하는 사람인

선배 부부들의 생생한 결혼 체험기

것 같다. 말씀대로 살아내려고 애를 쓰는 모습이 아름답다. 이제는 그런 남편을 존경한다. 그리고 의지한다.

남편을 믿어주지 못해 그동안 많은 세월 불안해하고, 내 삶이 내 것인 양 혼자서 고민하고 마음이 어려웠던 것 같다. 그렇지만 하나님을 온전히 신뢰하는 마음이 깊어질수록 남편에게 결정권과 삶의 방향을 맡기고 따라가는 나를 발견한다. 가정은 행복하라고 주셨는데, 그 특권을 잘 누리지 못했던 자신의 어리석음이 이제야 회개가 된다.

갑자기 드라마에 나옴직한 대사가 생각난다.

"당신이 있는 곳이라면 어디든지 함께 할 수 있어요."

결혼한 이후 우리 부부는 이렇게 하나님을 함께 바라보며 함께 걸어왔다. 어렵게 받은 결혼 승낙 이후, 고향 같은 안동을 떠나 경산중앙교회에 함께 정착했고, 구역장, 유년부, 중국어 예배부, 아가페찬양단, 시온성가대 등 어디든 함께 하였다.

가끔 자녀들에게 이런 농담을 던진다. 엄마 아빠는 아무래도 천국에서 쌍둥이로 빚어진 것 같다고. 혈액형, 이름, 고집, 모든 것이 비슷해서 자주 토닥거리지만, 정작 한 사람이 없으면 허전하기가 이루 말할 수 없다고. 그래서 또 서로를 찾게 되는 쌍둥이인 것 같다고.

운전하는 남편 얼굴을 한참 바라본다. 나처럼 약한 아내를 배우자로 만나서 저 사람 참 고생이 많았구나 싶어 말없이 얼굴을 쓰다듬는다. 그러면 남편은 언제나 한결같이 웃음으로 답한다.

결혼을 앞둔 그대에게

그리곤 되묻는다.

"너 내가 좋구나!"

살아온 가정환경과 가정 문화가 너무 달라 불편하다고만 생각했는데, 어쩌면 홀어머니를 모시고 어려운 환경들을 극복해본 남편 덕분에 하나님을 만난 것 같다. 우리 가정은 하나님만 경외하고 사랑하는 가장을 두어, 소박하지만 행복한 가정으로 세워지고 있다.

이 글을 쓰고 있을 때, 둘째는 교회 점등식 무대에 서게 되었다고 일찍부터 교회에 나갔다. 나의 자녀들 역시 믿음의 아버지를 둔 덕분에 어린 시절에 아름다운 교회의 추억을 많이 쌓아가고 있다. 남편은 혹여 교회에서 말씀시간에 피곤하여 집중력이 떨어질까 봐 미리 저녁잠을 자고 있다. 하나님! 감사합니다. 행복합니다. 사랑합니다.

선배 부부들의 생생한 결혼 체험기

#3

다름과 성숙, 그리고 사랑의 언어

이근준(김영주의 남편)

아내와 나는 많이 다르다. 남자와 여자라는 다름도 있지만, 살다 보니 성격도 다르고 많은 부분에서 다르다는 것을 보게 된다. 다름은 낯설고 불편하다. 그래서 나는 미숙한 시절에 이 다름이 틀림인 줄 알고 싫어했던 적이 많다. 하지만 조금씩 다름에 대해 성숙한 관점과 태도를 가지게 되면서 많은 유익을 경험하게 되었다. 특별히 부부관계에서 경험되는 다름이 주는 유익은 엄청나다. 결론부터 말하자면, 부부의 다름에서 하나님이 기대하시는 뜻은 '성숙'이다. 우리 부부의 다름을 이야기해보고자 한다.

첫째, 나는 외향적이지만 아내는 내성적이다.

나는 목소리가 크고 말하기를 좋아하는 성격이다. 초면에도 10년쯤 알던 사람처럼 서슴없이 다가가는 것이 어렵지 않은 성격이다. 반대로 아내는 목소리가 작고 말수도 적은 편이다. 편안하게 수다를 떨 수 있는 관계가 되기 위해서는 많은 시간이 걸리는 편이다. 내가 퇴근해서 집에 들어오기 전과 후에 확실히 집안 분위기가 다르다고 한다. 일단 좀 시끄러워지는 편이고, 놀고 싶어진다고 한다. 그래서 나는 퇴근하면 씻고 나서 아이들과 신나게 놀게 된다.

둘째, 나는 이상적이지만 아내는 현실적이다.

나는 숲을 잘 보고 아내는 나무를 잘 본다. 나는 주로 큰 그림을 그리려고 하고 아내는 구체적인 내용을 중요시한다. 나는 망원경 같고 아내는 현미경 같다. 나는 꿈이 없으면 현실이 의미가 없고, 아내는 현실이 되지 않으면 꿈이 의미 없다. 나는 창의력이 높고 아내는 통계와 계산을 잘 한다. 이것 때문에 서로에게 많이 신기해하고 때로는 다투기도 한다. 조금만 서로를 이해하는 눈으로 보게 되면, 나는 꿈꾸고 아내는 그 꿈을 현실 속에 이루는 것을 효과적으로 돕는 결과를 경험할 수 있었다.

셋째, 나는 감성적이지만 아내는 이성적이다.

나는 가슴이 따뜻하고 아내는 머리가 냉정하다. 때로는 내 기준으로 아내를 볼 때 피도 눈물도 없는 냉정한 사람처럼 보이기도 한다. 하지만 내가 감성적으로 일을 해결하려고 할 때 아내가 적절한 균형을 잡아주는 경우가 참 많다. 그래서 중요한 결정은 반드시 아내와 상의한다. 아내와 상의를 하면 복잡했던 것이 단순해지고 정리가 된다.

선배 부부들의 생생한 결혼 체험기

넷째, 나는 즉흥적이고 자율적이지만 아내는 계획적이고 통제적이다.

나는 순간순간 즉흥적인 돌발 상황을 두려워하지 않고 오히려 즐거워한다. 아내는 그런 상황 자체를 만드는 것을 싫어한다. 아내는 미리 계획하고 준비해서 계획한 대로 일이 진행되는 것을 즐거워한다. 그래서 가족이 여행 갈 때 날짜와 장소 같은 굵직한 계획은 내가 잡고 세부 계획은 아내가 잡는다.

나에게 잘 맞지는 않지만 사역의 규모가 커지고 일이 많아질수록 원칙과 통제가 필요함을 본다. 그래서 이 약한 부분을 훈련해왔다. 하지만 아내에게 이 부분은 어렵지 않다. 아내는 오히려 나의 자율적이고 즉흥적인 부분으로 인해 당황한 적이 많았을 것이다.

다섯째, 나는 관계 중심적이지만 아내는 일 중심적이다.

나는 사람이 중요하고 관계가 중요하다. 관계가 되지 않으면 일이 되지 않는다. 특별히 존중의 관계가 중요하다. 아내는 일이 되지 않으면 관계가 되지 않는다. 적당히 일하는 것을 싫어한다. 일에 대한 기준과 완성도가 높다. 그래서 일할 때는 좀 무섭게 한다. 일이 끝나기 전에는 잠을 자지 않는다. 그러다보니 당연히 나는 아내를 향해 관계적 부분에서 아쉬울 때가 많고, 아내는 나에게 일하는 부분에 대한 아쉬움이 많다. 하지만 마음에 여유가 있을 때, 서로를 사랑하는 마음이 가득할 때 우리는 협력하여 서로에게 일과 관계 둘 다 놓치지 않게 된다.

마지막 여섯째, 나는 남자이고 아내는 여자이다.

남자와 여자는 다른 점만 해도 엄청나게 많다. 육체적으로 다르고, 정서적으로도 참 다르다. 결혼 초기에 나는 아내가 나와 같을 것이라고 생각했다. 내가 좋으면 아내도 좋을 것이라고 착각했다. 그래서 참 많은 대화를 했던 것 같다. 남자는 이렇다고, 여자는 이렇다고, 나는 여자를 공부해야 했고 아내는 남자를 공부해야 했다.

다름에 대한 부분은 우리 부부가 가정사역을 통해 많이 깨닫고 경험했던 것 같다. 우리 부부는 경산중앙교회에서 8년간 가정사역을 함께 담당해왔다. 특별히 '사랑의 순례'(부부수련회)를 섬기면서 많이 성장한 것 같다. 참석하는 부부가 80명에 섬김이만 100명이 넘는다. 1박 2일 동안 약 200명 규모의 부부가 깊은 회복을 함께 경험하는 프로그램을 준비하고 사역한다는 것은 많은 헌신과 성숙을 요구한다.

'사랑의 순례'는 강도 높은 수준의 섬김이 필요한 동시에 섬김이들 사이의 관계도 중요하다. 그래서 일만 하지 않고 더 소중한 것을 놓치지 않기 위해 노력한다. 하나님과의 관계와 동역자들과의 관계, 부부관계, 이런 모든 관계를 놓치지 않으면서 강도 높은 헌신을 한다는 것은 결코 쉬운 일이 아니다. 그래서 준비하는 몇 달 동안 아내와 많은 이야기를 나눈다. 아내의 관점이 필요할 때가 있고 내 관점이 필요할 때가 있다.

이외에도 서로 다른 점은 너무나 많다. 10년간 결혼생활을 하

선배 부부들의 생생한 결혼 체험기

면서 다름의 문제 때문에 종종 마찰을 빚곤 한다.

지난여름에 텐트를 하나 샀다. 여름휴가 때 무인도 캠핑에 도전하기 위함이었다. 가장 저렴한 텐트를 사서 무인도에 갔다. 배를 타고 섬에 들어가는 10분의 시간은 기대감으로 가득했다. 첫 가족 캠핑이기 때문이다.

하지만 그 기대감은 얼마 못 가 짜증과 분노로 바뀌었다. 시간은 오후 2시쯤, 38도의 무더위에 점심을 먹지 않아 모두 배가 고픈 상황이었다. 하지만 아이들은 바다를 보자마자 구명조끼를 입고 물놀이를 하고, 나는 아내와 함께 텐트를 쳤다.

무더위에 땀이 폭포수처럼 쏟아졌다. 집에서 텐트 치는 예행연습을 했을 때와 상황이 달랐다. 빨리 완성되지 않자 아내의 얼굴이 조금씩 어두워졌다. 겨우 텐트의 모습이 만들어져가는데, 아내는 빨리 텐트가 만들어져야 밥을 해서 아이들을 먹일 수 있겠다고 했다. 나는 그런 아내에게 말했다.

"여보, 날이 너무 더운데 잠시라도 물에 몸을 담갔다가 시원해진 다음 다시 일하면 안 될까?"

아내는 표정이 더 어두워졌다. 아내는 어떻게든 지금 할일을 끝내야 놀 수 있는 스타일이다. 그때 아내의 우선순위는 배고픈 아이들을 먹이는 것이었다. 나는 기분 좋게 일하고 싶다는 생각이고, 아내는 당장 서둘러 해야 할 일, 즉 밥을 해서 아이들을 먹이는 것이 중요했다. 나는 이런 아내가 잘 이해 안 된다는 투로 이렇게 말했다.

"참 이해가 안 되네. 잠시면 되는데…. 시원하게 바다에 들어갔다가 기분 좋게 일하면 얼마나 좋아?"

그러자 아내가 대답했다.

"당신은 캠프와 잘 안 어울리는 것 같아."

순간 화가 났다.

"내가 볼 땐 당신이 더 안 어울리는 것 같은데? 도대체 놀 줄을 몰라."

화가 난 나는 아이들이 놀고 있는 바다에 뛰어들었다. 무더위 속에서 홀로 밥을 해야 하는 아내를 도와야 하는데도 말이다. 솔직히 그런 아내가 못마땅했다. 왜 내 뜻에 따라주지 않는지….

결국 아내는 혼자 밥을 했다. 나는 아이들과 함께 물놀이를 하다가 밥이 다 되었다는 소리를 듣고서야 물에서 나와 밥을 먹었다. 밥을 먹은 다음 아내가 좋아하는 소라와 보말을 잡아주었다. 아내는 그것들을 삶아 먹으면서 마음이 조금 풀리는 것 같았다. 미안한 마음이 들었다.

나는 그날 캠핑을 통해 나의 미성숙함을 보았다.

'나는 왜 아내의 뜻을 존중하지 못했을까?'

내가 얼마나 미성숙한 사람인지 평소에는 잘 모른다. 하지만 힘든 상황에서는 내 실체가 선명하게 드러난다. 부부는 그런 면에서 서로를 잘 보여주는 거울과 같다. 실체를 속일 수 없는 거울이다. 힘든 상황에서 서로의 다름으로 인해 드러나는 미숙함을 보며 반성하게 되고, 성숙을 향해 방향을 잡게 된다.

선배 부부들의 생생한 결혼 체험기

우리 부부를 보면 나의 장점이 아내의 단점이고, 나의 단점이 아내의 장점이다. 그런데 이런 180도 다름이 힘듦과 아픔만이 아닌 상호보완과 풍성함이 되고, 매력으로까지 여겨지는 이유는 사랑하는 마음 때문인 것 같다. 부부가 사랑하는 마음이 있다면, 시간은 걸리겠지만 서로의 다름이 오히려 성숙으로 안내하는 좋은 도구가 될 것이라고 본다.

하나님은 우리 부부의 다름 속에 '성숙으로 가는 길'이라는 복을 숨겨두신 것 같다. 참 많이 다르지만 예수 안에서 서로를 귀하게 보며 사랑하고 성숙해가는 우리다. 그런 부부로 평생을 살기를 소망한다. 그리고 다름 때문에 많은 갈등의 시행착오를 겪는 부부들에게 조금이나마 도움을 줄 수 있는 가정사역과 목회를 꿈꾼다.

김영주(이근준의 아내)

내 인생에서 가장 소중한 1박 2일, 그것은 '사랑의 순례'이다.

8년 전 어느 날 남편으로부터 사랑의 순례에 대한 이야기를 듣게 되었다. 사랑의 순례에 참석할 때는 우리가 결혼한 지 3년 정도 되었을 때다. 결혼 초기라 서로 맞춰가는 과정이 그리 쉽지 않았다. 달라도 너무 다른 우리였기에 서로를 이해하는 것이 많이 필요했다. 연애 시절에는 다름이 매력으로 느껴졌지만, 막상 결혼생활에서는 다름으로 인해 어려움이 많았다. 물론 어려움보다

결혼을 앞둔 그대에게

사랑이 더 컸기에 순간순간 위기를 넘어갈 수는 있었다. 하지만 다름으로 인한 갈등은 주기적으로 계속 찾아왔다. 이런 우리 부부에게 조금이나마 도움이 될 것이라는 기대를 가지고 사랑의 순례에 참석했다.

사랑의 순례는 기대 이상으로 하나님이 우리 가정에 주신 최고의 선물이었다. 내가 당연하게 여겼던 남편, 자녀, 행복이 당연한 게 아니라 내게 주어진 소중한 보물이라는 것을 알게 해주었다. 이제 소중한 가정을 위해 서로 아끼며, 사랑하고, 헌신할 마음으로 가득하게 되었다.

그러나 현실에는 또 다른 어려움이 있었다.

'나 중심적 사랑.'

나는 열정을 담아서 남편에게 사랑을 표현했지만, 내 기준, 내 방식대로 했던 것이다. 나 중심적 사랑은 결국 남편을 힘들게 하고, 나는 사랑을 표현하면 할수록 오히려 섭섭함을 느꼈다.

이러한 나에게 사랑을 잘 표현할 수 있는 방법을 알려준 책이 있다. 게리 채프먼의 〈5가지 사랑의 언어〉이다. 이 책에서는 사랑에 5가지 언어가 있다고 말한다. ① 인정하는 말, ② 함께하는 시간, ③ 선물, ④ 봉사, ⑤ 스킨십이다.

5가지 사랑의 언어 중에서 배우자가 원하는 언어로 사랑을 표현해주면 배우자는 자신이 사랑을 받고 있다고 느끼게 된다. 배우자에게 맞는 사랑의 언어를 알고, 배우자의 언어로 표현해주면 자신이 사랑을 받고 있다고 느끼게 된다는 것이다. 남편의 제

1의 사랑의 언어는 인정하는 말이고, 제2의 사랑의 언어는 스킨십이다. 나에게 제1의 사랑의 언어는 함께하는 시간이고, 제2의 사랑의 언어는 봉사이다.

그래서인지 나는 남편과 함께 시간을 보내기를 좋아한다. 바쁜 남편을 위해서 내가 도와줄 수 있는 것이 무엇인지 살피고 챙기며 도움을 주려고 많은 노력을 했다. 나는 나의 사랑의 언어로 남편을 사랑했다. 이런 나에게 남편이 한 말은 "여보, 나를 잘 도와주는 건 너무 고마워. 그런데 난 당신의 칭찬과 격려의 한 마디가 더 필요한 것 같아. 그리고 나를 사랑스럽게 터치해주면 좋을 것 같아"라고 말했다.

나는 조금 당황스러웠다. '내가 얼마나 많은 수고를 해서 당신을 도와준 건데, 그런 고생보다 격려의 말 한마디가 더 힘이 된다니…. 그 낯간지러운 것을 내가 어떻게 하지? 나는 지금 이렇게 사랑을 표현하는 것이 익숙하고 좋은데…'라는 생각이 들었다.

나는 나름대로 남편을 위해 사랑의 표현을 했지만 그것은 남편이 원하는 사랑의 언어로 표현되지 않은 것이었다. 나는 내가 받고 싶은 사랑의 언어로 남편에게 사랑을 표현하고 있었다. 내 언어로 사랑을 표현한 나의 미숙함을 보게 된 것이다.

남편은 시간이 날 때면 나와 함께 시간을 보낸다. 편안하면서도 유쾌하게 나를 대해주는 남편과 있는 시간은 나에게는 힐링의 시간이다. 마주 보면서 이야기를 나누는 여유로운 시간을 통해 나는 사랑을 받고 있다고 느낀다.

반면에 남편으로 인해 속상할 때가 있다. 남편은 나를 세심하게 챙겨주지 못한다. 내 생일이 있는 12월은 남편이 매우 바쁠 때다. 연말 사역으로 내 생일을 깜박 잊을지도 모른다. 그래서 미리 2주 전에 말해주었다.

"여보, 2주 뒤는 내 생일이야. 기억하고 있지?"

남편은 웃으며 "그럼, 기억하고 있지"라고 말했다.

결혼 초기에는 이런 말이 자존심 상해 하지 못하고, '남편이 내 생일을 기억할까? 어떻게 해줄까'를 기대하고 있다가 삐치곤 했다. 하지만 지금은 나의 사랑의 언어가 무엇인지 스스로 표현한다. 내가 어떨 때 사랑을 느끼는지를 직접 들려주는 것이다.

우리 부부는 서서히 바뀌어가고 있는 것 같다. 나 중심적인 사랑 표현이 아니라 상대방이 바라는 사랑의 언어로 표현하려 노력하고 있다. 나는 남편을 칭찬하는 것에 닭살 돋아하며 어색하게 이야기한다.

"여보, 오늘도 수고 많았어요."

"당신은 이런 걸 참 잘 하는 것 같아요."

"신기하다. 어떻게 이런 걸 할 수 있지? 이런 걸 보면 정말 대단한 것 같아요."

칭찬과 격려를 해보려고 노력한다. 그리고 남편이 퇴근하고 집에 들어올 때 "충전~!"을 외치면서 웃으며 안아준다. 남편도 나처럼 노력하는 모습을 보인다. 비록 뭔가 어설프고 티 나게 나를 챙기지만, 그런 노력하는 모습조차 내겐 사랑스럽고 행복으로 느껴진다.

주변 사람들은 "우리 부부가 행복해 보이고, 가정사역과 너무 잘 어울리는 부부"라는 이야기를 종종 들려준다. 그런 말을 들을 때마다 우리의 부족함을 알기에 부끄럽다. 하지만 사랑의 순례를 통해 하나님께서 우리를 행복하고 아름다운 부부로 만들어 가고 있다는 것은 자신 있게 말할 수 있다.

우리집 책장에는 작은 사진 액자가 하나 있다. 사랑의 순례 마지막 시간에 찍은 기념사진이다. 이 사진을 보면 그때의 감동과 울림과 도전이 생각난다. 8년이 지난 지금, 이제는 사랑의 순례 참가자가 아닌 사랑의 순례를 섬기는 목자 부부로 매년 쓰임 받고 있다는 것이 믿기지 않는다. 하나님의 은혜 말고는 설명이 안 된다.

사랑의 순례 섬김은 우리 부부에게 성숙의 길로 나아가는 다리 역할을 해주었다. 서로의 다름에 초점을 맞추기보다, 하나님께서 우리 부부를 통해 회복하실 가정들을 바라보게 되는 아름다운 동역을 하게 하셨다. 다름이 갈등의 요소가 아니라, 조화를 이루어 아름다운 사역의 열매를 맺는 도구가 될 수 있다는 것 또한 경험하게 하셨다. 참가하는 순례자 부부들이 서로를 이해하고, 사랑하고, 표현하고, 소중한 것들을 더욱 소중히 여기는 변화들을 보게 하신 것이다. 하나님이 일하시는 역사의 현장에 우리 부부가 있다는 것이 해마다 감격이다.

1박 2일 사랑의 순례 여정이 끝나면, 100여명의 모든 섬김이들이 둘러서서 "하나님이 하셨습니다"라고 크게 외치는 세리모니를 한다. 나는 그 외침을 들을 때 강한 전율을 느낀다. 하나님께서는 우리를 통해 부부뿐 아니라 모든 가정의 회복을 위해, 과거에도 일하셨고, 현재에도 일하고 계시며, 미래에도 일하실 것임을 믿기 때문이다. 하나님의 일하심을 믿기에 감사하며 이 길을 걸을 수 있게 된 것 같다.

이후에도 계속 하나님이 내게 주신 최고의 선물인 남편을 더욱 존중하며 사랑하는 현숙한 아내가 되기를 바란다. 나아가 이 시대에 필요한 가정회복을 위해 우리 부부가 축복의 통로 역할을 감당하길 소망한다.

#4

하나님이 주신 가장 큰 은혜

정윤진(이정림의 남편)

나와 아내는 초등학교 동창으로 당시 대구 황금동에 있는 침례교회에 같이 다녔다. 아내가 고등학교 다닐 때 다른 교회로 옮기면서 잠시 떨어져 있긴 했지만, 나의 끈질긴 노력 끝에 연애도 하고 결혼까지 이르게 되었다. 아내가 다닌 그 '다른 교회'가 경산중앙교회였다.

사실 결혼 초기만 해도 나는 교회는 다니고 있었지만 일요일만 교회에 가는 선데이 크리스천이었다. 군에서도 병장이 될 때까지 매주 예배를 참석할 정도였지만, '지금 당장 예수님이 나타나셔서 저를 만나주세요'라고 말하지 못하는 겁쟁이 신앙이었던 것 같다. 그냥 결석할 수 없는 학교처럼 생각했던 것 같다. 그랬던 내가 예수님과 가까운 곳에 머물도록 도와준 사람이 아내이

결혼을 앞둔 그대에게

다. 어릴 때부터 알던 목사님께서 결혼식 주례사에서 "트라이앵글 모양과 같이 아내와 남편이 주님과 가까이 할 때 자연스럽게 부부도 가까워진다"는 말씀을 전해주셨던 기억이 난다.

나의 첫 직장은 백화점의 광고팀이었다. 중요한 행사 때 전단지나 DM 같은 것을 만들어야 할 시즌이면 새벽에 퇴근하기가 다반사였고, 당시 주6일이던 근무체제에서 주일은 유일하게 늦잠을 잘 수 있는 날이었다. 게다가 운동을 좋아했던 터라 일요일 아침마다 운동을 다녀와서 예배를 참석하는 바람에, 목사님 말씀을 집중해서 듣기보다 꾸벅꾸벅 조는 시간이 많았다. 그런 나를 예수님께서 많이 참아주셨지만, 아내야말로 참 오랜 시간 동안 나를 참아주었다.

결혼 초 우리 부부가 교회에서 얼굴을 아는 사람이 담임목사님뿐이던 시절을 극복하게 해준 사건이 있었다. 바로 '목자'가 된 것이었다. 당시 4구역을 맡고 계셨던 목사님께서 우리 부부에게 구역 목자로 섬겨보는 게 어떻겠냐고 제안하셨다. 구역모임도 잘 안 나가고 있었으니 당연히 거절했다. 하지만 경산중앙교회 목사님들의 집요한 권유와 '2,3년 정도 하고 내려놓을 수 있겠지!'라는 안일한 생각으로, "열심히 해보겠습니다!"라고 결국 답을 해버렸다. 지금도 많이 부족하지만 얼마나 무모한 짓이었는지…. 참 무식해서 용감한 시절이었던 것 같다. 당시 아내는 남편이 목자를 한다면 옆에서 지원하겠다는 긍정적 기대감을 가지고 있었던 것 같다.

우리 부부가 신혼구역 목자가 되어 첫 구역모임을 가질 때의 일이다. 몇 명 안 되는 구역원들에게 전화와 문자를 하고 '말씀의 양식이 부족하다면 음식으로 배부르게 채워서 돌려보내리라'는 마음으로 다양한 음식을 준비하고, 나름대로 주일학교 학생들을 가르치던 실력으로 말씀 전할 준비를 했다.

하지만 오기로 했던 구역원들은 약속된 시간 30분 전에 불참 통보를 문자로 했고, 많이 준비한 음식을 허탈한 웃음과 함께 뱃속에 꾸역꾸역 넣으며 '구역장의 쓴맛'을 체험하곤 했다. 이래서는 안 되겠다는 생각으로 교회에서 구역원들을 만나고 웃음으로 대해보기도 했지만 반응은 매 번 싸늘했다. 여느 목자들이 다 겪은 일이겠지만 "제발 전화 좀 그만하세요!"라는 소리를 들을 때면 "내가 왜 이걸 하고 있지!"라는 생각을 초월하여, "내가 전화하고 싶어서 하는 줄 아세요!"라고 받아치고 싶었던 적이 한두 번이 아니었다.

하지만 그때마다 나를 다독여주고 옆에서 도와준 사람은 누구도 아닌 아내였다. 구역원이 모이는 것은 목자가 잘해서가 아니라 하나님께서 예비하신 계획대로 은혜를 부어주시는 것이라는 사실을 몇 년이 지나서야 알게 되었다.

처음 2년은 어설프게 지나갔다. 그 가운데 하나님이 계획하신 뜻대로 믿음의 동역자들이 하나둘씩 모이기 시작하는데, 나중에는 우리집 거실이 부족할 정도로 구역원이 늘어났다. 기도제목 중 하나가 구역모임을 할 수 있도록 넓은 집으로 이사하는 것이 될 정도였다. 그렇게 구역목자를 시작으로 노인부 교사, 사랑의 순례, 제자반, 사역반 등을 거치면서 교회에 아는 분도 많이 생겼고, 이제는 집만큼은 아니지만 식당에서 가끔 국수를 먹을 때 500원 안 내고 먹어도 당당할 수 있을 정도로, 우리 교회가 부모님 집인 듯 뻔뻔하게 생활하게 되었다.

게으른 내 성격에 제자반과 사역반의 숙제를 해낸다는 것은 불가능에 가까운 일이었다. 하지만 교재에 성경말씀을 미리 프린트해서 책에 붙여주기까지 하는 아내의 도움과, 게임에 빠져 있는 나에게 '컴퓨터 강제종료'를 시전하여 말씀 요약을 하게 하는 아내의 인도가 있었기에 무사히 졸업하게 되었다.

나에게 하나님이 주신 가장 큰 은혜는 내 아내이다. 결혼 10년 차 부부이지만 큰 무리 없이 신앙생활을 하고, 어떠한 상황에도 내 편이 되어주는 믿음직한 아내가 있어서, 여러 어려움 속에서도 주님 옆에서 버틸 수 있다.

목사님께서 부부에 관한 글을 요청하셨을 때, 우리는 부부싸움을 해본 적이 없다고 농담처럼 문자를 드린 기억이 난다. 사실 결혼생활 10년을 되돌아보면 그렇게 크게 싸운 적은 없었던 것 같다. 항상 아내가 주님께 붙들려 있어서 아내의 도움으로 주님의 그늘에서 선선하게 지냈던 것이 비결인 것 같다.

그래도 아내의 좋은 점을 이렇게 나열해본 적은 없는 것 같다. 생각해보니 내 인생에서 주님께서 주신 가장 큰 선물이 아내인 것 같다. 다가오는 아내의 생일은 이 글이 세상으로 나오는 것으

선배 부부들의 생생한 결혼 체험기

로 대체할 수 있겠다는 강한 확신과 함께, 앞으로도 우리 부부를 사랑하시고 이끌어주실 하나님만 믿고 살고 싶다. 나와 아내 그리고 사랑하는 우리 예쁜 딸, 우리 세 가족이 주님 보시기에 흐뭇한 가정이 될 수 있기를 소망한다.

이정림(정윤진의 아내)

현재 내 남편은 경산중앙교회 야구단인 해피메이커스의 야구선수이다. 그럼 야구를 잘해서 야구를 하는가? 굳이 냉정히 따져보자면 남편의 운동신경은 썩 좋은 편은 아닌 것 같다. 그저 운동을 매우 좋아하는 사람인 듯하다. 연애를 할 때부터 농구, 탁구, 야구, 인라인스케이트 등 끊임없이 운동하는 모습을 보았다. 직장생활을 시작하고부터는 사회인 야구에 빠져 있었고, 그때부터 지금까지 우리 부부는 야구와 늘 함께 하고 있다.

10년이면 강산도 변한다는 이야기가 있듯이, 어느새 우리 부부도 결혼한 지 10년이 되었다. 돌이켜보니 10년이 지난 지금 우리 남편의 야구도 변한 것 같다. 야구가 변하다니? 무슨 말인지를 설명하려면 야구 이야기 보따리부터 풀어야 한다.

나는 항상 궁금한 게 있었다.

'왜 남편의 야구경기는 주일 아침마다 열릴까?'

그때만 해도 새벽기도를 나가지 않던 남편은 주일마다 새벽기도 나가듯 5시에 일어나 야구경기를 준비했다. 어떤 날은 경산과

정반대에 있는 먼 경기장까지 가는 열심도 냈다. 물론 유니폼을 입고 운동하는 남편 모습이 멋져 보이고, 얼마나 운동이 좋으면 '그 새벽에 일어나 그 먼 데까지 갈까'라는 생각도 들었다.

건강을 위해, 남자들의 사회생활을 위해 운동은 꼭 필요하다고 지금도 생각한다. 하지만 사람의 마음이 간사해서인지 시간이 지나 내 눈빛이 불만으로 바뀌어버리니, 도루 슬라이딩을 하고 흙을 잔뜩 묻혀오면 멋져 보이던 유니폼이 귀찮은 빨랫감으로 보이기 시작했다. 가장 큰 불만은 남편의 주일예배 태도였다.

모든 것에는 원인이 있다. 그도 그럴 것이, 그 새벽에 야구에 모든 에너지를 쏟아 붓고 돌아오니 어떻게 하나님께 집중해 예배를 드릴 수 있을까? 그래도 신기하게 찬양할 때는 눈이 말똥말똥 무사통과되지만, 목사님이 설교를 시작하시면 갑자기 인사성이 밝아져 목사님께 끊임없이 인사를 드리곤 했다. 얼마나 인사성이 좋으면 때론 뒤에 앉아계신 분께도 인사를 드렸다. 그럴 때마다 부끄러움은 인사성 밝은 남편을 둔 나의 몫이다. 정작 본인은 꿀잠을 잔 후, 신기하게도 설교가 끝나는 순간에 일어난다.

솔직히 설교시간에 꾸벅꾸벅 조는 남편 모습이 부끄러웠지만, 그보다 그럴 때마다 더 속상했던 건, 목사님의 설교 말씀이 꼭 남편에게 하시는 말씀 같아서 옆에 있는 남편을 안타깝게 쳐다보는 내 마음이었다. 이 말씀만큼은 남편이 무조건 들어야 한다고 생각했는데, 남편은 어김없이 목사님께 인사하는 중이었다.

야구를 하고 온 날은 무조건 100퍼센트 확률로 인사성이 밝아

선배 부부들의 생생한 결혼 체험기

지는 남편을 보아야 했다. 그럴 때마다 미운 마음과 불만이 생기기 시작했다. 야구의 '야' 자도 듣기 싫었고, 다른 부부가 교회 공동체에서 함께 봉사하는 모습을 볼 때마다 다른 부부들과 우리 부부를 자꾸 비교하게 되어 더 힘이 들었고 속이 상했다.

하지만 10년이 지난 지금, 꼴 보기도 싫었던 야구라는 운동을 하나님께서 우리 남편을 통해 사용하신 것에 크게 감사드린다.

시간이 지나 여러 상황으로 사회인 야구를 잠시 쉬던 중, 우리 부부는 교회 공동체 안으로 들어가게 되었고 봉사하고 훈련을 받게 되었다. 그리고 남편의 오랜 기도제목이었던 남편의 친구들, 일명 삼총사들의 원탁 모임에서 전도할 수 있는 기회를 갖게 되었다. 누가 친구 아니랄까봐, 그 친구들도 모두 운동을 좋아한다.

사회인 야구를 하던 친구들은 매 번 교회에 가자는 남편에게 그냥 흘러가는 소리로 "너희 교회에 야구단이 생기면 그때 갈게"라는 말을 했다. 그런데 그 말도 안 되는 말을 들은 남편이 그 자리에서 계약서를 만들었고, 그들은 앞으로 펼쳐질 미래를 모른 채 해맑게 웃으며 그 계약서에 서명을 해버렸다. 경산중앙교회 해피메이커스 야구단이 그렇게 탄생한 것이다.

2년이라는 시간이 걸렸지만 하나님께서 쓰시기로 하시니 물 흐르듯 기적같이 교회 야구단이 창단되었고, 그 친구들은 교회에 등록하고 나오게 되었다. 이렇게 해피하게 마무리되면 얼마나 좋을까? 하지만 안타깝게도 1년을 군소리 없이 열심히 다니던 친구들은 차츰 퐁당퐁당 나오더니 이젠 야구만 열심히 한다.

그래도 교회 야구단에 속해 있으면서 각종 교회행사와 기도회에 가끔 참석하는 모습을 보면 언젠가는 꼭 돌아올 거라는 확신이 든다. 그 친구들은 지금 잠시 방황중이지만 해피메이커스 야구단을 통해 믿지 않는 야구선수들이 교회에 등록하게 되는 기쁨을 맛보기도 했다.

야구단이 하나님의 도구로 사용되고 있음에 감사하는 남편을 보며, 처음 전도의 목적을 가지고 시작된 야구단이 끝까지 변질되지 않고 하나님의 도구로 사용되기를 간절히 함께 기도한다. 이렇게 우리 남편의 야구 변천사는 아름다웠고 지금까지도 진행중이다. 불만의 눈초리로 바라보던 나 역시 변화되어 남편의 든든한 동역자로서 야구를 위해 함께 기도하고 있다. 앞으로 하나님께서 해피메이커스 야구단과 우리 부부를 어떤 모양으로 사용하실지 기대된다.

#5

완벽한 선물, 행복한 인생

박진일(신위주의 남편)

욕실에서 콧노래 소리가 들린다. 나도 모르게 그 소리에 빙그레 미소 짓는다. 늘 흥이 있는 첫째 아이는 욕실에 들어가서 샤워를 할 때면 언제나 콧노래를 부른다. 한참 예민할 고3이지만 수험생이라는 짐을 내려놓고 나서는 얼굴도 많이 밝아지고 오히려 자신감이 넘쳐 보인다. 한동안 멈춰버렸던 콧노래 소리가 다시 들리기 시작한 건 그때부터였던 것 같다.

일 년 전이었다. 첫째 아이가 학교에서 신청서 한 장을 들고 왔다. 직업훈련학교 신청서였다. 사실 그보다 한 학기 전에, 아들이 우리 부부에게 이미 이 말을 꺼낸 적이 있었다. 하지만 그때는 학생들을 가르치는 강사였던 우리로서는 쉽게 받아들일 수 없는 이야기였고, 설득한 끝에 아들은 다시 공부에 전념하기로 결정

결혼을 앞둔 그대에게

했었다. 그러나 이번엔 달랐다. 뭔가 스스로 단호한 결정을 내린 듯 웃음기 전혀 없는 얼굴로 우리 앞에 신청서를 내밀었다.

일단 기도해보자며 잠시 결정을 미루었지만, 자녀를 향한 기대와 부모로서의 자존심이 한순간에 무너지는 것 같은 상실감이 나를 덮쳐버렸다. 심지어 아내는 내 아이도 제대로 공부시키지 못하면서 남의 아이를 가르치는 자신이 한심스럽기까지 하다는 푸념을 늘어놓기도 했다.

아이에게 그동안 무슨 문제가 있었을까? 친구를 잘못 사귄 걸까? 별의별 생각에 아이를 향한 불신과 염려가 눈덩이처럼 커져갔다. 그러다 문득 새벽에 기도하는 중에 어느 순간부터 사라져버린 첫째 아이의 콧노래가 떠올랐다.

어두워진 표정, 매사에 자신감 없이 의욕을 잃어버린 듯 계획 없이 보내는 생활, 시험기간만 되면 힘들어하며 책상에 앉아 있는 시늉을 하는 아이…. 그동안 얼마나 힘들었을까? 부모의 방식대로 세운 기준에, 그 기대에 미치지 못하는 자신을 원망하며 의미 없이 지나가버리는 수업시간마다, 보이지 않는 자신의 미래에 얼마나 힘들었을까? 그랬다. 일 년 전 직업훈련학교 신청서를 내밀던 아이의 웃음기 사라진 얼굴은 살기 위해 마지막 탈출구를 찾는 심정으로 기회를 얻으려는 절실함 같은 것이었다.

상실감에 괴로워하며 원망하듯 부르짖는 철없는 나의 기도에, 하나님은 그 절실했던 아이의 마음을 느끼게 하심으로 응답하셨다. 너무 아팠다. 지금 행복하지 않은데, 보장돼 있지도 않은 미래의 막연한 행복을 기대하는 것이 무슨 의미가 있을까?

"그래, 내가 진짜 원하는 건 지금 아이가 행복한 것인데…."

행복은 서로에게 느끼는 것인가 보다. 첫째 아이 역시 자신 때문에 행복하지 않은 부모의 마음을 느끼고 있었던 것 같다. 그래서 친구들과 있을 때와 달리 우리 부부 앞에서는 늘 죄인인 양 의기소침한 모습이었나 보다.

아이의 미래가 아닌 지금의 아이에게 집중하며 인정하고부터 나 역시 조금씩 행복을 찾아가는 것 같다. 그 후, 그동안 학교에서 아이가 돌아온 후 열리지 않던 방문이 열리기 시작했다. 지금은 가끔씩 집에 와서 배운 것을 뿌듯해하며 자랑하기도 한다. 얼마 전에는 대학 원서를 내고 면접을 하고 와서 신이 나 이런저런 이야기를 늘어놓았다.

얼마나 아름다운 아이였던가. 이런 아이를 문제아이인 것처럼 여기고 실망과 염려로 내 마음을 채웠던 지난날이 부끄러웠다. 마음이 설렐 정도로 아름다운 첫째 아이의 행복해하는 모습을 새롭게 발견하며, 나 또한 행복해진다.

이제는 부모의 칭찬과 사랑을 얻기 위해 실망시키지 않으려 몸부림치며 애쓰는 둘째 아이의 모습도 보이기 시작했다. 가족의 행복을 위해 각자의 자리에서 힘써 걸어가는 모습들을 보며, 조금은 예민할 정도로 가족들의 마음을 느끼는 것이 마냥 즐겁기만 한 것은 아니지만, 일상에서 느끼는 작은 행복까지 공유할 수 있음이 감사하다.

결혼을 앞둔 그대에게

콧노래를 부르는 아이의 행복을 느끼는 것은 참 멋진 일인 것 같다. 아내도 아이와 이런 나의 작은 행복에 행복해하는 것 같다. 첫째 아이와 둘째 아이 역시 우리 부부가 행복하기에 함께 행복해하는 것 같다.

행복은 기다림 끝에 어느 순간 나타나는 거창한 섬광 같은 것이 아니었다. 행복은 잠깐잠깐 반짝이는 윤슬과도 같이 삶에 가득하다. 어떠한 경우에도 하나님 안에서 실망하지 않아야 할 이유는, 하나님은 준비된 자를 쓰시는 것이 아니라 쓰시고자 하는 자를 준비시키시기 때문이다. 나의 미련한 기대보다 더 크게 이루실 하나님을 기대하며, 그 준비되는 길을 가는 동안 아이를 위해, 그리고 우리 가정을 위해 삶에 가득한 행복을 놓치고 싶지 않다. 서로를 힘써 행복해하며 부지런히 응원해야 함을 깨닫는다.

시편 128편의 복을 약속하신 하나님 아버지…, 언제나 그 아버지와 함께 걷는 이 길에서, 아버지를 향한 경외와 기쁨을 잃지 않고 잘 준비되기를, 그리고 혹시라도 미래의 욕심 때문에 지금의 행복과 미래를 저울질하는 어리석음을 선택하지 않기를….

어느 여름날 밤이었다. 꽤 늦은 밤이지만, 그냥 아내와 아이들을 차에 태우고 집을 나선다. 갑자기 바다가 보고 싶어서다. 아무런 준비 없이 떠나도 서로 미안하지 않고 함께 하는 것이 어색하지 않다. 안개 자욱한 밤에 모래를 밟고 바닷가를 맨발로 걷는 것이 참 행복하다. 잔잔한 파도 소리가 아기를 안은 엄마의 자장가처럼 평온하다. 앞서 걸어가는 사랑하는 아내와 두 아이들을 보

선배 부부들의 생생한 결혼 체험기

니, 이렇게 완벽한 선물은 없는 것 같다. 이런 게 가족인가 보다. 결실한 포도나무 같은 아내와 어린 감람나무 같은 아이들…. 감사하다. 모든 것이.

신위주(박진일의 아내)

며칠 후면 우리 부부의 20주년 결혼기념일이다. 20년을 함께 했네! 고3인 아들이 있으니 우리가 함께 한 날이 20년이 된 것도 당연한데도 믿기지가 않는다.

대학교 1학년 신입생 환영회 때 남편을 처음 만났다. 한 해 선배인 남편을 처음 본 순간 큰 산 같아 보였다. 과연 저런 남자랑 얘기라도 할 수 있을까? 지금도 그때를 생각하면 입가에 미소가 지어진다. 그렇게 우리는 어린 시절에 만나 철없던 시절을 함께 보내며 7년이 지난 후 결혼했다.

결혼 전 친정엄마가 사위가 될 남편에게 하셨던 말씀이 있다.

"우리 아이는 아버지의 사랑을 받지 못하고 자랐다네. 자네가 아버지처럼 많이 사랑해주고 감싸주게나."

아빠 없이 키운 딸에 대한 미안함 때문이었을 것이다. 그래서 이 말이 엄마가 사위에게 가장 해주고 싶었던 말씀이셨나 생각하니 울컥했던 기억이 난다. 표현은 하지 않았지만, 내겐 아빠의 빈자리가 컸었나 보다. 하나님께서 선물로 주신 남편은 아빠의 빈자리를 채울 만큼 내게는 진짜 큰 산 같았다. 남편은 나를 무척이나 아끼며 사랑해주었고, 남편의 신앙생활이 깊어질수록 그 사랑은 더욱 진하고 깊게 느껴졌다.

남편은 나를 만나 교회에 다니기 시작했다. 군대에서 세례를 받고 첫 휴가 때 그동안 세례를 받았다면서 자랑하던 남편 모습이 잊혀지지 않는다. 세례를 받았다고 말하면 내가 제일 좋아해줄 것이라고 생각했기 때문이었다. 그렇게 남편은 믿음 생활을 시작했고, 결혼 후 우리는 시댁 식구들의 전도를 위해 전심을 쏟았다. 거의 매주 경주에 계신 시댁에 찾아가서 시부모님과 시간을 보내고 여행을 다니면서, 아들만 셋 있던 조용한 집안에 웃음이 넘쳐나기 시작했다. 심지어 시부모님은 나에게 천사라고 말하기까지 하셨다. 세 아들 중에 경제적으로 가장 넉넉한 편이 아닌 막내 아들이었지만, 아들 셋 중에서 가장 행복하게 잘 살고 있는 것 같다고 말씀하곤 하셨다. 그런 우리 부부를 통해 이제는 시댁의 모든 가족들이 믿음 생활을 하게 되었고, 시댁의 모든 어려운 일들이 예수를 믿음으로 하나둘씩 풀려가기 시작했다. 얼마나 감사한 일인지 모르겠다.

남편과 나는 살아온 환경과 성격이 참 많이 달랐다. 매사에 정확하고 완벽해야 하는 남편과 반대로 나는 조금 느긋하기도 했다. 남들은 온유하다고 말하지만 실은 우유부단한 성격이다. 이런 측면 때문에 남편과 많이 부딪히기도 했다. 놀라운 건 아이들이 우리 부부의 성격을 그대로 닮아가는 것이다. 첫째 아들은 나를 닮아 느긋하다 못해 남편의 속을 태울 만큼 허술한 반면, 둘째

선배 부부들의 생생한 결혼 체험기

인 딸은 남편을 닮아 정확하고 지나치게 완벽하게 하려고 애쓰는 모습이 안쓰럽기까지 하다.

하루는 아들이 우리집처럼 행복한 집은 없는 것 같다며 자기가 제일 행복한 아이인 것 같다고 말했다. 그리고 역시 예수 믿는 우리 엄마 아빠처럼 사랑하면서 사는 집이 잘 없는 것 같다면서, 자기도 예수 믿는 여자와 결혼할 것이라고 했다. 내심 얼마나 듣기 좋던지…. 행복한 기분이 절로 넘쳐났다. 우리 부부가 아이들에게 서로 사랑하는 모습을 보여주면서 살았기에 왠지 상을 받는 느낌이 들었다.

지금 아들은 고3이다. 고3 수험생을 둔 엄마 역시 고3이라고 할 만큼 삶의 무게가 무거운 시기라고 이야기한다. 하지만 나는 올해 가장 가벼운 고3 엄마의 시간을 보내게 되었다. 아들은 고3이 되기 전에 갑자기 직업훈련학교를 가겠다고 우리에게 제안해왔다. 학생들을 가르치고 있는 우리에게는 청천벽력 같은 일이었다. 여느 아이들처럼 평범하게 입시 준비를 해서 대학교에 가면 될 것을 직업훈련학교라니….

처음에는 이 상황이 도저히 용납되지 않았다. 그래서 나와 남편은 어떤 것이 옳은 결정인지 묻기 위해 기도에 매달리기 시작했고, 아들이 오래 고민하고 기도한 후 내린 결정이라는 생각에 결국 수긍할 수밖에 없었다. 이제까지 부모가 이끌어주는 대로 끌려만 왔던 아들이 스스로 판단해서 내린 결정이었기에, 우리 부부는 그 생각을 존중하고 믿어주기로 했다. 그리고 1년이라는 시간이 어느새 흘러갔다.

아들이 전기 기능사 실기시험을 치는 날이 되었다. 오랜 기간 동안 열심히 준비하고 본인이 선택해서 가는 길에서 결과를 보여야 하는 중요한 시험이었기에, 아들은 무척 긴장하는 것 같았다. 하루 종일 결과를 기다리는데 아들로부터 연락이 왔다. 합격했다는 것이다. 행복했다. 아들은 모든 걸 다 가진 것 같다면서, 믿고 응원해주어 감사하다고 말했다. 그렇다. 아들이 행복하면 그것으로 만족한 것이 아닌가? 나의 욕심으로 아이를 얽매고 억지로 이끌려고 했던 예전의 내 모습이 너무 부끄러웠다. 욕심을 내려놓고 아이의 미래를 하나님께 완전히 맡기는 순간 얼마나 마음이 평안했는지 모른다. 내 마음대로 따라와주지 않는 아이가 만족스럽지 못해 예쁘게 보이지 않았는데, 아들을 있는 모습 그대로 바라보니 얼마나 예쁘고 사랑스럽던지…. 아직까지 완성되지 않은 불확실한 미래이지만 아이들을 위해 기도하는 엄마와 아빠가 있고, 서로 사랑하며 아껴주는 가족이 함께 한다면 어떠한 어려움도 거뜬히 이겨낼 수 있으리라 생각해본다.

결혼한 지 20년이 된 지금 돌이켜보면 감사한 일이 너무 많다. 지금까지 우리 옆에서 우리 가정을 위해 기도해주시는 양가 부모님이 계시고, 서로 위로하고 응원해주는 형제들이 있고, 사랑하는 남편과 두 명의 사랑스러운 아이들이 내 옆에 있기 때문이다. 무엇보다도 우리 가정에 늘 함께 하시는 하나님이 계신 나는 가장 행복한 사람임에 틀림없다.

결혼식 준비와 결혼 준비는 다릅니다

결혼적령기의 미혼남녀들에게 '결혼'이란 말보다 더 가슴 설레게 하는 말은 없을 것이다. 동화 속의 왕자와 공주가 되어 백마 탄 왕자 같은 신랑, 백설공주 같은 신부를 꿈꾸며 결혼하는 그 날을 그리고, 이 멋진 결혼을 위해 오랜 세월 이런 저런 준비를 한다. 그러다 배우자가 정해지고 결혼할 날이 정해지면 본격적인 결혼 준비를 시작한다.

결혼 준비란 도대체 무엇일까? 식장을 예약하고 주례 선생님을 정하는 것일까? 함께 살 집을 찾고 도배지와 장판 종류를 정하는 것일까? 아니면 가구와 가전 같은 혼수품 장만이 결혼 준비일까? 대개의 예비 부부는 예식장을 예약하고 신혼여행 계획을 세우고 청첩장을 돌리면 결혼준비가 거의 다 되었다고 생각하곤 한다. 그러나 사실은 그렇지 않다. 결혼식 준비와 결혼 준비는 엄연히 다르다. 가정사역 전문가인 패로트 부부(Les Parrott 3,

Lesile Parrott)의 지적처럼, 많은 청춘남녀들이 결혼식은 잘 준비했지만 정작 중요한 결혼 생활을 위해서는 아무런 준비를 하지 않는다. 그 결과 장밋빛 꿈을 꾸며 많은 사람들의 축복 속에서 멋진 결혼식을 치르고 행복한 부부로 살아갈 것을 기대하지만, 결혼 생활에 기대했던 장밋빛 꿈은 사라져가고, 심지어 원치 않는 파경을 맞이하기도 한다.

이혼율이 조금은 낮아졌다고 한다. 이혼이 줄어서 그럴까? 아닐 것 같다. 어쩌면 결혼율이 낮아져 이혼율이 덩달아 낮아진 건 아닐까? 결혼 전 동거율이 높아져 이혼율이 상대적으로 낮아졌을 수도 있다. 하나님은 최초의 공동체로 가정을 만드셨는데, 세상은 거꾸로 가고 있는 것이다. 더 이상 사랑하지 않아서 이혼을 선택하고, 잘 살게 될지 잘 몰라 검증이 필요하다며 동거를 선택하는 것일 테다. 가정이 붕괴되면 순차적으로 모든 것이 무너진다.

요즘은 IMF 당시 유년기를 보냈던 세대가 결혼을 하는 시기이다. 결혼예비학교를 거쳐 간 커플 중에 예비 신랑과 신부의 부모님들이 모두 이혼한 후 재혼하신 커플이 있었다. 그들이 결혼하면 부모님이 여덟 명이 되는 상황이었다. 그들에겐 부모에 대한 신뢰나 사랑을 이야기하기가 어려웠다.

행복한 가정을 경험해 보지 못한 이들에겐 부부관계를 온전히 맺는 것조차 버거운 과제이고 부모님과의 관계도 버겁고 자녀를 양육하는 것도 버거워진다. 세상의 부모에게 받지 못한 '그 무엇'은 하나님의 사랑 안에서만 받을 수 있다. 그렇다면 어떻게 해야 할까? 결혼예비학교를 통해 미리 교육하고 교회 공동체에서 지속적으로 양육해야 한다. 최초의 공동체, 가장 작은 공동체인 가정이 건강해야 교회 공동체가 건강할 수 있기 때문이다.

가정이 행복하려면 먼저 가정의 양대 기둥인 부부부터 행복해야 한다. 부부가 서로 사랑하지 못하고 행복하지 않다면 그 자녀를 비롯한 가정이 어떻게 행복할 수 있겠는가?

22년 전 결혼할 때 나는 결혼예비학교를 다니지 못했다. 조금만 더 알았다면, 아니 조금만 배웠다면 덜 싸우고 덜 상처를 주고받으며 살았을 것 같다. 아쉽기만 하다. 그래서 우리는 이 책을 통해 후배 신혼 커플들이 혼수준비가 아닌 결혼생활에 대한 진정한 준비를 할 수 있기를 바란다. 이 책과 함께 진행하는 결혼예비학교를 통해 불완전한 사랑을 벗어나, 무조건적으로 사랑하는 것이 어떤 것인지 알게 되면 좋겠다.

이 책이 결혼을 앞둔 예비부부는 물론 결혼생활 10년, 20년을 넘긴 부부들에게도 결혼생활의 의미를 다시 생각하고 처음으로 돌아가는 계기가 되기를 또한 바란다. 단순한 사랑의 감정으로 시작한 결혼이기에 사랑의 욕구가 메마르고 사랑의 동기가 빈약해질 때에도, 이 책에서 진정한 사랑을 향한 결심과 의지로 사랑하는 법을 배우면 좋겠다. 진정한 사랑의 출발선에 선 당신에게 하나님께서 복 주시기를 기도한다.